从一无所有到身价亿万，从白手起家到荣登福布斯

创业没那么难

15位成功80后的传奇故事

理清 刘漠◎编著

他们不是"富二代"，没有广泛的人脉，也曾彷徨困顿，
是什么让他们获得令人仰慕的成就？
如果你也有创业的梦想，不妨看看他们的故事

新 华 出 版 社

图书在版编目（CIP）数据

创业没那么难：15个成功80后的传奇故事／理洁，刘漠著.
——北京：新华出版社，2017.2（2025.3重印）
ISBN 978-7-5166-1830-1

Ⅰ.①创…　Ⅱ.①理…　②刘…　Ⅲ.①企业家－生平－中国－现代
Ⅳ.①K825.38

中国版本图书馆CIP数据核字(2015)第155569号

创业没那么难：15个成功80后的传奇故事

作　　者：理　洁　刘　漠

责任编辑：赵怀志　石春凤　　　责任印制：廖成华
责任校对：刘保利　　　　　　　封面设计：任燕飞

出版发行：新华出版社
地　　址：北京石景山区京原路8号　　邮　　编：100040
网　　址：http://www.xinhuapub.com
经　　销：新华书店、新华出版社天猫旗舰店、京东旗舰店及各大网店
购书热线：010－63077122　　中国新闻书店购书热线：010－63072012
照　　排：臻美书装
印　　刷：大厂回族自治县众邦印务有限公司
成品尺寸：170mm×240mm
印　　张：17　　　　　　　　　　字　　数：250千字
版　　次：2017年2月第一版　　　印　　次：2025年3月第二次印刷
书　　号：ISBN 978-7-5166-1830-1
定　　价：39.00元

前　言

当正值壮年的80后，跨出创业的步伐，走向竞争激烈的市场时，越来越多的人开始关注他们的一举一动。当然，80后的创业者和传统意义的生意人有所不同，他们可以手中不停发着微信，或许也正因为如此，很多人开始对他们的能力产生了质疑，但是不可否认，他们的确有着自己的理想，他们的确创造出了财富，他们的确影响了很多期望创业的年轻人。

在互联网如此发达的今天，人们通过互联网不仅赢得了便利，更获得了创业的商机。无论是凭借电子商务起家的"七格格"曹青，还是凭借"汽车之家"被追捧的李想，都成了新时代商业发展的创业楷模。在时代不断进步的今天，创业形式也变得多种多样、多姿多彩，桌游可以"玩儿"出财富，御泥可以"抹出"金钱。可见，创业项目有了新的发展，这些创业成功的80后企业家，正是抓住了新的商机，才成就了自我。当然，实体创业依然不过时，"孔明灯大王"刘鹏飞就帮我们见证了这个道理。80后创业家们的外表看似平常，他们中不乏有社会责任感、有担当的青年。无论是靠牦牛绒起家的乔婉莹还是黄金"守门员"陶行逸，都能够让世人看到80后不仅仅有创业的冲动，更有敢于担当的精神。

　　在《福布斯》评选的"30名30岁以下的创业者"中，更能体现这群充满激情和热情的80后创业者的成功。在这些创业者中，他们不是"富二代"，没有人脉网，更没有创业经验，只是凭借着自己的努力与智慧，在不断发展的社会中发现机会，抓住机遇，创造出一个个"白手起家"、"从零发家"的传奇故事。

　　在这群80后年轻人的身上，你看不到傲慢与偏执，看到的只是真诚与理性。在这群创业成功者背后，你看不到富足的家世，看到的只有勇敢与勤勉。如果你也有属于自己的创业梦，也希望像他们一样，创造自己的商业帝国，那么不妨看看他们的故事，找找自身的优劣，或许你会得到不一样的启迪。

目 录 | CONTENTS

1

黄恺：画纸成金的三国杀

一位尚未毕业的大学生，怎样凭借突发奇想的设计创造千万财富？一叠设计精美的纸牌，如何掀起全民娱乐的风潮？

且看黄恺如何用"画纸成金"的设计，用一段三国史、一部三国志和一桌三国杀，铸就国内桌游娱乐第一公司，"杀"出一片财富新天地！

创业
没那么难

引 言

他爱玩儿游戏，却更爱设计游戏。

他大学还没毕业，就开始了创业。

他未满三十，就闯进了《福布斯》"中国30位30岁以下创业者"榜单。

他设计的桌面游戏《三国杀》，帮他在淘宝上赚到了人生第一桶金。

他的游戏受到无数人的追捧，而他的创业故事要比游戏还精彩。很多人都会感到好奇，为什么他能够在"玩儿"中实现自己的创业梦，为什么他能够玩儿出千万财富，为什么一叠精美的纸牌就帮他杀出了一片财富天地？

在游戏设计方面，他绝非具备遗传基因。在创业资本积累方面，他绝没有父母的资助。在创造财富的路途中，他的坚持和勇于打破传统帮他打下自己的"游戏"帝国，他也成了赫赫有名的"《三国杀》之父"。

历史悠久的国外桌游

什么是桌游？通俗地讲就是桌上游戏、桌面游戏，包括棋牌类、益智游戏、沙盘推演的战旗等等。

桌面游戏这个称呼源于英文Board Game，这一类型游戏的人数多设定为2-5个人进行。桌面游戏说简单也简单，说复杂也复杂，简单之处在于游戏配件、所用工具比较简便，复杂之处在于需要人与人之间的配合和付出脑力，尤其是在策略的运用上，对玩家要求很高，玩家需要通过规则的合理设置，相互协作，最终成为赢家。

国外桌游历史悠久，是与电子游戏同时发展起来的，并且多是以家庭为单位的。看过美剧《生活大爆炸》的玩家会发现，国外玩家很喜欢在家里玩桌游，并且桌游种类千变万化，无论是朋友还是亲人，桌游已经深刻地嵌入到文化中，桌游也已成为老外们几代人的习惯。可以说，外国桌游发展得已经相当成熟。

谈及桌游发展历史, 恐怕要追溯到古埃及, 考古学家曾在埃及法老MERKNERA的古墓中发现了名为"SENET"的一种游戏, 这种游戏也被公认为最古老的桌面游戏。

到了20世纪初期, 西方国家中的中产阶级形成, 他们具备接受桌游的所有条件, 自然就成为这一时期的主要玩家。尤其是在二战后, 各国时局趋于稳定, 人们在一时之间又无法磨灭内心对战争和竞争带来的刺激的渴望, 此时, 大量桌游应运而生, 这一时期大量以战争为主题的游戏成就了桌上游戏的黄金时代。

如今, 我们提到的桌游, 多半受到了年轻人的追捧, 尤其是在国外。随着电脑游戏的兴起和发展, 桌游曾经陷入过一个低潮期。

桌面游戏想要发展, 必须要适应各类玩家。到现在, 桌面游戏和电脑游戏进入了一个互相渗透的阶段。在国外大量的桌游开始移植到电脑平台上, 借助电脑继续影响人们的生活, 比如《卡坦岛》、《圣彼得堡》等。

随着电脑互联网的发展, 在欧美地区桌上游戏更是风靡所有社交场所, 大家以游戏会友、交友。桌游不仅受到年轻人的喜爱, 也受到其他年龄段人群的追捧。

在国外, 桌面游戏已经如同书籍一样出版发行, 内容包括战争、历史、艺术、城市建设、贸易、文化等多个方面。在漫长的发展时期中, 业内将桌游归纳为两大系列: "德式桌面游戏"和"美式桌面游戏"。

外国桌游跟随时代的发展进行自我优化, 桌游除了具备娱乐的功能, 在很多时候还具备强化身心、开发智力等功能。很多外国桌游也被引入国内, 势必会对中国的年轻人造成影响, 引发国内桌游的大发展和新突破。

黄恺, 就是受到国外桌游影响的年轻人之一。

萌生创作的冲动

身为初中生的黄恺, 就被同学们称为"桌游谜"。

回忆起初中时代, 每个人都会想起不同的游戏, 对于黄恺来讲, 他可是一个赶潮流的学生。

初三时，其他孩子都在认真学习，想着怎样才能考上一个好高中，黄恺却迷上了漫画《游戏王》。这是由一款风靡日本的卡片游戏所改编的，这则漫画让黄恺内心深受触动，也让他萌发了一种冲动。他仿照《游戏王》一口气画出了一千多张卡片。虽然那些卡片没什么技术含量，也不需要绘画功底，但是能够看到黄恺的耐心和毅力。

或许是将精力投入游戏中过多的缘故，黄恺的学习成绩很不稳定，甚至，在上课期间很容易走神儿，他也认为自己是一个"喜欢走神儿的人"，而伴随着走神儿，黄恺就会习惯性在纸上涂涂画画，也许正是他无意间的涂涂画画，让父母发现了他绘画的潜质。

初三下半学期，黄恺突然意识到自己需要考上好的高中，这是挑战，也带给他动力。认真起来的黄恺很快挖掘出自己的潜能，学习成绩也从全班的三四十名升到了班里的前五名。

黄恺曾经说过："凡事如果没有挑战的目标，就没有动力。"实际上，这也是他对待游戏的态度。或许也正是如此，他对待游戏的心态从来都不是单纯的"玩乐"。"我跟一般玩家不同，我不是用玩的心态在玩游戏，而是想把它做起来。所以，我做游戏的时间比自己玩游戏的时间多得多。"黄恺说道。

初中三年，让黄恺成为地地道道的"三国迷"，凡是和三国题材有关的游戏，他都喜欢。比如当时盛行的《三国志》《三国志大战》《真三国无双》……

或许正是中学时期的这些游戏经历，让他更加喜欢桌游，也对桌游产生了情感，桌游似乎已经成为他生活的一部分，这一部分如若缺失，必然会失去很多乐趣。

2004年，经历了紧张的高三生活，黄恺要参加高考了。父母一度想让他去学医，但他明白，自己喜欢的只有画画和游戏。最终，他如愿以偿地考取了中国传媒大学动画学院游戏设计专业。上了大学之后，课余时间相对多了起来，对于爱好桌游的黄恺来讲，这无疑是一件好事，这意味着他能够有时间去玩儿自己喜欢的游戏了。

在大一闲暇的时候，黄恺就会去外国朋友的桌游吧玩儿游戏，在那里他不仅认识了很多外国朋友，也接触了在国外已经有五六十年发展历史的桌游，加上当时国内玩家喜欢玩"杀人游戏"，黄恺就想，如果能够设计一款"不插电"的游戏该有多好，那样就能够让人面对面进行交流，而不是像电子游戏那样要玩家们紧握鼠标、盯着屏幕。

时间过得很快，黄恺已经是大二的学生了。这天，他和往常一样，下课后来到朋友的桌游吧。进入桌游吧之后，他和朋友打完招呼，便询问朋友有没有好玩儿的游戏，朋友给他推荐了一款名为《Bang！》的桌游，这款游戏对黄恺的影响可谓是巨大的。

《Bang！》是一款比较流行的意大利桌游，其以西部牛仔枪战为背景，游戏人物设定为警长、副警长、歹徒和叛徒四种身份，还有神枪手、赌徒等多个配角，道具主要是枪支、啤酒、野马等。游戏规则是歹徒除掉了警长，副警长消灭歹徒和叛徒，叛徒需要想办法活到最后。

在玩了这款桌游之后，黄恺被其迷住了，他对外国朋友说："这个游戏太棒了"。

发现了一款很棒的桌游，这让黄恺感到无比兴奋，在回到宿舍之后，他开始琢磨起来。虽然这款桌游的机制很棒，但是游戏背景和角色安排却让黄恺感到有些陌生。如果能够将这款桌游做成一个贴近中国玩家的游戏，那就再好不过了。

黄恺的这一想法闪过大脑，内心也跟着产生疑问，为什么不可以，为什么不能将游戏中的角色进行替换，将游戏背景进行重新安排呢？

一个人要想成功，只拥有思想还不够，关键是能否将思想转化为行动，黄恺究竟会不会付诸实际行动呢？

敢想就要敢做

黄恺认为《Bang！》这款游戏的角色安排和游戏背景不符合中国人的游戏观念和习惯。那么，怎样才能变"不符合"为"符合"？那就要下一番苦功夫了。

古语有云："穷则变，变则通，通则久远。"可见，懂得变通和改变是多么的重要。无论是古人也好，还是现代的名人也罢，他们之所以能够成功或者是打拼出自己的事业，恐怕都离不开思维变通和思想创新。已经进入大学校园的黄恺自然明白"变通"的内涵，那么，他究竟是如何来做到"通则久远"的呢？

黄恺发现《Bang！》的游戏背景是西部牛仔枪战，中国人对西部牛仔文化了解得不够深刻，于是，他就开始尝试调换背景，比如设置为自己身边的场景，设置为学校的人和事儿。突然有一天，他想起来了自己曾经玩儿过的游戏《三国大战》，发现游戏中的角色都是三国人物，要知道中国人了解《三国》中的故事要比西部牛仔多得多。无疑，三国的故事在中国这片喜欢观古论今的大地上，具有深远的影响。黄恺心想，如果将游戏背景设置为三国故事，自然会赢得更多玩家的喜爱，这绝对是改编游戏的绝佳题材。

在游戏《Bang！》中，游戏角色主要为警长、副警长、歹徒和叛徒四种身份，随着黄恺对游戏背景的改变，自然游戏角色也要跟着改变。在初期，他将游戏背景设定在校园内的时候，身边的同学和老师便成为他游戏中的角色。当其决定以三国故事为背景，进行游戏改编时，三国中的主要人物自然成为游戏中的角色，而黄恺手绘出的第一个角色便是刘备，这成为黄恺投身游戏设计的第一步。

对于以三国故事为背景的灵感，黄恺说自己都很难讲清楚，因为灵感总是很难琢磨的。不过，恐怕灵感的出现与其小时候喜欢三国故事是分不开的。

灵感的出现总是让人兴奋，黄恺花了一个晚上的时间来设计游戏，并且还借用了一款名叫"三国无双"的日本游戏的图片，借助电脑对其进行制作。既然采用三国故事为游戏背景，自然就要对三国中人物的性格有所了解，他根据人物性格制定了游戏的规则。

一晚上没合眼的黄恺依然精力充沛，他内心充满了兴奋，早已忘记了困意。第二天早上，他拿着自己的劳动成果到打印店进行打印，这就是"三国杀"卡牌最初的"胚子"。在之后的3年多时间里，从重新设计图画到修订游戏规则，黄恺对这套卡牌不停地进行改版。在改版的过程中，黄恺对游戏设计的思想也逐渐成熟，他相信自己的这款游戏一定会受到玩家的喜爱。

借鉴传统，突破传统

"我想象中的刘备，是一个不太爱说话但是很厉害的人物，他有点酷酷的，头发很长，还有一点小胡子，"黄恺在一次接受采访时说道，"我开始的时候想画成现代版或者架空世界的感觉，给每一个三国人物赋予全新的设计，有的人穿西装，有的人穿T恤，你又可以看出是三国里的人。"

当然，今天我们看到的《三国杀》中的人物并非如此，因为黄恺意识到这种天马行空的创作方法是不易实现的，即便充满新意，但是却很难进行创作。黄恺很快就放弃了现代版的人物创作方案，而是改为将选出的武将直接与日本游戏《真三国无双》的插画进行搭配。

就在努力创作三个星期之后，黄恺终于完成了游戏的第一个成型版本——无双版。究竟要为游戏取什么名字呢？黄恺心想自己的灵感来自三国的故事，角色大多也是借鉴三国中的人物，再加上当时的玩家都喜欢玩儿杀人游戏，黄恺便将游戏命名为《三国杀》。

从游戏的命名上就能看出黄恺不仅借鉴了传统，更是突破传统。当玩家真正开始在游戏中拼杀的时候，或许会更加深刻地体会到黄恺的用心。

无双版的《三国杀》与意大利的游戏《Bang！》是极为相似的。比如玩家依然在游戏中充当四种身份——主公、忠臣、反贼和内奸。从这一点上来讲，黄恺正是借鉴了玩家传统的游戏喜好，即四个人一起玩儿游戏的习惯。

无双版的《三国杀》人物角色被三国名将替代，比如选用了张飞、关羽等三国故事中人人皆知的名将，这种设置会让玩家更加熟悉角色背景，同时也能够吸引玩家的游戏心理，从这一点来讲，黄恺在设计游戏时可谓是做到了借鉴传统。当然，黄恺还参考了《Bang！》的角色设置，他为《三国杀》中的每个角色设定了独特的技能，如《Bang！》里面的"比利小子"可以在一轮游戏里出无限次"Bang！"，而在黄恺的《三国杀》里的张飞，也能在一轮游戏中出不限数量地"杀"，这可谓是突破传统的体现。

当同学们知道黄恺设计出了一套好玩儿的游戏，便成了他第一批玩家。2006年，《三国杀》开始在清华、北大等大学中流传，一时之间成为学生们的最爱。

让市场来检验产品

俗话有云"好东西，要分享。"同样，好东西也要经得住市场的考验和检验。

2006年10月，黄恺在淘宝上开了一个网店，专门来卖三国杀卡牌。开始的时候，黄恺只是想赚点零用钱，这个网店也成了卡牌的主要销售渠道。

在黄恺的游戏中，张飞刺杀刘备，诸葛亮大战司马懿，关羽保护孙权，似乎都可能出现在游戏中，这就让游戏充满了各种可能性。相比那些引进的外国游戏，《三国杀》更具备中国文化色彩，更容易被玩家熟悉，更具有趣味性。

这款桌游卡牌依靠校园里的口口相传，以病毒蔓延式的速度开始在校园内扩展开来。不过，黄恺并没有把卖卡牌当一项大生意来做，直到遇到杜彬。

当时，在清华计算机系读博的杜彬看到自己的同班同学和身边的朋友都在玩儿《三国杀》，便很是好奇。后来又从一个瑞典朋友那里了解到桌面游戏在国外发展得已经相当流行。当时中国的桌游还停留在飞行棋、斗地主的阶段，根本没有多少人接触过如此多故事情节、多角色扮演的桌游。杜彬意识到这款《三国杀》必定会受到人们的追捧。

杜彬也开始玩儿三国杀桌游，玩儿了一段时间后，无意间从朋友那里了解到这款游戏的设计者是中国传媒大学的学生黄恺，于是，便主动找到了黄恺，说了自己对游戏的一些建议，黄恺也意识到无双版的《三国杀》还存在很多不足之处。

一件商品要想得到市场的认可，必须要符合人们的需求，桌游也是如此，黄恺意识到如果自己的产品要想得到推广，必须要经受市场的考验，并进行相应的改进。提到改进的主要方向，自然是如何来摆脱《Bang！》以出牌策略为核心的游戏架构。就这一个问题，黄恺和杜彬开始借鉴多个游戏元素，比如《魔兽世界》、杀人游戏等，他们将游戏重心移到游戏角色身上，而不是出牌者本身。

在游戏的改进过程中，黄恺和杜彬将游戏中原有的40个武将减少到25人，再根据各种和三国有关的故事书籍对游戏中武将的性格特点进行分析归纳，最终，结合游戏的规则和机制，完善武将的技能。比如，他们对游戏中张飞出杀的技能叫作"咆哮"；对孙尚香的技能叫作"联姻"。这些叫法都能看出游戏中人物角色的性格特点来。当然，黄恺很清楚对游戏中人物技能设计的原则是"容易被记住"，即在玩家心中留下深刻的印象。

众所周知，三国中人物性格都很复杂，就拿关羽来讲，有骄傲的一面，也有勇猛仁义的一面，这就要求黄恺能对人物性格和技能进行准确的把握。

为了能够让《三国杀》更被玩家喜欢，黄恺还增加了两张起抵消作用的功能牌，即"无懈可击"和"借刀杀人"。

与《Bang！》中简单的人物形象相比，《三国杀》中的画风更是受到玩家的喜爱。其画风正好适应了人们喜爱的日式漫画风格，这更满足了玩家的心理需求。

对无双版《三国杀》的改进，让黄恺对自己设计的这款游戏更是充满了信心。同时，杜彬在潜意识中，也认为这款游戏一定会在中国市场上掀起波澜。

稳步上涨的销量

"最开始的两个月只卖出去一两套，但是第二个季度就能达到十几、二十套。那段时间的发展速度是比较惊人的。"黄恺在后来接受采访时，回忆道。

黄恺也没有想到自己的桌游销量上涨速度会如此快，可是他意识到会有越来越多的人喜欢自己设计的这款产品。

2008年1月，《三国杀》经过改进的"推广版"正式上市，首印为五千套，每套零售价是64元，最初的一千套带编号的限量版在很短的时间内就销售一空，剩下的也在不到半年的时间里售罄。这么惊人的销售速度，让黄恺自己都感到惊讶。

黄恺意识到在中国做桌游有着广阔的发展前景，因为投入的资本并不多，所以即便是失败了，也不会赔多少钱。这种冒险精神，注定了他会自己创业。在2008年1月份，北京游卡桌游文化发展有限公司成立，新公司的第一次产品推广活动是在北大校园里进行的。

2008年2月，黄恺和自己公司的成员在北大卖了三天《三国杀》卡牌，令他们出乎意料的是，三天竟然卖出了130多副。

黄恺发现来买《三国杀》卡牌的顾客多半是之前同学带着玩过的人，也有一些女孩买来当礼物送给男朋友。这次校园销售，给了黄恺继续奋斗下去的信心。

《三国杀》作为一款社交性和娱乐性并重的桌面游戏，自然会吸引很多人的喜爱，在游戏的过程中，可以实现社交与传播的目的。除此之外，黄恺意识到，很多高校学生和年轻白领都会定期组织《三国杀》的游戏比赛，因为这些人都具备一定的好强心和好奇心，这就为《三国杀》在北京迅速风行奠定了基础。

经过一年多的发展，黄恺对桌游更加熟悉。到2009年7月底，在参加中国国际数码互动娱乐展览会上，黄恺将游卡桌游推向了上海，甚至全国。在短短三天的展览时间，其投入不过5万元，《三国杀》的销量却迎来了爆炸式的猛涨，三天时间共销售出40余万套，销售额超过1000万元。而在欧美地区，一款桌游产品成功的标准，不过是销售2000套。

公司成立三年后，就已经发展到了上百人数千万元的规模。黄恺设计的桌游，仅2010年一年内就卖出200多万套

黄恺意识到越来越多的玩家喜欢上《三国杀》，正是因为如此，自己设计的这款游戏才能销售得如此迅速，呈现出"病毒式"的传播方式。

看到如此惊人的销售额，不知有多少80后会发出羡慕的声音。可是，成功来的并非那么容易，在起步阶段，黄恺又经历了哪些挫折和艰辛呢？

起步的艰难

公司成立之初，启动资金只有5万元，公司人员也就有三人，杜彬任CEO，黄恺是首席设计师。三个人的公司也是公司，既然是公司，那么就有很多事情要做，当时，他们三个人根本没有明显的分工，只要能做的都会去做，目的就是将工作做起来。

随着公司的成立，加入公司的人就越来越多，所谓人多事儿多，人多的地方就是江湖。黄恺发现这个时候出现了一个问题：黄恺作为公司的设计师，难免会对游戏有各种各样的想法，此时，其和公司成员们就会经常因为概念或者意见不同发生争执。

就如同黄恺自己所讲的，由于桌游在中国算是一种新事物，很多人对此了解不深，所发表的观点自然也就没有说服力，因此，从讨论到针锋相对，再到唇枪舌剑，最后很可能还会在工作中闹一些小情绪，这些都是常有的事情。黄恺明白，无论怎样的争论，都是为了工作为了游戏，因此他多半会做出让步，这种让步也变得很有必要。这种争论绝非是针对个人，而是针对工作，因此，成员之间的关系并不会受到太大的影响。

公司成立之初，无论是对人员管理还是制度制定，黄恺都属于新手，在这些方面杜彬的经验也不算丰富，因此，这无疑是他们在起步阶段遇到的困难之一。

黄恺在后来接受采访时说道："关于我们创业的故事，后半段都还好，最开始纠结的点在于要不要来做这个行业，毕竟我们是以开拓者的身份在做一个从来没有人涉足的领域。以公司化形态运作后各种麻烦接踵而至，我们都是新人，关于这个产业、宣传推广、市场公关都是一家家去跑，开发部门也是，每个人都要做很多份工作。氛围倒是其乐融融大家也乐在其中，那是最有创业感觉的时候。"

除了公司管理方面的困境之外，产品推广无疑成为黄恺遇到的最大的困难。由于当时没有太多的资金，他们只能寄希望于玩家的口口相传来进行宣传和销售，而低价格则是促进销售的好办法。因此，黄恺和公司成员决定将原本64元一套的销售价格，降为了不到30元。他们希望通过降价来赢得客户的关注，从而提高销量，进行产品推广和传播。

随后，为了加大产品推广力度，黄恺和员工还尝试到一些公司向那些员工做现场推广，推广的方式就是教大家如何玩儿这个游戏，然后再发一些调查问卷。比如在悠视网推广后，有3个人当场购买了三国杀卡牌，从发放的100份调查问卷里，发现有6个人表示有购买意愿。黄恺和自己的团队就是这样一个个积累的玩家，这种方式需要花费太多的人力物力，见效也是很慢的。当时的艰辛，恐怕只有黄恺和他的伙伴们知晓。

产品要想占领市场，就需要大范围推广，让更多的人知道自己的产品和喜欢自己的游戏，而要做产品推广，就需要资金。而此时的黄恺发现，公司根本没有那么多钱用来做广告、做宣传，只能等待好的时机和凭借玩家的口口相传进行传播了。

丰收的喜悦

俗话说得好，"机会是留给有准备的人的"。黄恺和杜彬看到了推广的机会，那就是在2008年7月份在上海举行的中国动漫产业博览会，他们想参加这次博览会的人肯定来自不同国家，这对游戏宣传无疑是一次好机会。在博览会现场，他们免费发放了几百副卡牌。如今，上海已经成为《三国杀》卡牌卖的最好的地方之一，也是桌游吧最多的城市。

通过这次宣传，渐渐地，开始有人找到黄恺和杜彬，希望能够代理卡牌的销售，这些人多半都是《三国杀》的爱好者。同时随着桌游吧的出现，让《三国杀》多了一条推广途径。很多人喜欢在桌游吧里举行比赛，这样做不仅能够推广游戏，更能让玩家在玩儿的同时结交更多的朋友。

随着宣传力度的加大和途径的增多，越来越多的人开始玩《三国杀》，对于黄恺和他的伙伴来讲，这无疑是一种成功。到了2009年底，《三国杀》在上海的市场规模甚至超过了北京！在2009年，《三国杀》的销量飞速增长，销售额也在不断翻新。

越来越多的人开始玩《三国杀》，其火爆程度不得不让黄恺产生另一个念头：将棋牌游戏做得更大，开发网络版的《三国杀》。处在互联网不断发达的社会中，人们用QQ等互联网交互游戏盛行，因此，黄恺和伙伴们希望能够通过和网游公司的合作，在网络上更大程度地将《三国杀》进行传播和推广。

可是，寻找到愿意合作的网游公司并非是一件容易的事情，因为网游大佬们仅仅将《三国杀》看作是一个网游产品，再加上《三国杀》情节复杂，所以他们不愿意对这个上手如此艰难的网游进行投资，更不看好网络版《三国杀》的未来市场。

进入2009年之后，尽管《三国杀》的玩家越来越多，但是要和网游公司合作，开发网络版的《三国杀》却并不顺利。正在黄恺一筹莫展之际，伙伴杜彬接到了一个电话，对方说得很简单："我们想投资你们，你们有什么要求？"

原来是盛大公司的一个"18基金"的经理打来的电话，当天，黄恺和杜彬一共接到了三位"18基金"经理的电话，他们意识到：伯乐就要到来了！

就这样盛大和游卡展开了合作。在2009年6月份和2010年初，盛大先后两次向游卡注入了超过两千万元的投资，盛大如愿以偿地得到了游卡桌游的控股地位，而游卡也得到了公司发展的资金。渐渐地，《三国杀Online版》成为两家公司进行研发的重要项目，

得到了盛大的资金支持，黄恺和他的团队便如虎添翼，向着更高的阶段进发。后来，《三国杀Online版》的网游终于上线，玩家们可以在网络上尽情拼杀。这次成功，不仅为游卡赚足了资本，也扩大了其在桌游行业的影响力。

黄恺和其团队的研发速度也是惊人的，2010年5月14日《三国杀——初出茅庐版》上市；2010年5月25日《三国杀——神话再临典藏版》上市；2010年7月26日《三国杀》武将扩充《神话再临——林》上市；2010年9月29日《Q版三国杀》武将扩充《Q版神话再临——风》上市。游卡桌游已经在市场上占据了重要地位，如今，黄恺凭借着《三国杀》已经"杀"进了"福布斯"排行榜。

启示录 ## 成功就需要打破传统 ━━━━━━

爱因斯坦说过："若无某种大胆放肆的猜想，一般是不可能有知识的进展的"。对于黄恺来讲，这种猜想或许就是如何来打破传统，按照自己的新思想来设计出自己想象中和期望中的桌游。

或许很多年轻人对黄恺的成功会投去羡慕的目光，可是回头来讲，黄恺为什么能够成功呢？他为何能够在桌游的行业中崭露头角呢？

不难看出，黄恺是一个有自己思想的人，从他成长的经历就能看出，他从小喜欢玩儿游戏，喜欢主动地去制定规则而不是被动地去按照规则进行游戏，从这一点上就能够看出其具有一定的思想积极性。思想积极性的存在，才能够实现思想创新。

在黄恺成长的年代，中国桌面游戏的种类还相当有限，当时他就幻想着如果桌游能够"不插电"那该有多好。当这一个念头萌生，就为其后来实现理想奠定

了基础。在黄恺上了大学，想要按照自己的思维来制作出一款新的游戏时，他选择以三国故事为游戏背景，这属于借鉴传统，可是，当他赋予了游戏角色新的"技能"，就属于打破传统，或许正是他大胆的打破传统的做法，让他实现了成功。

不仅如此，对于很多人来讲，如果《三国杀》的销量已经很好，恐怕很少有人想要在网络上进行产品研发和扩展，黄恺和其他的桌游同行不同，他的目光比较长远，明白产品要想在市场上占有一席之地，就必须要不断地进行创新，不断地进行研发。当然，他也是这么做的。

对于80后来讲，要想获得成功，就要敢于创新，打破传统思想的束缚，当然要做到这一点并非那么容易。

对敢于创新的人来讲，他的定位一定要着眼长远。我相信，如果黄恺在当初设计游戏时，如果定位只是自己身边的朋友，那么他完全可以选择以校园为游戏背景，以同学和老师为游戏中的角色，根本没必要将复杂的三国故事和三国人物当作游戏的主体。可见，要想突破传统思想，必须要定位长远。

所谓打破传统，自然也不是随意而为之，也是需要讲究方法的。如果黄恺在设计《三国杀》时，只是一味地追求新奇，不顾及三国人物特有的性格特点，那么其制作出来的游戏，恐怕也是很难得到玩家认可的。可见，打破传统也是需要有度的。

作为年轻人，我们应该具备像黄恺一样的创新精神。因为任何一个人的成功，都离不开思维的创新。黄恺的创业成功，让我们看到，借鉴传统并敢于打破传统的重要性和必要性。无论你是在给别人打工，还是打算自己创业，都需要让自己的思维跟得上时代的步伐，要学会与时俱进，不要被迅速发展的社会抛弃，只有这样才可能实现成功。

★ 创业板 | 勇气第一，创业第二

塞内加曾经说过："勇气通往天堂，懦弱通往地狱。"可见，具备勇气的人才可能走向成功的天堂，勇气是实现成功的基本条件。

对于80后的创业者来讲，都需要先具备勇气，才可能实现创业的成功。对于一个懦弱者来讲，即便他拥有超人的智慧和能力，也是无法实现创业成功的。因为懦弱的人是不敢承担任何风险和责任的，只有勇敢地承担责任，才能够实现创业的成功。

对于黄恺来讲，他在大学期间就开始创业，无论在同班同学眼中，还是在老师眼里，都是一个值得称赞的行为。不管其创业是否能成功，他敢于迈出创业的步伐，就证明他具备了强者所具备的勇气。

所谓"敢想敢做"就是具备了独特思想之后，要有勇气将所想的变成现实。

如果黄恺在接触到《Bang！》时，只是单纯地将游戏背景和角色进行改变作为想法，而没有后来新的游戏设计的过程，恐怕今天我们玩儿不到如此精彩的《三国杀》的。可见，黄恺之所以能够创业成功，最重要的原因就是勇气。

或许很多80后会说"我有自己的想法，但是却没有勇气去实践，因为我害怕失败。"失败，是在所难免的，如果一个人害怕失败而不敢付出自己的勇气，那么成功从何而来呢？我想黄恺在设计《三国杀》的时候，也不一定会百分百坚信自己会成功。只有尝试了，才知道自己到底会不会成功。

那么，创业者的勇气来自哪里呢？从黄恺的创业过程中，能够发现他是一个自信的人，他相信凭借自己和团队的努力，结果一定会如自己所想的那样。对于一个自卑的人来讲，他不相信自己的能力，自然就没有支持自己付诸实现的动力了。当然，一部分勇气来自别人的赞同。黄恺曾经说过自己最大的客户就是遇到了杜彬，在黄恺实现成功的道路上，不难发现杜彬对其帮助最大。为什么杜彬愿意与黄恺合作呢？因为他赞同黄恺的游戏理念，赞同黄恺的游戏设计，而这种赞同在一定程度上给了黄恺创业的勇气。最后，勇气来源于理想。对于一个有理想的人来讲，他自然会有勇气去拼搏，去战胜困难。如果一个人没有了目标和理想，他自然不知道自己下一步该怎么走，自己的未来在何处。黄恺很清楚自己的目标是什么，所以在他做出每一个决定的时候，都显得那么信心十足，充满勇气和魄力。

俗话说得好"不想当将军的士兵不是好士兵"，对于年轻人来讲，没人不想自己当老板。可是，老板可不是那么容易当的。年轻人要想当老板，就要有承担责任的勇气，如果没有勇气，恐怕是无法实现自己的理想的。

2

王俊煜：能长"金豆子"的豌豆荚

一位高考状元，怎样从Google一位普通的员工，一跃成为国内首屈一指的软件大亨？一位北大才子，如何让虚拟的豌豆荚，长出现实的"金豆子"？

且看豌豆荚创始人王俊煜，如何让一款小小的手机软件拥有无穷的"吸金"魔力。

创业
没那么难

引 言

他是2003年广东省的高考状元。

他北京大学毕业后便进入Google工作，升至产品经理的职位。

他25岁，从Google辞职，开始自己创业。

他经历了众人反对与质疑，却一贯坚持"完美主义者+小清新"。他用自己的软件告诉世人，虚拟的豌豆荚就是一颗"金豆子"。他通过创业来实现自己的追求和信仰，因此，他所创造的产品也不失节操、不三俗。

如今，他的产品每天应用下载量超过1500万次，他被福布斯评为中国30位30岁以下创业者之一。他在创业过程中，经历了哪些风雨？为何他有勇气放弃原本稳定的工作，走上艰苦创业的道路？大家不妨看看，北大才子王俊煜是如何靠小软件成就梦想的吧！

高考状元

王俊煜1985年生于广东潮州，他的小学、初中、高中和别的孩子并没有什么区别。如果说区别之处，那就是他的学习成绩要好一些。在那个能够保送大学的年代，保送成为很多孩子梦寐以求的事情，因为一旦被学校选为保送人员，就不用参加紧张的高考了。

因为学习成绩优秀，所以王俊煜在高三的时候，就已经被保送。可是，王俊煜并没有接受这次"幸运"。他认为一个人如果不经历高考，那人生会留有遗憾的，于是，他选择放弃保送的资格，继续努力，参加高考。

在其他同学的眼中，王俊煜的这一举动似乎有点儿"傻"，可是，他认为人生不能留有遗憾，高考是人生的一次重要经历，他不想错过这次经历。更为重要的是，王俊煜认为，高考不仅仅单纯是考生实力的较量，更是一种心理素质的较量。他希望通过高考，让自己具备一定的心理素质。

在高三期间，王俊煜很注重对自我心理素质的训练。他和其他的孩子不同，他不会将高考看得太重，他认为高考只是人生成长过程中的一条路，但绝对不是唯一的出路。高考从来就不是他的心理包袱，或许正是这种豁达而正确的心态，让他以后的人生变得更加精彩。

王俊煜认为高考没有必要给自己设定预期的目标，他从来不会对老师、亲人、朋友轻易地承诺，因为此时的承诺，会影响到他的发挥。更多时候，承诺就会成为一种压力。

2003年初夏，王俊煜参加了高考，出乎意料的是他高考分数不但很高，而且还是当年广东省的高考状元。

王俊煜从来没想过要当什么高考状元，可是正是因为他正确的高考心态，才让他的成绩惊人。

2003年高考结束后，经过一个多月的假期，王俊煜顶着广东省高考状元的光环来到了北京，进入北大元培实验班进行学习。

北大成为他人生中重要的转折点，在北大的日子，王俊煜究竟是怎样度过的呢？

在北大学习的日子

在北大的日子里，王俊煜不仅学到了知识，还对自己的人生有了相对明确的定位。在北大一年后，他选择了物理学专业，但是在大四即将毕业，他却没有选择和自己的专业有多大关联的工作。

王俊煜是一个有思想的人，对于一个有思想的人来讲，他的生活就不可能是那么碌碌无为，没有任何的波澜。在北大的日子里，王俊煜可谓是没有"闲着"。

在北大元培班学习的前两年时间里，是不需要学生选择专业的，或许这就是北大元培班的好处，在这个班里，学生需要自己寻找兴趣。

开始的时候，很多学生都早早地做好了人生的计划，找好了学习的方向，并且开始为之努力。而此时的王俊煜却选择修了几门"捣乱"性质的课，也做了几件现在看来"玩闹"性质的事，最后，他没有沿着任何一条路走下去。

最为典型的一件事就是，王俊煜在实验班的时候，创办了一份周刊，命名为《元培时讯》。这在当时的影响很大，因为在他的班级中，他的周刊是第一份。从2004年创刊到现今，王俊煜还完好地保持着每周一刊，并且这个报刊已经往新媒体方向转型，对此，他觉得很有成就感。

既然在新闻方面有了成绩，那么，很多学生和朋友会认为王俊煜会选择新闻专业，可是出乎意料的是，他竟然选择了物理专业。

在当时，很多同学和老师都不清楚，为什么王俊煜要做这样的选择？难道真的是因为喜爱物理专业吗？要知道很多同学会选择计算机或者光华管理专业，可是他为什么要选择物理专业呢？

原来，对于学科的选择，他思考的方面与他人的不同。在大学中，很多同学选择学科，往往是从就业方面进行考虑的，而王俊煜则是从自己的喜好进行思考和选择的。王俊煜认为在大学的学习，应该选择一个基础的、通用的，能够培养方法论的学科。计算机专业和有的学科实用性太强了，这让王俊煜不是特别喜欢。

实际上除了方法论以外，王俊煜之所以会喜欢物理这门学科还因为它"讲道理"。在大学，王俊煜的数学和化学成绩同样出色，可是，他认为数学太过于抽象，而化学则只是反应与合成，没有任何的道理可讲。从这方面考虑的话，王俊煜觉得物理公式是很完美的。

按照自己的喜好，王俊煜选择了物理专业，按照正常的学习流程，在大学毕业后，他完全可以按照"正确的道路"开始申请出国，可是，他并没有这样做。

即便选择了物理专业，王俊煜也并没有想清楚学物理以后自己究竟要做什么，在他的脑海中，也没有要从事和物理相关专业的概念。他更倾向于选择一条"不费脑子"的路，而毕业后，选择出国就是一个符合"不费脑子"的选择。

此时，他开始为出国做打算，要想出国就一定要对英语有所掌握，因此，他开始学起了英语。

如果不出意外，按照王俊煜的成绩，他完全可以出国继续深造的，可是，他究竟又做出了怎样的选择呢？

先就业，再创业

在北大的日子过得很快，转眼间，就到了大四。

大四，是一个慌张的年头，也是很多大学生迷茫的一年。有的学生在大四会选择继续深造，走上考研的路子；有的学生会选择报考公务员，希望开始自己的政治生涯；有的学生会选择直接就业，本本分分地过上朝九晚五的生活；有的学生会选择直接创业，摆脱给他人打工的命运。

王俊煜是一个看似本分的孩子，他本来打算出国继续进行物理专业深造的，可是，王俊煜进入谷歌实习，这让他很快喜欢上这份工作。

谷歌招聘流程在王俊煜确定被谷歌正式聘用之前，他已经拿到了国外学校的录取通知书。不久，他又通过了谷歌面试。是选择就业还是选择继续深造呢？怀着就算出国，说不定自己也会辍学，然后选择创业的想法，王俊煜放弃了继续深造物理的机会。

选择就业的他有着自己的考虑和理由：

王俊煜在大学虽然是学的物理学，可是到了大四，他开始投身互联网，对IT产生了浓厚的兴趣。每次浏览网页的时候，他总能够看到谷歌的标志，逐渐的，王俊煜开始喜欢谷歌。

有一天他看到了谷歌关于用户体验设计师的招聘信息，这是他梦寐以求的公司，于是，他毫不犹豫地投递了自己的简历。

谷歌作为大的企业，对员工的招聘自然要经过严格的筛选，其实王俊煜的简历在第一轮筛选中就被淘汰了。

或许王俊煜的命运已经被上天安排好，他的简历被谷歌用户体验部负责人看到了，他将王俊煜的简历"捡"了回来，在第二轮面试的时候，又给了王俊煜一次机会。

王俊煜知道机会来之不易，他带着自己的网页设计和平和的心态，开始了一轮轮的面试，因为他之前做的网页设计都融合到了一个专门的网页里，所以凭借着这个网页设计，他过五关斩六将，最终进入谷歌工作。

进入谷歌之后，他才知道他所做的这个职位，全球人数仅仅有13个，每个人都有其过人之处。

王俊煜凭借自己的能力和良好的心理素质，再一次获得了成功，而这次成功和高考成功有所不同，这次的成功让他拥有了一份很体面的工作，同时也拥有了对互联网进行全面了解的机会。

王俊煜对互联网的热爱程度超过常人。在谷歌工作期间，他就开始全面接触互联网。此时，他发现互联网的魅力原来如此之大，在谷歌工作的时间里，他总是希望学习到更多更有用的知识，正是这种好学的态度，让他的工作得到了上司的认可。

王俊煜就这样选择了就业，并且找到了一份令人羡慕的工作。在别人眼中，这个工作是那么体面，收入也是可观的，他完全可以安安稳稳地在谷歌长久工作下去。可是，在他的内心，有另外一种声音，尤其是在他对互联网越来越了解的情况下，这种声音越来越强烈，那就是创业。

当然，王俊煜很清楚，要想创业，就应该从一名Google员工做起，这才是他创业的最关键一步。

在适当的时机开始创业

在Google工作的日子里，王俊煜开始学习各种关于网络发展的知识，对互联网这个行当也有了越来越全面的认识。

转眼间，三年的时间过去了。可是，三年后的王俊煜患上了"大公司病"。在其他人看来谷歌可以满足王俊煜所有关于职业的梦想。但对于1985年出生的王俊煜来说，在这个大公司里工作，让他没多少时间去做自己真正感兴趣的事，这在他看来似乎有些浪费时间。

2009年，在谷歌待了3年的王俊煜打算要离开这个自己喜欢的大公司。王俊煜是国内第一代Facebook用户，也是谷歌产品的深度爱好者。王俊煜认同开放和创新，参与了DaCode的创立，对于这个听起来就很Geek的设计品牌，他也付出了自己的心血。

此时的王俊煜将出国再次提上日程，只是这一次他希望从事产品设计专业，而非物理专业。要离开现在的公司，选择出国，自然是要好好进行思考的。在犹豫的时候，王俊煜无意间看到了谷歌中国区前总裁、创新工场创始人李开复的一句话，就是这句话让王俊煜决定再次放弃出国的念头，而是现在创业："你要训练设计什么时候都可以，但移动互联网的创业浪潮可能就这么一次。"

王俊煜对移动互联网已经很了解，他意识到这次浪潮的到来，如果自己把握不住，那么出国深造还有什么意义呢？

在这个时候进行创业，可谓是最佳时机。就如同李开复所讲，移动互联网将迎来发展的春天，那么这对于很多人来讲都是一次机遇。王俊煜心想为什么自己不抓住这次机遇呢？

2009年5月，发生了一件偶然的事情，这也是王俊煜进行创业的直接诱因。

这年5月，王俊煜去丽江旅游，途中，他的iPhone手机丢了。没有办法，他便买了一台HTC的G1。这款手机是世界上第一款采用Android系统的智能手机。

虽然王俊煜在谷歌工作，但是他还是第一次接触到Android系统的产品，按照他的话说"真的被震撼了"。

之前他所用的iPhone手机，已经能够实现很多功能了，没想到这款Android系统的产品能够实现iPhone无法实现的收发邮件、挂IM（即时通讯）等多种功能，这是他所没想到的。

王俊煜瞬间喜欢上了这款手机，可是用过之后，他发现Android系统做得有点太粗糙了。他心想这个手机，看起来很不错，其实自己还可以让他变得更靠谱，尤其是在系统和用户的交互性层面上，王俊煜发现还有很大的完善空间。

2009年12月，王俊煜开始了自己的创业之路，同时，豌豆荚的雏形就出现了。

创新工场："豌豆"实验室

尽管此时的王俊煜已经确定要基于Android平台进行创业，目的是创造提升用户体验的产品，但是当时摆在王俊煜面前的，仍然有几种选择。

王俊煜虽然想过要自己创业，但是他也想过自己是否能够通过一些大公司来实现自己的创新思路。因为在当时，他对于创业还没有具体的概念，也不知道具体要从何做起，因此，在当时的王俊煜看来创业或许不是他实现目标的不二之选。

王俊煜开始接触一些大的互联网领域的公司，随后发现，这些国内的互联网大鳄们做事情的出发点都是为了增加市场的占有份额、为企业创造更大的利润、争抢入口，而不是他所希望的让用户享受到更好的服务，在他看来是目的的东西，在大的公司看来那只是增加利润的手段。

俗话说"道不同不相为谋"，正是意识到这点，才让他产生了犹豫。

一次，王俊煜与朋友乘坐地铁，听到朋友介绍之前的顶头上司李开复离开谷歌后，创建了"创新工场"。王俊煜心动了。他将自己的想法告诉了朋友，朋友建议他去找李开复进行面谈。

虽然之前李开复和王俊煜都在一家公司工作，但是因为级别相差较远，王俊煜和李开复也并不熟悉，但见面之后，王俊煜发现，李开复对自己的名字并不陌生。

原来，在工作的时候，自己喜欢对工程师和设计师的工作挑毛病，出于对王俊煜的不满，难免有人去李开复面前告状，因此，李开复对王俊煜早有耳闻。

就在这次见面中，王俊煜向李开复表达了自己的想法。这之后，王俊煜决定加入创新工场。

2010年4月，王俊煜终于结束两边跑的状态，辞去了谷歌的工作，正式加入"豌豆荚"，而"豌豆荚"是创新工场孵化的第一批项目。王俊煜作为联合创始人中最年轻的一个，基于他的能力和创新思维，很快，就被推上了CEO的位置。

在创业的最起步阶段，王俊煜除了产品研发和扩充团队，其他的事情都不需要他去分心。比如执照办理、财务、法务、公关等一系列事宜都不需要王俊煜去做，这就避免了不懂企业管理的王俊煜手忙脚乱。

在之后接受采访时，王俊煜说道："开复不会太细化地告诉我们该去做什么，但他凭借丰富的人生经验，可以告诉我们哪里会藏着坑，哪条路会走不通。"

可见，王俊煜能够进入创新工场，与李开复的指引息息相关，同时，正是这次加入，让王俊煜在创业中，展现出了自己的才能。

新事物需要新理念

进入创新工场之后，"豌豆荚"曾一度被别人笑称为"豌豆姑娘"。因为在许多人看来，在孵化器下进行创业就如同是过家家一样，是没有办法与自主创业相提并论的。

王俊煜心里很清楚，豌豆荚也需要从创新工场毕业才行。毕竟南有91助手、腾讯手机助手对市场的分食，北有360手机助手的后来居上。和其他的创业公司相比，"豌豆荚"更需要面对残酷的商业竞争和市场淘汰。

王俊煜认为要想让产品在市场上站稳脚跟，那么就应该让自己的产品"与众不同"。身为处女座的王俊煜是一个完美主义的典型，这一点也体现在了豌豆荚产品上。

打开豌豆荚，总是能够体现出一股小清新。或许，这就是豌豆荚与其他产品的不同之处。王俊煜希望将豌豆荚发展成一款非常大众的产品，因此，其在发展初期，主要用户群分布在了三四线城市。

王俊煜很清楚，自己从事的是一项新事物的研发，自然就需要有新的理念。因此，项目成立之初，王俊煜就决定将PC客户端作为切入口，这个决定是大胆的，因为在当时PC客户端的产业已经开始走下坡路，很多创业者会选择Web端为热门发展趋势。

二十多岁的王俊煜迎来了第一次挑战，此时，整个创新工场的高层和行业内的一些前辈都来劝说王俊煜，希望他能够改变主意。

王俊煜他顶住了压力，坚持自己的思路，按照自己的思维进行创新。王俊煜觉得用户端的完善能够更好地满足用户下载体验，从这方面入手并没有落伍，事实证明，他的坚持是正确的。如今，对手机助手类工具来讲，客户端的解决方案要比着手Web端好得多。

王俊煜说过："不自负的人是成不了事的。"

王俊煜的"自负"可能体现在他的执着上，在豌豆荚推出之前，91助手就已经在市场上得到认可，但王俊煜完全没有参照91助手进行设计，而是按照自己的思维打造出了一款全新的产品。

在熟悉王俊煜的人看来，能够改变他设计思路的人只有用户。

有一次，王俊煜信心满满地对产品的界面做了一次自认为很理想的改动，虽然，他的改动得到了各方面的反对，但是他仍然坚持自己的想法。王俊煜觉得这些反对的人都是受到了从众心理的影响，直到收到了用户们的意见反馈，他才改变自己的想法。

2012年，豌豆荚开始摸索广告付费模式，这种方式就是通过应用花钱买广告位，然后进行产品推广，当时，很多应用商店、手机助手都是这样做的。

王俊煜将豌豆荚的收费流量和自然流量分开，比如UC浏览器想要在豌豆荚上做推广，同样这款大众类的应用会产生自然流量，而豌豆荚首付部分只是付费流量所产生的广告费，对于自然流量部分不产生费用，这种收费模式自然无法多赚钱。

随后，DCM和创新工场两家投资机构希望投资800万美元给豌豆荚，条件是王俊煜能够按照传统的方式，进行广告付费，从而赚取更多的利润。对于这个方案，王俊煜拒绝了。因为他希望自己的产品能够给用户带来小清新的感受，希望为企业打造出正气的形象。

到了2013年，豌豆荚的客户安装量已经达到了8500万，每天的应用下载量超过1500万。

在接受采访时，王俊煜说道："我们希望自己去证明这样一条发展路径，很多人说一个在PC上面管理手机的软件是不靠谱的，但我们还是希望去做这样的尝试。"

不只做应用商店

2013年9月，百度公司用19亿美元收购了91助手，这让很多竞争对手的心情变得有点复杂。

王俊煜听到这个消息后，心情反而有些兴奋。

因为王俊煜知道这次收购对于自己的公司和员工来讲，是一次信心的振奋。在刚刚进入2013年的时候，豌豆荚公司内部就做了一次评估，评估结果是豌豆荚已经超过了91助手的业务量，这也就说明，豌豆荚具有更大的发展空间。

王俊煜对于豌豆荚的定位并不单纯是应用商店。因为整个豌豆荚的研发团队中，只有百分之十五左右是在应用开发上。早在创业初的商业计划书中，王俊煜就写道，他要将豌豆荚发展成为"任何用户、任何移动终端设备的内容入口"。

王俊煜在接触到第一部安卓系统的手机时，就意识到了移动互联网之争，在很大程度上，就是其入口之争。无论是浏览器，还是微博、微信，甚至是移动地图都已经在竞争中拼得"头破血流"，那么，豌豆荚的位置到底在哪？

王俊煜是一个思虑长远的人，他不希望豌豆荚只是简单的流量入口，或者成为一个hao123。显然，王俊煜希望豌豆荚能够成为移动互联网的必备品。

2012年，豌豆荚宣布"视频搜索"正式上线，这个功能是豌豆荚第一个"应用内搜索"产品，用户可以找到各种视频，还可以直接在APP里搜索到视频。

王俊煜认为在移动设备上，用户可以通过在看视频、听音乐、看电子书的过程中，搜索到娱乐内容，在对天气、地图等应用中查找到生活资讯，还可以在电子商务类应用中搜索商品等，这样一来，客户就不再仅仅是在传统的PC搜索网页信息了。

在这个软件开发1年后，豌豆荚的视频搜索下载独立用户数同比增长就超过了1100%。可见，豌豆荚已经不单纯是一个应用商城了。

实际上，王俊煜是一个喜欢创新的人，即使是豌豆荚应用分发功能方面，具体做法和其他的竞争对手也是不一样的。到了2013年，豌豆荚上的应用超过了60万个，而在服务器上的应用数据包仅仅有1000—2000个。

从这点来看，王俊煜希望用户能够通过豌豆荚来搜索相关的应用，而不是直接选择相关应用，这样做是为了让用户掌握主动权，注重用户体验。

与豌豆荚相比，无论是91助手，还是360手机助手，都是在自己的服务器上提供应用下载，这就意味着，豌豆荚从一开始就采取了不一样的发展路径和思维。

王俊煜很清楚，在移动互联网发展初级阶段，用户对应用的需求量很大。豌豆荚所体现出来的就是一个"应用商店"的形态。

对于王俊煜来讲，他希望豌豆荚能够走不一样的发展路径，从而获得长足的发展，而不是单纯地成为一个"应用商城"，这或许就是王俊煜思维的创新之处。

有安卓的市场，就有豌豆荚

王俊煜接触到第一部安卓系统手机时，他就想到了要做移动互联网产品。等到王俊煜进入豌豆荚，他就有了让豌豆荚进入所有安卓市场的远大目标。

近几年，移动互联网不断发展，其直接的促进因素就是Android系统的手机应用。到了2013年，豌豆荚拥有的独立用户超过2亿，每天的分发量也超过了3000万。可见，豌豆荚已经在移动互联网市场产生了影响。根据2013年第二季度，艾润咨询发布的Android应用分发平台的用户活跃度排名，豌豆荚竟然位居第二。可见，带有小清新气质的豌豆荚，已经不再是"豌豆姑娘"，它已经成为移动互联网中的"巨型豌豆"。

王俊煜很清楚，豌豆荚要想获得更大的发展空间，就需要紧紧地跟随安卓系统的应用平台，在移动互联网的领域中把握好发展时机。

在豌豆荚不断发展的今天，很多人都在猜测，豌豆荚是不是会像其他的创业公司一样，进行上市发展。王俊煜则认为上市只是企业发展的一个过程，绝对不是企业发展的终点。

在王俊煜的心中，公司上市之后还是自己奋斗的企业，还是在帮助用户将手机变得更加好用。因此，他不认为上市是自己的追求。当然，上市对豌豆荚的发展是有一定益处的，比如融资、增加企业的知名度和影响力等等，但王俊煜看重的是企业的长期发展策略。如果公司上市可能会让企业更加关注短期的发展目标，这不是他想要看到的。

在王俊煜的心中，用户体验永远是第一位的，他希望豌豆荚能够满足移动用户的需求，成为大众所喜爱的产品，并为大众所使用。

在外界看来，豌豆荚的竞争对手是已经被百度收购的91助手，而王俊煜则认为百度才是自己最大的竞争对手。对于这点，王俊煜并不担心，因为百度在移动战略上的迟缓，让更多移动互联网创业者得到了机会。

王俊煜认为移动互联网领域有着新的游戏规则，这就为豌豆荚提供了发展的机会。同时，王俊煜看到了安卓市场的发展空间，他希望在未来，豌豆荚能够实现"有安卓市场，就有豌豆荚"的理想。

在豌豆荚不断发展的今天，王俊煜的创业之路也实现了成功。在很多人都没有看好移动互联网市场的时候，王俊煜却勇敢地进入，从而打拼出了属于自己的一片天空。

王俊煜在接受采访时说道："物理和做产品有类似的地方，核心在于近似也就是约等于，把应该考虑的细节都去掉，你才能看到事物的本质是什么。减少干扰，做了取舍之后，你可以得到一个更简单和优美的解决方案。"

作为年轻创业者，王俊煜总是能够站在一个超前的角度去思考问题，同时，为豌豆荚设定一个长期的发展目标。

作为年轻的创业者，应该具备长远的眼光，只有这样才能够在创业的过程中，找到企业发展的方向和途径。

启示录　要创业，就要先创新

在当今社会中，只有拥有创新思维的人才能抓住机遇。当然，作为年轻的创业者，要想实现创业的成功，创新是首要之选。

王俊煜在进入谷歌工作后，本可以安安稳稳地工作下去，可是在他的意识中，创业是自己的目标。就在他创新出豌豆荚之后，他的创业正式开始。可想而知，如果没有创新，他的创业可能会推迟很久。

对于一个新兴企业来讲，每一步的发展都是创新的过程，在每个创新的过程中，都要付出自己的时间和精力。

年轻的创业者可能会问，在创业初期，究竟要在哪些方面实现创新呢？

首先，对于一个创业者来讲，在选择的行业方面，要有创新发展的空间。作为年轻的创业者，尽量不要选择那些传统的老行业或者是没有发展空间的行业。可想而知，一个人选择新兴行业和选择已经饱满的老行业，其发展空间和发展速度是完全不同的。因此，作为年轻的创业者，不妨在选择创业行业时，求得行业的创新。就如同王俊煜，他所创立的豌豆荚，在当时可谓是互联网中的新兴产品，自然就会有很大的发展空间。

其次，对企业的产品要有所创新。一个年轻人既然决定创业，就要在创业过程中，不断地对产品进行更新，寻求新的发展领域。王俊煜在创业过程中，不断地提升豌豆荚的功能，与此同时，也在不断地向移动网络中进军。年轻的创业者应该为自己的产品开拓新的发展空间，这也是创新的一大动力。

最后，管理模式的创新。在当今社会，竞争越来越激烈，要想让企业的发展更加适应社会发展的需求，就应该尽量在管理过程中，寻求新鲜的血液，找到适合自己企业发展的管理模式，只有这样才能够避免出现管理危机，从而让企业发展得更加顺利。

创新思维无论在什么时候都是被提倡的，同时，无论在什么行业都是需要创新思维的，每一次的创新都可能成为带动企业乃至整个行业发展的动力。

如果年轻的你希望进行创业，那么不妨选择一个有创新空间的行业，然后进行产品创新，从而满足社会的需求，最终，找到一条适合企业发展的管理道路，这样一来，便能够找到通往成功的道路。

一个具有创造力的年轻人，往往能够在很短的时间内，通过敏锐的眼光找到适合自己进行创业的行业或者项目。对于一个有思想的年轻人来讲，他们不会局限于眼前企业的发展现状，而是用自己的创新思维，对企业的发展进行创新。

★ 创业板 | 选对行业，找准时机

一个正确的选择能够改变一个人的一生，而选择错误也会对一个人的生活产生影响。在社会发展的今天，很多年轻人认为机会越来越多，甚至觉得机会来得相当容易，从而在做出选择的时候会变得很随意，最终，错失很多机会，或者是做错选择。

对于想要创业的年轻人来讲，要想实现创业的成功，首先要做的第一步就是要选择好要从事的行业。王俊煜学的是物理专业，但是他对互联网却充满了热情，在互联网行业中，他感受到了工作激情，因此，他的创业行业则是定位在互联网行业。

通过王俊煜的例子，我们不难发现，创业者在选择创业行业的时候，可以考虑以下几个方面：第一，可以根据个人喜好。当然，所谓的个人喜好也是需要具有创业空间的，如果选择过时的行业，再怎么喜欢，也只能当作是业余爱好。王俊煜热爱互联网，同时，他看到了这个行业的发展空间，自然可以将其当作创业的首选行业。第二，可以根据对某个行业的认知程度。当一个人对某个行业的发展趋势和现状有了很全面的了解之后，选择这个行业当作创业行业，往往能够避免犯一些错误，成功的概率自然也就高了一些。王俊煜在选择创业行业的时候，他之所以会选择互联网，是因为他在谷歌工作的几年时间里，已经对这个行业有了全面的了解，看到了这个行业的发展空间，对这个行业能够做到很好的掌控。

年轻的创业者，在选择好所要从事的行业之后，那么进行创业也是需要选择好时机的。如果所选择的时机不对，再好的项目，恐怕也不会创造出价值来。

王俊煜在选择创业的时候，他在谷歌的工作已经不能满足他学习行业知识的愿望了，通过谷歌的工作，他已经看不到自己有多大的存在价值。与此同时，随着自己在互联网行业的工作认知，让他对这个行当有了全面的认识，虽然已经工作了好几年，但是对这个行业仍然充满着热情。在这个时候，全身投入到豌豆荚的项目中，是一个大好的创业时机。再加上，在谷歌的工作，让他具备了一定的创业资本。因此，此时融入创业的行列中是非常适合的。

作为年轻的创业者，要想选择好最佳时机，进行创业，那么不妨从这几方面进行考虑：

首先，对你所选择行业的发展背景进行考量。在进行创业之前，应该对所选择的行业进行考量，看看发展的大背景，如果在适合发展的大背景下进行创业，那么可谓是事半功倍。如果此时的这个行业发展不适合创业，自然不算是创业的好时机了。

其次，作为创业者，如果已经对所要从事的行业有了全新的认识，那么完全可以进行这个行业的创业，如果对这个行业的认知不足，就进行盲目的创业，恐怕会遇到更多的挫折和危机了。可想而知，如果王俊煜在毕业后，直接进军互联网，在毫无经验的情况下，对这个行业进行开拓，恐怕会遇到更多的困境和危机。

最后，自身处在最佳的发展状态时，进行创业。当一个人自身优势大于劣势的时候，进行创业往往能够让创业过程变得更加顺畅。比如，年轻的创业者，如果掌握了人脉、技术、人才等多方面的因素，那么创业过程自然就会显得比较顺畅了。

创业并不是一件简单的事情，也不是一件异想天开的事情。如果你打算认认真真地实现创业梦想，不妨先找准创业的机会，在适合自己创业的行业中，打拼出属于自己的一片天。

3

陈欧：聚美优品，我为自己代言

一位留洋少年，怎样从一位游戏控，升级为一位游戏创业家？一位海归青年，如何二次创业，成功"笼络"所有爱美之人的心？为自己代言的陈欧，究竟是怎样在"聚美"的同时"聚财"？

创业
没那么难

引 言

他从小被称为是"天才少年"。

他16岁便获得留学新加坡的机会，26岁从斯坦福大学毕业。

他25岁之前，就淘得千万级别的第一桶金。

他身为男性，却爱上了做化妆品网站。

他为自己代言，享受创业的过程。

从小就表露出不一样的才智，让他得到出国深造的机会。毕业后，他更向往回国创业，因为中国才让他感觉到适合。

他为企业代言、为自己代言，年轻的心态下却有一颗负责之心。他不到30岁，却创立了中国最大的化妆品限时特卖商场。他没有丰厚的家底，没有显赫的地位，却凭借自己的坚持和智慧，"笼络"了所有女人芳心。且看陈欧是如何二次创业，如何在女人的世界里站稳脚跟！

16岁，远赴重洋

陈欧出生在四川省中江县，这是中国芍药之乡，也是特级英雄黄继光的家乡。陈欧的父母都是普普通通的公务员，自然，他也是普普通通的孩子。在后来陈欧创业成功之际，有人怀疑他是含着"金汤勺"出生的，实则不然。他生活的家庭很普通，但是小时候的陈欧便表现出了过人的天资。

陈欧很聪明，最容易体现出他聪明的自然是在学习方面。在他儿时的年代，每家每户的孩子似乎都需要学习奥数，他自然也不能避免。陈欧是一个认真的孩子，他做事情要么不做，要做就要做得最好。或许正是他的这种态度，让他在小学阶段就在奥数方面拿到了很多奖，成为父母亲朋好友称赞的好孩子。

小学阶段的优异成绩，对他升初中很有帮助。因为他很聪明，所以小学毕业便能够直接跳级读初二，这是多少孩子无法做到的，因此，他便在当地小有名气，成为人们口中的"天才少年"。

16岁那年，对陈欧来讲是关键的一年。在他16岁之前，德阳中学成为他学习的地方，他在这里学习生活。如果说上天给了陈欧出国的机会，不如说他的聪明好学帮助他赢得了这次机会。这一年，陈欧赢得了德阳的全额奖学金留学项目，凭借着自己的勤奋和聪敏，他成功考取新加坡南洋理工大学。

当陈欧拿到了录取通知书的时候，对于一个年仅16岁的孩子来讲，他内心可能会有一丝丝的恐惧，毕竟要独自一人离开家乡，远赴国外学习。

陈欧在大学读的是计算机。大学，总是给人一种闲散的印象。对于陈欧，大学业余时间是他想办法挣钱的好时光，他后来在接受采访时说自己当时的业余爱好就是挣钱。

26岁时，他获得美国知名大学斯坦福大学MBA学位，成为该校历史上最年轻的中国MBA毕业生。

海外留学让陈欧收获不少。在后来的采访中，陈欧说道："这是一块很好的跳板。"没错，或许海外学习，让陈欧距离自己的梦想更近了一步。

从游戏控到创业者

在海外读大学期间，陈欧和其他同学一样爱玩游戏，他的聪明和机敏，总能够让他在游戏比赛中得奖。其他的选手会将打魔兽当作是一种生活，而陈欧明白，游戏就是游戏，他只是会在游戏比赛前的三四天才抽空练习，尽管如此，他还是能够获得不错的成绩，他记得自己最好的成绩是曾经获得新加坡《魔兽争霸》游戏比赛的前三名。

外国的游戏比赛奖品多为现金，这让陈欧有了一小笔资金。玩别人设计的游戏并没有让陈欧感到过瘾，整天想如果自己能够创造出新游戏，那么要比打比赛有趣得多。于是，在大学业余时间，陈欧又多了一项事情可做，那就是发掘创造新游戏。

在大学四年级，陈欧得知盛大浩方希望能够进入东南亚市场，但是他们的版本太低，不适合开拓市场。作为一名资深游戏玩家兼程序员，陈欧开始思考，既然市场还并不成熟，再加上盛大浩方的产品及本地化也做得不理想，那么，不如自己尝试来做。

陈欧凭借着一台笔记本，伙同师弟刘辉(现聚美优品联合创始人、研发副总裁)创办了全球领先的在线游戏对战平台Garena。在陈欧管理期间，就能够达到10万人同时上线，在上线最高峰可达到四五十万人，虽然当时是通过玩家增值服务的方式来赚钱的，盈利没有太多，但是基本可以持平。直到现在，Garena仍然是新加坡最好的一家在线游戏平台，其全球的用户已经超过2400万人。

显然，在新加坡读大四时，陈欧就不单纯是一个游戏者，已是一个名副其实的创业者。可是，从一开始创业，陈欧的父母就开始阻拦。

虽然陈欧远在国外，但是他经常会将自己的想法告诉父母，并征求他们的意见。当远在四川的父母得知陈欧要在新加坡创业，并且创业中虽然有用户，但是看不到钱时，父母开始打电话规劝陈欧，后来竟然专门跑到新加坡劝说陈欧，希望他能够回心转意。

陈欧的父母是政府机关的公务员，他们不希望儿子成为商人，而是希望儿子能够成为一名博士。在陈欧后来接受采访时，回忆道："父母觉得创业很丢人，不务正业，创业是找不到工作的表现。"父母希望陈欧能够继续深造。

当然，陈欧在新加坡读大学期间发现，很多很糟糕的项目能够实现融资，而自己做得那么好，却拿不到钱，原因很简单：那些企业创始人是斯坦福、哈佛的MBA毕业的。陈欧后来总结一下，如果上这两个学校的MBA肯定对以后创业融资有帮助。再加上此时父母要求自己继续深造，拿到博士学位。

陈欧决定申请斯坦福的MBA，他这样做完全是为了创业做准备。陈欧凭借自己的努力，最后申请上了斯坦福大学的MBA。陈欧心想自己可以一边读着MBA，一边远程操控和管理远在新加坡的Garena，再加上当时刘辉仍然在公司，这样就能一举双得了。

可是要同时做好两件事情并非那么简单，更何况是远程遥控管理。逐渐的，陈欧发现因为受到距离的限制，他已经无法掌控公司了。

在2007年，经过斯坦福校友的介绍，陈欧认识了对他以后人生有巨大影响的人——徐小平（新东方创始人）。两人第一次见面，是在一家茶馆。当时徐小平告诉陈欧，说可以投资他的游戏对战平台，可是陈欧却没有拿徐小平的钱。

后来，陈欧发现自己与Garena的公司氛围越来越不合拍，他经常会有一种"命运不在自己手里的感觉"，于是，陈欧不得不忍痛卖掉曾让他得意的游戏平台Garena。就在2008年中旬，陈欧卖掉了自己在公司的股份，拿到了千万级别的现金。对于一个当时仅有24岁的年轻人来讲，这笔钱足够他在未来10年内养活自己了。

当陈欧从Garena退出，把股份换成真金白银，他的父母才开始支持儿子的创业。第一次创业，陈欧就淘到了第一桶金。

从不按常理出牌

陈欧说自己是一个有很多想法的人，喜欢去创造并将想法付诸实践。在星座中，水瓶座的性格是最难掌握和预测的，陈欧似乎正符合了水瓶座的这一性格特征。

尽管陈欧曾在Google这样的大公司任职工作过，但是打工的经历让他更坚定了自己创业的想法。在陈欧眼里，给别人打工就是根据老板的思路去完成自己手中的工作，完成工作仅仅是一种职责；而创业不同，它是一个创造价值的过程，可以按照自己的想法去做自己喜欢的事情。创业能够让陈欧感觉到自己的价值所在，更能够激发他的积极性。

当陈欧忍痛卖掉自己的游戏平台Garena后，虽然父母希望他能够在美国拿到博士学位后再回国，但此时的陈欧已经创业上瘾，他的心早已经不在校园里了。

在斯坦福学习期间，陈欧认识了戴雨森，戴雨森成为他创业的第二个伙伴。在斯坦福待了才三个学期，便被陈欧拉回国创业。之前和陈欧一直合作的刘辉，也在2009年的时候，卖掉了游戏对战平台Garena的股份，和陈欧一同回国创业。

回国创业，这是陈欧做出的最重要的决定。面对国外好的发展契机，陈欧选择了回国，这正是他不按常理出牌的一次体现。

三个人便形成了团队，对于自己的团队陈欧很满意，因为在创业开始，这是为数不多就具备相对健全的创始团队。陈欧大学主修计算机，可谓有技术经验，同时在斯坦福的MBA学习为他了解融资、战略、市场打下了基础；刘辉和陈欧曾经就是合作伙伴，在创业项目中担任技术负责人；戴雨森则是很好的视觉设计师。无论是从产品、技术方面还是视觉设计、产品推广方面，陈欧都有了合适的人选，他们三个人组成的团队绝对是一个互补性的团队。

最终，他选择了游戏内置广告商业模式。确定了目标，便开始寻找投资人，此时，他想到了徐小平。

为什么要找徐小平？陈欧有两方面的考虑，第一，他们认识，虽然距离上次找徐小平已经有两年的时间，但是毕竟算是旧相识。第二，出于对徐小平的身份的考虑，他在行业内有一定名气，这会对自己的创业有帮助。

陈欧约了徐小平，他一边喝茶，一边向徐小平讲述自己的商业计划，最终，拿到了徐小平18万美元的投资。

就这样，一家名为Reemake的游戏广告公司在中国大地上诞生了，但是很快，这家游戏广告公司便陷入了困境，这让陈欧明显感觉到"水土不服"。因为在美国一个有效的点击就可以卖到几十美元，而在国内则是白菜价，连几毛钱也卖不到。最后，公司账上就剩下30万元，员工也没剩下几个，此时，他不得不调整公司的业务，改变经营方向。

陈欧、刘辉和戴雨森三个人整天窝在海淀黄庄附近的民居里思考创业出路。在开始决定要调整业务的时候，他们没有勇气完全放弃原有业务。陈欧担心如果彻底放弃原来的业务，会遭受更大的损失和风险，他建议不如边走边看，尝试做一些化妆品方面的业务。

水瓶座的人就是难以捉摸。陈欧很快便投入到了另外一场"战争"中，他选择了当时还属于冷门的领域——化妆品团购，他希望让自己的公司存活下去。

陈欧在后来的采访中说道："做游戏广告时，我们和一些化妆品公司有过合作，化妆品的平均利润在20%—30%，属于高利润的行业，而且传统渠道成本高。"或许这正是为什么陈欧选择投身化妆品团购的原因。

"有利润空间，企业愿意做，有价格优势，用户也愿意买"，便成为化妆品团购被陈欧三人认可的原因，这也让陈欧三人认为是离钱比较近的一个行业。

几个大老爷们儿卖化妆品？

这个问题在开始也让陈欧觉得不好意思，可是，反过来一想，如果自己觉得不好意思，别人也会觉得不好意思，那么做的人会少，成功的机会就更大了。或许正是这种不按常理出牌的套路，让陈欧实现了公司转型，让公司存活了下来。

让爱美的女人更美

作为一个善于观察生活的男人，陈欧之所以会选择做化妆品网站，还有一方面的原因：他发现，中国的广大女性消费者有着广泛的消费欲望，同时对于线上购买化妆品有些信心不足，在当时的中国，线上化妆品网站没有领头羊存在，这就是创业的机会。

中国是世界上人口最多的国家，自然，对于化妆品的需求量也是最多的。陈欧认为做化妆品网站一定有发展的机会。然而，公司转型的过程是比较困难的，这恐怕也是陈欧二十多年来经历过最艰难的事情。

陈欧和伙伴们花了两天的时间，搭建了团美网，开始时只是在线上做一些比较简单的推广，看点击量和购买次数，结果发现效果很好，还真的有消费者来购买。渐渐地，陈欧发现团美网越来越费人力，也具有赚钱的可能性，便决定将公司集中在化妆品的团购业务上。

陈欧本身是学IT的，他很清楚卖化妆品和以往自己卖的产品是有所区别的。要想推销化妆品，也就是要学会推销"美丽"，并且还要学会挖掘潜在市场。陈欧在接受采访时说道："这不单单是一个数字生意，做化妆品市场，令我觉得自己是在做一个带有艺术性的感性的生意。我们的产品可以让别人更幸福，我自己也会觉得很快乐。"

陈欧认为化妆品的受众多半是女人，因此，如果能够让爱美的女人变得更美丽，那么自己的网站肯定能做成功。并且，做美丽的生意不仅仅是让消费者享受在其中，自己也能够感到是一种享受。

2010年2月，为了扩展人脉和为以后企业融资做打算，陈欧申请了亚杰商会的摇篮计划，从而成为雷军（中国著名天使投资人）的学生。从雷军那里，陈欧学到了不少东西，这些都有助于企业的发展和转型。

几个月之后，团美网变身为B2C聚美优品，并拿到了来自红杉资本高达650万美金的A轮投资。

有了资本，陈欧心中就更加有底气，同时，他是一个很认真的人，无论是在购物体验方面还是在进货渠道方面，陈欧都严格把控。他明白，要想把企业做大，就必须树立起聚美优品这个品牌。比如，为了提高顾客的购物体验，聚美优品承诺消费者可以在30天内无条件退货，即便是已经扯封。这个承诺在当时的中国市场是从未有过的，当然也是具有一定风险的。

消费者不满意就可以退货的承诺帮助聚美优品打开了市场，同时，也促使陈欧对购货渠道战争加严格的监控。就这样，聚美优品规模越来越大，越来越多的女性喜欢到这个网站上进行团购。

渐渐地，随着企业的发展，陈欧发现自己的业务链条可以延伸得更长一些，此时便开始了研发、生产自己的品牌产品。这些标有"聚美优品"的产品，不仅能强化品牌形象，而且能让女性更加放心购买。

女人爱美，众所周知，而陈欧却能从这个人人皆知的事情中找到创造财富的机会。化妆品网站成就了陈欧和他的团队，同样，他所销售的产品造就了更多爱美且美丽的女人。

铁三角的矛盾

在陈欧建议公司业务转型的时候，他和刘辉、戴雨森也发生过分歧，"铁三角"也有闹矛盾的时候，不过庆幸的是，他们的矛盾只是针对的工作，目标都是为了让企业转型成功，让企业更好地发展下去。

陈欧回忆当时的情景，说道："我非常强势，你可以理性地说服我，但我也会用强势的理性方式说服你。"

当时公司面临转型，投资人是需要对其转型有所了解的，虽然转型是必须走的路子，可是陈欧对自己即将要做的事也没底。面对转型做什么，怎么做，三个人有了不同的想法。

陈欧提议要做电商，戴雨森则提议搞社区。陈欧觉得社区需要长时间培育市场，所以不太靠谱。而戴雨森认为做电商环节比较复杂，不仅需要采购货物，还要懂零售，更何况是三个大老爷们儿要做化妆品。他们因为要做电商还是社区，开始了争论。

为了打消戴雨森的抵触心理，陈欧提议先借着团购的方式来做着玩，先凭感觉一步一步慢慢做，这才说服了戴雨森。可是，公司的流动资金只剩下30万，三个人只好一边继续做游戏广告业务，一边在技术上让团美网上线。三个人对产品采购都不算了解，陈欧便找来了从事多年化妆品采购工作的朋友来"救急"，就这样开始了化妆品网站的经营。

网站上线后的第二天，便迎来了第一位顾客。陈欧当时很兴奋，但是兴奋之余麻烦事儿来了：要打包货物，发快递，网上操作。这些都要自己来做，无意中，工作量就增加了。

在网站开始的时候，陈欧每天要做很多种工作，他公司的其他人也是一样。当时的陈欧虽然辛苦，但是会感到充满动力。

如今，众所周知的聚美优品成为国内知名的化妆品专业团购网站。在公司，刘辉负责技术研发，戴雨森负责产品的体验，陈欧已经成为公司的CEO，三个人并肩作战，惺惺相惜。

大家已经淡忘了曾经所产生的分歧，因为当时的分歧是为了公司而非个人。当然，三个人能够一起经历风雨，走到今天，离不开共有的特点——不太看重钱。

刘辉曾经说过一句话，让陈欧感动良久："我宁可错过拥有金钱的机会，也不能错过和陈欧一起创立伟大公司的机会。"当然，他也是这么做的，他曾经放弃了游戏对战平台价值百万美元的股票，坚定不移的回国和陈欧一起创业。戴雨森则是放弃了还差三个月就可以拿到手的斯坦福大学学位证书，甘愿跟随陈欧回国创业。

陈欧认为寻找到合适的创业伙伴并非一件容易的事情，因为是合作，所以彼此都要认可才行，包括能力、人品和目标。

陈欧、刘辉、戴雨森成为聚美优品打不散的"铁三角"。为了企业发展，三个人可能会存在意见上的分歧，但是这不影响彼此之间的信任。聚美优品，已经成为中国最大的化妆品限时折扣网站，其凭借着良好的口碑，得到了广大女性用户的认可，每天成交近两万单，月销量已经超过三千万。

三个人在工作上是合作者，在私下是很好的朋友。

团购，让聚美成为风潮

就在2010年9月，团美网正式更名为聚美优品，名称的变化，让消费者从名字里感受到了其真正的含义——"聚集美丽、成人之美"。

在开始的时候，陈欧为了获得足够的货源，想尽办法买断代理商的货物存进仓库，然后再以限时售卖的模式将这些东西卖出去，其销售价格是专卖店的5-6折，毛利率保持在20%—30%。无疑，这种以"价格战"为途径的团购方式，让网站很快聚集起了大量粉丝。

在用户不断增加的同时，聚美优品在产品线方面也做了适当调整，由原来的每日一件改为每日多件，几乎能够涵盖高中低档所有的产品。此时的团购，让聚美优品成为女性朋友追捧的对象。尽管在市面上，存在很多团购网站以及流行的名品折扣网站，并且这些网站都推出了化妆品团购业务，但陈欧认为聚美优品具有差异性的竞争力。

陈欧在经营聚美优品的第一天，就实行的是买断供应链的模式，并且自建了仓库物流，走的是买货—验货—卖货的模式。陈欧为什么要这样做？因为他认为化妆品行业供应链太过复杂，就很难保证客户体验。虽然自己选择的这种模式会增加企业的资金压力，但是却提高了企业门槛，也得到了客户的信任。

陈欧用团购的方式就巧妙解决了网上交易的信任问题，得到了用户的认可。对于聚美优品来讲，他的成立就相当于第三方中介机构的担保，在网站自身迅速积累起来的信誉度就能够为商家进行货物担保。很多消费者认可团购，就是因为即便买了不知名的商品，有网站的担保，内心也是比较踏实的。或许陈欧认识到了这一点，所以团购让聚美优品走向发展高峰。

当然，团购有其本身的优点存在，在聚美优品成立之初，陈欧或许就已经意识到了这些。例如，以团购模式经营，就解决了一些中小型商家缺乏宣传能力的难题，同时，也能对商家的产品进行监测。团购不受地域、人数的限制，对商家本身的渠道扩展也是有帮助的。

就在聚美优品通过团购积累了很多客户的时候，陈欧又做出了一个重大的决定，他想要再次转型，将聚美优品全面转型成B2C网站，因为在团美网时期，公司的销售模式本质就是B2C，更名之后这种销售模式更加明显。

陈欧为什么要这样做？他认为中国在线化妆品行业存在很多缺点，比如渠道商、供货商都可能以次充好，再加上消费者对产品规格档次有着不同的需求，有些供货商可能会先发订单再买货。

陈欧既然决定企业转型，那么必然是做好了准备。其接受采访时说："在企业创立初期，我们就已经考虑到了物流和渠道的问题，所以建立了自己的仓库，并且拥有自己的买手和商品质检团队。"

可见，陈欧在网站经营初期设立的物流体系和买手储备行为，在很大程度上为聚美优品的转型奠定了基础，这些作为传统B2C模式才有的因素在聚美优品成立之初就存在。

转型并不意味着抛弃原来所有的因素，陈欧对产品的质量一样重视，他对质检团队有着更专业更高的要求，并且提出了"三十天拆了也无条件退货"等服务条款，这自然能够得到消费者的信任。

陈欧说自己的B2C商城是一个迷你的、小而精的商城，只是用限时特卖的方式来呈现给消费者。并且，在聚美优品上，只卖口碑好的化妆品。

虽然聚美优品上的产品价格要比其他一些网站贵一些，但是其注册用户数量在持续增加。每个行业都会存在竞争，面对同行的竞争，陈欧提倡以产品质量和用户体验为中心，他不屑于恶性竞争。

现在，聚美优品已经成为女性朋友喜爱的化妆品网站。可见陈欧的销售模式转变带来了很好的效果。

我是陈欧，我为自己代言

"蜗居，裸婚，都让我们撞上了。别担心，奋斗才刚刚开始，80后的我们一直在路上。不管压力有多大，也要活出自己的色彩。做最漂亮的自己，相信我们，相信聚美。我是陈欧，我为自己代言。"想必很多人都看到过这段广告，听到过这段广告词。其虽然没有华丽的词藻，也没有过多对产品品牌的叙述，但消费者会发现它道出了80后年轻人所遇到的困难，也为年轻人展现了他们的未来和理想。一句"为自己代言"，引起追求个性的80后的共鸣，这是一种自信，是一种负责，更是一种生活态度！因为自信而敢于负责，因为勇敢而美丽，当然可以为自己代言，自己就是自己的代言人！

这段广告词总共有20秒，可是消费者不难发现其是由聚美优品创始人陈欧亲自出镜拍摄的。这在其他的广告中，是很少看到的。在广告中，窗外灯火阑珊，公司里边陈欧和自己的团队成员热火朝天地讨论着工作，感觉很是真实。

陈欧不仅是聚美优品的创始人，如今他又多了一种身份——品牌广告代言人，这就是一种权威。

在2011年的一天，董事会经过商议，做出决定，希望陈欧能够出来为他自己创办的聚美优品做代言，当他听到这一消息的时候，非常犹豫。

陈欧虽然在2010年的时候做过一些采访，但是却没有想过要出镜做代言。当时，作为股东的徐小平，希望他能够站到镜头前，为自己的企业做代言。当然，董事会中也有人希望他能够专注于业务，不要将时间花费在其他方面。徐小平却希望陈欧能够发挥自己的优势，为了能够说动陈欧自我代言，作为天使投资人的徐小平给他举了张朝阳的例子：张朝阳，互联网第一代创业者，他通过打个人品牌，在搜狐上获得了知名度。最终，陈欧站到了镜头前，为自己代言，为聚美代言。

"围绕自己做CEO营销，不太好意思，别人会说我得瑟。我这个人挺好面子的。"陈欧在后来的采访中说道。

陈欧本身是一个很低调的人，他不喜欢过于张扬，可是回头一想，中国有句俗话枪打出头鸟。自己就是企业的"领头鸟"，自己不入地狱谁入地狱？

与此同时，公司还邀请了知名艺人韩庚做代言。那个时候，陈欧和韩庚出现在地铁的双代言模式已经受到消费者的热烈追捧，自然陈欧亲自出镜拍摄的"为自己代言"的广告引起很多80后强烈共鸣，这就为聚美赢得了很大发展空间，一时之间，网络上掀起了"聚美体"模仿热潮。

之后，陈欧又出现在湖南卫视的"快乐女生"、天津卫视的"非你莫属"。不仅如此，他还曾与张朝阳等企业家参加了著名娱乐节目"天天向上"。在节目里，张朝阳成为"可爱潮男"，陈欧则是"80后创业新贵"。显然，陈欧的"为自己代言"让他成为一位明星企业家，同时也为企业带来了利润。

打造个人品牌

身为80后的创业青年，陈欧比同龄人多了一些历练，自然就多了一份成熟和坚定。

为什么陈欧能够表现出如此的自信和成熟呢？这恐怕与他的创业经历和代言经历有关。

在起初的个人品牌打造过程中，陈欧参加广告代言感觉不错，甚至让他觉得一下子变成名人的感觉很好。可是，万事都有利弊两个方面，当陈欧被众人认识的时候，他也有苦恼的时候。

陈欧说化妆品本身就是一个很敏感的产品种类，很多人会质疑你的产品是否是真货，在自己尽力做好代言，打造品牌的过程中，很多人会对他的名声进行攻击，甚至产生一种约束。陈欧发现，自己无论做什么事情，都会引来关注，甚至是发表一条微博，都可能引来别人的责骂和不解。

此时，陈欧意识到想要打造个人品牌并非是一件简单的事情。可是对于企业来讲，陈欧打造个人品牌无疑为网站推广节约了推广费用和广告费用。创业者摇身一变成为代言人，这就为企业节约了邀请明星代言的费用。同时，创业者作为年轻人，不仅能够对年轻人产生激励，具有励志意义，同时还能够让更多的人认识聚美优品。

"真是省了不少钱，估计省了1个亿的广告费。"陈欧在后来的采访中说道。聚美优品的营销费用在行业中是非常低的。在陈欧对个人品牌打造的过程中，聚美优品的销售额几次翻倍。面对这样的结果，陈欧非常满意。

陈欧通过为自己企业代言的方式，赢得了很多媒体的宣传报道。这就等于间接地帮助聚美优品做了广告宣传和营销，具有很大的价值。更为重要的是消费者记住了这位年轻自信的企业家，而不是一个空洞的公司。

陈欧在后来接受采访时说道："我的用户大部分是直接访问，不是买来的，所以聚美的用户流量构成是非常健康和良性的。"

经过自我代言和个人品牌塑造，到了2011年，聚美优品营业额已经达到了将近10亿，这要比2010年增长近15倍。

陈欧是一个善于总结的人，他意识到聚美优品之所以能够迅速地成长起来，很大一部分原因在于依靠口碑营销和个人品牌塑造营销。如果认为聚美优品是抢占了先机，不如说他的经营模式快速切入，占有绝对的领先地位。

如今，陈欧每天要忙碌公司的业务，还要顾及自己的个人形象。他在经历了从创业到转型再到代言的过程后，他的心态早已经变得淡然。即便如今自己每天要面临很大的压力，可是他明白，自己在享受企业带给自己的成就感的同时，也就必须能够承担更多的压力，这是自己的选择，也是自己逃避不了的现实。

打造个人品牌的成功，让陈欧成为各家媒体采访的常客。当记者询问他打造个人品牌心得的时候，他的回答则是："从营销效果的角度讲，肯定还是上娱乐性质的节目好，比如《天天向上》，因为聚美优品的用户是与湖南卫视的观众非常吻合的。但是如果打造CEO个人品牌的话，财经类和公益类节目比较适合。"

陈欧认为聚美优品能够得到迅速的发展，离不开必要的个人宣传。既然自己已经成为明星企业家，那么他就必须继续代言下去。

如果说央视的财经节目帮助陈欧打造了个人品牌，那么湖南卫视则为聚美优品带来了销量。

对于陈欧来讲，创业的过程并非全是痛苦，他在享受这个创业的过程。企业的发展也就是陈欧的进步。

如今的陈欧对生活现状颇为满意。他认为无论别人在二十多岁是怎么度过的，自己确是这样度过的：他每天要开会，要随时见人。他手下有将近千人的团队，还有一个市值过亿美元的公司。

在现实生活中，他对创业充满了豪气与激情。作为一名商人，陈欧是聪明睿智的，也是勇敢大胆的。作为一位公众人物来讲，他是稳重年轻的，更是充满正能量的。

启示录　你不是一个人在战斗

曾经，陈欧喜欢发微博，在2010年3月，陈欧发表过这样一条微博："刚才看文件看到一张刚回国时跟戴雨森和刘辉的照片。那个时候我看起来比现在年轻多了，雨森也没有肚子，刘辉仍然萝莉。眨眼间回国已经一年半，感谢两位兄弟一起走过了创业的道路。"

正是在那个3月，团美网上线了。这是聚美优品的前身。陈欧、刘辉、戴雨森这三个年轻人，他们有着相似的教育背景，有着类似的事业心，三个男人走到了一起，开始经营起了当时中国第一家化妆品团购网站。

直到今天，团美网早已改名为聚美优品，陈欧是聚美优品的CEO，戴雨森是企业的产品副总裁，刘辉则成了企业的研发副总裁。三个人各有分工，但被业界称为打不散的"铁三角"。

如果说80后的陈欧是一个成功的企业家，不如说他是一个幸运的人。因为他从创业开始，到发展如此顺利的今天，之所以能够成功，恐怕少不了团队的力量，少不了他的左膀右臂——刘辉、戴雨森。

"天时不如地利，地利不如人和"。陈欧便掌握了这个道理，他明白自己要想创业成功，必须要寻找到好的合作伙伴。陈欧曾经说过寻找合伙人比找老婆要难得多，因为要彼此相互了解和认可。

作为年轻的80后，陈欧三人在一起创业的阶段，也会有争执也会出现分歧，但是无论怎样的争执和分歧都不会让陈、刘、戴三人抛弃彼此，因为他们有着共同的目标。

能同甘共苦的才是真兄弟。这让陈欧第一次感受到自己并非是一个人在战斗，他还有兄弟在身边。

回到中国，因为对中国的市场并不是太了解，导致开创的游戏广告公司经营不顺，可用资金也仅剩下30万。当时，陈欧的压力很大，公司需要转型，不然就可能要破产。在这样艰辛的时刻，戴雨森和刘辉没有抛下陈欧，而是选择和他并肩作战，三个人一起吃住，一起想主意，找出路。

迄今，陈欧、刘辉、戴雨森三人仍然在聚美优品的舞台上，并肩作战，相互扶持。或许，友情就是三人最大的成功，这也是陈欧最大的收获。

通过陈欧的创业事迹，我们完全可以看到团队的重要性。无论一个人多么有才能，志向多么远大，如果他没有别人的支持，没有他人的帮助是无法实现创业成功的。

对于年轻的我们来讲，要想自己创业，必须要选择好自己的创业伙伴。对待合伙人要够真诚、够信任。就如同电影《中国合伙人》中的情节一样，无论是遇到怎样的困难，三个人都必须要相信彼此，信任彼此，支持彼此。只有这样才能够算得上是一个合格的团队。

所谓合格的合伙人，就是能够荣辱与共，能够彼此相知。陈欧、刘辉和戴雨森三人，便能够做到这点，风雨兼程，共铸成功。

⭐ 创业板 | 学会借势，学会顺应潮流

俗话说得好，"巧妇难为无米之炊"。要想创业，没有资金、没有人力怎么办？别无他法，只能学会借势。何为借势，就是借助别人的势力和优点，促成自我的发展和成长。

对于陈欧的成功创业，我们不难发现，他是一个聪明的人。之所以说他聪明，是因为他懂得借势。

在他打算回国创业的时候，就已经开始联络回国创业人员。比如刘辉、戴雨森都是他回国创业的主要力量。刘辉懂产品、戴雨森懂用户体验。他们的加入无疑能够让陈欧创业如虎添翼。

他很清楚自己的资金不足，要想瞬间融资可能不是一件容易的事情。可是，他有自己的创业方案和头脑，便找到了拥有资金的徐小平，将自己的创业思路告诉了他。徐小平是天使投资人，他手中不缺资金，缺少的是投资的好项目。听到陈欧的构想，他愿意投资陈欧的企业。就这样，陈欧拥有了创业的起步资金。

陈欧懂得借势，从而拥有了创业的可能性。当然，对于很多年轻人来讲只能白手起家，没有来自亲朋好友的帮衬，如果是这样，那只能想尽办法来找到资金，不然就无法实现创业的成功。

除了借势之外，作为年轻人，更应该具备顺应时代、顺应潮流的能力。列子曾有言："得时者昌，失时者亡。"即顺乎时代潮流的就会昌盛，背离时代潮流的就会走向灭亡。无论是治国还是创业，如果看不清社会发展形势，不了解社会未来发展趋势，那么创业也势必不会成功。

陈欧的聪明之处在于，他能够很好地把握社会发展的趋势。在其回国之后，开始经营的游戏广告公司因为不适应国内的发展形势，业务上不太景气。此时，陈欧便想到了企业转型。可是，要做什么呢？做什么能够赚到钱呢？

对于2009年的中国，电商已经在中国开始发展。可是，陈欧发现，中国没有任何一家电商是专门经营化妆品的。同时，随着人们生活水平的提高，女性朋友对化妆品的需求量是很大的。因此，创办化妆品网站便成了陈欧的创业灵感。

当然，聚美优品的发展证明了陈欧当时决策的正确性。如果陈欧当初没有意识到电商的发展趋势，没有看到未来B2C商业模式会有发展，想必他也不可能创造出如今的聚美优品，更不可能成为荧屏上的明星企业家，更不可能登福布斯"中国30位30岁以下创业者"榜单。

俗话说得好，"顺势而为之"，即无论做什么事情，都应该学会顺应时势，不能逆流而上。对于80后来讲，经历了社会变革，更经历了经济的复苏，就更应该具备顺应潮流的能力。所谓顺应潮流，其实就是学会抓住当下最好的时机。只有抓住时机，才能够实现创业成功。

在我们身边不乏那些有勇有谋之人，但是那些人却没有成为创业道路上的成功者。原因是什么？很多时候是因为他们的创业构想不适合社会的发展需要，不能满足当下消费者的心理需求，所以，想要创业，就要选择一个适合创业的行业，选择好适合消费者需求的环境和途径。只有这样才能够顺势而为，创业过程也才会变得顺风顺水。

4
戴跃锋：玩泥巴，玩出财富奇迹

随处可见的泥巴，居然也能成为稀世珍宝？湘西小镇的泥巴，究竟藏有什么奥秘，拥有什么神效？一位普通的大学生，是怎么样"点泥成金"，跻身财富新贵的行列？戴跃锋和他的御泥坊，究竟如何战胜创业挫折，迈向财富巅峰？

创业
没那么难

引 言

他自称"农民",却看好网销。

他投入3万元,却创造出1500万的价值。

他凭借泥巴,成为淘宝数一数二的护肤品品牌。

他20多岁,竟然跻身亿万富翁。

他没有殷实的家境,却拥有一双发现财富的眼睛。

他的创业经历,看似简单,却有顺境有险途。可是,他凭借勇气和信念,让看似普通的泥巴,变成女性朋友美容护肤的最爱。他没有过人的相貌,却能够用自己朴实而真诚的言语,打动网上的每一位客户。真诚+信心+勇气+3万元=亿万富翁"农民小戴"。

他不是富二代,也绝非官二代,没有家族支持。但是,却能够凭借自己独特的眼光,把握时机,创造出年销售额几千万的佳绩。他勇敢地凭借自己的能力收购厂商,完成了"蛇吞象"的绝美转身。

湘西小镇的千年传承

滩头,这是个具有1500年历史的小镇,位于湘西边陲。这个小镇初建于隋朝,是中国72个古镇之一。

"漫山遍野的楠竹、清澈见底的溶洞溪水和古朴淳厚的民风",这是国内外游客对这座古镇的印象和评价。当然,在这座古镇中,人们仍然保留着一些古老的生活习惯。

在滩头这座小镇中,就有三种国家首批非物质文化遗产,分别为"滩头年画"、"滩头香粉纸"、"滩头御泥",这三种非物质文化遗产被称为"滩头三绝"。更为有意思的是,在"三绝"中,年画和香粉纸的加工都需要滩头御泥作为原材料才行。

可见,滩头御泥在古代人们的生活中起着重要的作用,因此,古代居民一直保留着一种独特的"祭泥仪式"：每当春季到来，小镇的人们就会选择燃起篝火，唱着欢快的歌曲，跳着古老的舞蹈，往脸上和身上涂抹这种神奇的泥巴。据古人记载，这样做能够辟邪祛病，美容养颜。

相传在很久以前，滩头小镇的一个村庄里，有一位生了怪病的老人，他浑身奇痒无比，找了很多大夫都未能治愈。为了防止自己的疾病传染给家人和村人，老人一个人隐居到了滩头大山的竹林里。

有一天，老人一个人坐在林中休息的时候，突然看到有条受了重伤的白蛇躲在碎石中间，白蛇在碎石中间停留了一会儿，便迅速地钻进了草丛中。

开始老人并没将这件事情放在心里，没过几天，老人在同一个地方又一次看到了那条受伤的白蛇，而这次，老人发现白蛇的伤口竟然痊愈了。

老人受到蛇的启发，便将石块捣碎后和着水一起涂抹到自己身上发痒的部位。没想到，连续涂抹了几次后，老人皮肤的奇痒病症竟然消失了，没想到奇迹真的出现，原本久治无效的皮肤病竟然神奇地痊愈了。

那么这种泥巴真有如此神奇的效果吗？

在滩头的原生态竹林中，有着大量的竖式夹层结构花岗岩，就在这些花岗岩石的夹缝中，便夹有薄薄的一层泥块，这就是具有神奇效果和神秘色彩的御泥。在滩头，人们又叫这种泥土为石胆。

经过清华大学分析中心等多家研究机构检测发现，这种泥巴是一种矿物质泥巴，富含21种对皮肤有益的矿物微量元素。更为重要的是这些矿物微量元素能够显著吸附污垢、收缩毛孔、美白嫩肤、抑制细菌生长。如果能够长期使用，还能够让皮肤的抗氧化能力和弹性增强，强化皮肤的天然预防能力和延缓皮肤衰老。

滩头的这种泥巴是世界上独有的不可再生资源，并且要想开采使用，也是具有一定难度的。为了既能采集到泥巴，又能够保持大山的原生态环境，泥块的开采需要村民们人工作业。在这个小镇中，我们能够看到村民用古树芯特制的木棒来打掉泥块表面的杂质，反复进行5次以上，然后再将泥块放入山泉水中，反复经过物理沉淀去除杂质，取用悬浮在山泉水中的泥浆，在经过6个月以上的自然物理沉淀才可以使用。

滩头的这种泥块为什么会被称为"滩头御泥"呢？

相传，在古代民间有一种神秘的泥块，它具有美容养颜和祛病辟邪的功效，因此，就被地方官员加工后逐级进送，最终进贡到朝廷内部。因为这种泥巴被人们披上了神奇的色彩，当时的皇族都开始使用，慈禧太后也喜欢上这种泥巴，后来被慈禧太后封为"御泥"，代代相传，如今当地的人们仍然将这种泥巴称之为滩头御泥！

直到现在，滩头很多妇女依然用这种泥巴洗脸，她们既不用洗面奶，也不用洁面乳，而是用这种充满神秘色彩的御泥，在当流传着"御泥天赐百年鎏芳"的美誉。

想别人不敢想，做别人不敢做

2004年10月，戴跃峰已经从湖南师范大学毕业有一年多的时间了。毕业后，戴跃锋一直在长沙的一所学校里工作，虽然工作清闲安逸，但是工资却很低。这对于一个不安分的年轻人来讲，就是一种折磨。戴跃峰每天坐在办公室里，闲着无聊时，总希望能够找点事情来做，顺便赚点外快、挣点钱。

他听说在淘宝网上可以进行买卖，这一天，他无意间将自己用了一年多的索尼爱立信T68手机放到了淘宝网上进行出售，并标出"680元"的高价。戴跃峰根本没想到居然没过多大会儿就被卖掉了，不仅如此，买家还和自己讨价还价。这对于戴跃峰来讲，是从来没有经历过的。这种意外的成功刺激了戴跃峰，这也让他意识到互联网是一个赚钱的好门道、新门道。

既然网上能够卖二手产品，戴跃峰心想自己为什么不在网上倒卖呢？

敢想敢做一直是这个年轻人的特点，从2005年年初起，戴跃峰就开始在网上倒卖二手笔记本电脑。操作起来很简单，就是备上几台货，将电脑图片放到淘宝店铺上，然后等待顾客上门就可以了。如果顾客想要其他的货，戴跃峰在接到客户电话后，到电脑城临时进货也是来得及的。

就这样戴跃峰成了网上的"倒爷"，令他意外的是自己店铺的生意越做越好，逐渐从每个月两三台，到后来的一个月能够卖出去10—15台二手笔记本，这样下来，每个月他都能够赚几千块。

在学校的工作既消磨时间，又没有干劲儿。尝到了自己在网上开店甜头的戴跃峰决定辞掉安逸的学校工作，专心在网上进行"倒卖"。

2005年7月，戴跃峰干脆从学校辞职了。

戴跃峰是一个"不安分"的年轻人，因为他有着更大的事业梦。虽然在网上倒卖二手笔记本电脑要比他在学校赚钱多上好几倍，但是从长远的角度来讲，是没有太大的发展前途的。即便这份工作带给了他快乐和成就感，可在戴跃峰内心还是时刻都会感到空荡和不安。

在后来接受采访的戴跃峰回忆道："做二手笔记本没有发展前途，想进一步做大做强太难。"那么，戴跃峰是如何来尝试找到新的发展出路的呢？

出身贫寒的戴跃峰要想开拓自己的事业，必然只能靠自己。他在进行网上二手笔记本销售的时候，喜欢自称为农民，而"农民小戴"也是他的网名。

为了能够寻求到更好的发展，2006年的时候，戴跃锋报名参加了首届"赢在中国"。他希望通过这次机会能够迎来自己的大发展，可是，由于当时的他没有找到成熟的商业模式，在初赛就被淘汰了。但是，作为湖南"最年轻"的选手，戴跃锋获得了一次单独录像的机会。

"我们要去的地方，不是我们要找的地方，而是我们要创造的地方。"戴跃峰的这句原创名言成为"赢在中国"的一个精彩片花，回放在无数创业者的心中。

虽然参加"赢在中国"并没有成功，但是戴跃峰并没有气馁。正如他自己所讲的，要去的地方是要创造的地方，戴跃峰正在等待机会，从而找到自己要进行创造的地方。

发现神奇的"泥巴"

在参加完"赢在中国"后不久，戴跃锋遇到了一次机会，他将这当作是可以作为一生事业的创业机会。

在2006年10月份的时候，在淘宝网湖南商盟的一次大会上，戴跃锋无意间第一次见到"御泥坊"。

戴跃峰之前从未听说过湖南有自己的化妆品品牌，他瞬间被"御泥坊"打动了，内心燃烧起了激动的火花，他意识到商机到来了。

戴跃峰觉得这个品牌不一般，回到家中，便开始查找和这个品牌有关的资料，此时的他才了解到"滩头御泥"，不仅在古代作为贡品给慈禧太后使用，有的文件记载中，在民国初期也曾销往国外，远销欧美。到了现代，半成品每年都有出口到日本和韩国等地。

当戴跃锋了解了相关资料之后，更是感到惊喜，他知道自己的机会来了。于是戴跃峰立即下决心要承包这个品牌的市场销售，将这一品牌放到网上进行销售，自己做网上的销售代理商。

戴跃锋立即找到当时"御泥坊"的老板谈合作的事情，可老板见到和自己谈合作的竟然是一个二十多岁的毛头小子，心中很不满意，只是派了自己手下一名经理出面礼节性地接洽。初次谈判的结果可想而知，戴跃峰未能成功与对方进行合作。

可是，戴跃峰没有放弃，他托了关系，才找到老板。几经周折之后，老板才答应将"御泥坊"的网络销售总代理权给了戴跃峰。

当他拿到网络销售总代理的权利之后，感到无比兴奋，这要比他一天卖出三四台二手笔记本高兴多了。

2006年11月份戴跃峰正式代理了"御泥坊"的网上销售，在其代理的最初阶段只有3款产品，两款洗面奶和一款面霜。经过4个月的详细筹划之后，"御泥坊"淘宝店于2007年3月8日正式开业了。

戴跃峰从"网络倒爷"变成了护肤品代理商，在两年的时间，他作为"御泥坊"的网络销售总代理，喜欢自称"农民"，可就是这位"农民"，让"御泥坊"的面膜业绩每年以300%—400%的速度增长，不仅"御泥坊"的面膜成为"网络销量第一面膜"，还使得网店"御泥坊"的年销售额过亿。

戴跃峰也在短短两年的时间里，用3万元的投入换来了1500万元的收入，顺利晋级"全球三十强网商"。

戴跃峰发现了神奇的泥巴，从而找到了自己的创业之路，当然，在创业的道路上，戴跃峰还会走得更远。

满足消费者需求才是根本

在网上进行"御泥坊"的销售过程中，戴跃峰也开始销售面膜。如今，"御泥坊"这个被历史遗忘的民族精粹通过互联网的口碑相传，成为网络标杆性口碑品牌。

在戴跃峰销售的初期，产品种类很少，主要是洗面奶和面霜。后来经过消费者的意见反馈，他发现消费者的需求很广，随后便开始面膜的销售，如今，已经成为网络第一面膜。

不仅如此，在后来戴跃峰接受访问时说道，公司会合理地进行产品的调整，一切以消费者为中心来思考和解决问题。并且在不久还会正式推出男士系列产品。

对于戴跃峰来讲，要想销售成功，创业成功，最需要重视的就是消费者的需求。当消费者的需求得到满足的时候，自然就能够赢得创业成功。

对于年轻人来讲，在做事情的时候，很容易按照自己的意愿擅自做出决定，根本不考虑消费者的意愿，这对于创业者来讲是十分不利的。

当然，不同的消费者有着不同的需求和购物心理，在戴跃峰销售的过程中，他注意到了不同的消费者的需求。比如对于产品的需求方面，洁面产品和基本的护理产品是消费者普遍需要购买的。而日常护理产品，比如面膜，是很多年轻女性希望满足的。因此，在了解到不同消费者的购物心理之后，戴跃峰认为可以对产品种类进行开拓。

与此同时，戴跃峰还发现，如果单纯依靠网购进行产品销售，难免会出现流失客户的现象。因为对于一些商务人士，他们没时间上网，只能通过实体店进行购买。还有一些不懂网络购物的人，他们也希望能够在实体店购买到产品。

基于这种考虑，御泥坊还开始了实体店的产品销售，到了2013年，全国已经有将近200家的实体专卖店，而且全部以直销方式进行销售。这样做的目的是为了让所有的消费者享受到同等的价位。

如今，御泥坊已经成为中国第一水洗面膜品牌，但越来越得到消费者的认可。对于戴跃峰来讲，他的创业经历也并非是一帆风顺的，在不断壮大的御泥坊背后，他又经历了哪些挫折呢？戴跃峰又是如何来面对这些挫折的呢？

遇到挫折，也要继续前行

在戴跃峰代理"御泥坊"进行网上销售的一年时间里，产品销量就突破了4万件。在戴跃峰之前，"御泥坊"也尝试过网络销售，可是因为其品种单一，品牌效应不够明显，在市场上的认可度和销售量并不高。

产品究竟要怎么进行网络销售呢？戴跃峰用了四个月的时间来思考这个问题，他意识到代理这类产品，如果只是延续以前的方法，简单地将三款产品挂到网上进行销售，最终的命运肯定也是相同的。此时，戴跃峰意识到进行品牌包装和宣传势在必行。

戴跃峰听到有人说"模仿是最好的创意"。戴跃峰心想自己不妨试一试，在2006年的时候，淘宝网上曾经进行过一次化妆品年度评选活动，世界知名品牌贝佳斯获得了"最佳面膜"的称号。贝佳斯是一款意大利品牌的产品，它是以泥浆和矿物"活水"为原料生产加工而成的。

当戴跃峰了解到这些资料之后，他便开始依葫芦画瓢，从贝佳斯的产品形式、品牌诉求，甚至包装方面进行借鉴学习，从而塑造了"御泥坊"的品牌形象。与此同时，为了能够对产品进行很好的宣传，"御泥坊"采用了多种方式，最为突出的是举办"一分钱包邮献爱心"活动，这次活动戴跃峰免费向网友派发了9000份面膜，然后让网友在淘宝论坛中写下自己的亲身感受和使用心得。

这次活动的效果很不错，戴跃峰一方面看到了产品获得了消费者的喜爱，另一方面发现"御泥坊"的平价销售吸引了很多消费者的追捧和注意。

或许受到了这次活动的影响，戴跃峰的店开业三个月，销售额就突破了70万元。到2007年年底，仅仅一年的时间，"御泥坊"的网上销售就超过了4万件，并且成为淘宝网上数一数二的护肤品牌。

面对如此好的业绩，戴跃峰很是高兴，但是老板对戴跃峰的表现却产生了不满，究竟原因何在呢？

在网上，戴跃峰经营的红红火火，而线下的销售却十分惨淡，再加上戴跃峰的销售模式与老板的理念有所差异，这让老板对其行为产生了不满。

面对厂商的不满，戴跃峰知道自己必须要想办法克服这种困境，不然网上销售则会陷入困境。再加上戴跃峰认为作为渠道营销商，要直接面对市场客户，因此就必须知道消费者想要什么产品，而厂家的执行力不足会直接导致产品和市场脱节，这势必会影响到产品销售和品牌发展。

此时，戴跃峰决定收购上游企业，自己变成品牌老板。

到了2008年，"御泥坊"面膜在网络上的销量已经占到了总销售额的95%，戴跃峰凭借自己优秀的销售业绩，通过换股的方式获得了"御泥坊"包括品牌、加工基地在内的厂家的控制权，他成为"御泥坊"品牌名副其实的老板。

从2006年戴跃峰和"御泥坊"签订代理市场销售权，到2008年上半年，"御泥坊"的销售额达到同比增长400%，戴跃峰都一直在通过网络渠道来对产品进行销售。他不仅在网上一口气推出了8款新产品，还通过试用的方式为品牌赚足了口碑，让消费者认识了"御泥坊"，也让"御泥坊"成为网络购物品牌中备受关注的品牌。

在销售额高速增长的背后，戴跃峰却经历了2008年下半年股东退出、2009年初新投资方进入的风波，涉世不深的戴跃峰第一次体会到人际关系的复杂性和创业的艰难。面对这次危机，他在安排好千万元的投资之后，选择了离开"御泥坊"。

离开"御泥坊"之后，戴跃峰为自己安排了一个假期，他想要用这个假期来沉淀自己，之后又写了一本关于网货的书，同时也成立了自己的公司，专门做网络零售顾问。

到了2009年初，"御泥坊"仍然保持着良好的增长速度，但是相对于高速增长的同行来讲，御泥坊的销量有些过于平稳，甚至被一些新的品牌追赶上，其在市场的影响力并没有太大变化。

对于一个创业型的品牌来讲，这种局面意味着如果不能自我突破，就会被市场淘汰。投资御泥坊的新东家虽然在企业运作方面经验丰富，但是对于这个新兴的网络市场销售，心中却没底，尤其是面对网络商业的特征和规律，更是让新东家感到没有把握。

原来，2009年，大淘宝的战略开始了，很多传统知名的化妆品品牌也高调地介入到网络市场中，市场上迅速开始了一轮洗牌，挺于其中的网货品牌都是前两年积累下来的。如果在这次洗牌大战中，不能够找到新的发展机会，"御泥坊"很可能会面临被大牌子压倒的结局。

尽管戴跃峰离开了御泥坊，但他对这个行业的观察与思考却从未停止过。

带着半年的总结，带着全新的视角，在投资方和所有股东的多次邀请下，戴跃峰在2010年回到了"御泥坊"，并以执行董事的身份开始了自己的工作。

与其说戴跃峰的创业之路相对平坦，不如说他懂得如何来化解危机和矛盾。戴跃峰凭借自己的销售经验和理念，将"御泥坊"发展得越来越好。

由网络推销"御泥坊"产品，到后来兼并收购"御泥坊"上游机构，这是一个网络时代的"暴富"传奇。作为御泥坊创始人的刘海浪，看到戴跃峰接管后的"御泥坊"，对戴跃峰评价道："他确实有商业上的天赋，总能想出一些不一样的市场手段，时不时提出一个新的思路与观点，刚刚开始我一时还理解不了。他也很能描绘前景，不过现在看来，他也确实做到了！"

小企业的大机遇

对于很多小企业来讲，要想有所发展，就需要发现机遇。而网络商务就是一次不错的机遇，小企业完全可以利用这种全新的商业模式来实现跨越式的发展。

一些小企业完全可以通过网络运营，在短时间内实现自我超越，甚至是超越行业内的"龙头老大"，这样的奇迹在传统商业模式下，是难以想象的，也是难以实现的。

对于"御泥坊"来讲，网络销售就是一次发展的机遇。对于戴跃峰来讲，正是网络商务成就了自己的创业梦。

网络销售的革命性变化，就是在于它能够扭转传统商业模式以生产者为中心的局面。戴跃峰意识到在传统商业模式下，商家提供什么样的商品，销售方就要卖什么产品，产品的信息和传播方式也是单向的。而网络销售的方式则不同，它就可以根据消费者的需求来订制产品，产品信息主要是依靠消费者的"口碑"进行传播。

正是这种全新的商业模式，才让戴跃峰拥有了收购上游厂商的机会。同时，这种商业模式能够大大降低企业开拓市场和培养品牌的成本。

戴跃峰认为网络购物比传统购物多了一个功能——"分享"，即消费者在购买和使用产品之后，能够通过在网上发帖来对产品进行评价，写出自己的感受和经验，这样就能够与其他网友进行体验分享。这个"分享"的过程，不仅是塑造产品"口碑"的过程，更是产品进行间接宣传和信息传播的过程。

戴跃峰认识到了这些，所以他选择通过网络传播的方式来进行产品的宣传，这样做不仅降低了宣传成本，更能够提高信息传播的效率和速度。能够让产品在很短的时间内，占领市场，让小企业成为耀眼的"大明星"。

当然，网络商务的优点还有很多，戴跃峰正是利用了其优点，才促使"御泥坊"有了今天的发展。比如网络营销可以加快企业资金回笼的速度。戴跃峰通过网络实现了企业与消费者的直接对接，这样就省去了流通中的一些环节和程序，也就间接地节约了时间和成本。

戴跃峰认为，中国作为网购的最大市场，有助于实现产品的网络营销。据有关资料统计，到2010年底，中国网购用户就已经达到6000万人，在网购中的消费品零售总额将近2%。戴跃峰认为在未来的几年里，通过网络进行购物的用户会越来越多，这对"御泥坊"来讲无疑是更大的商机。

不断创新是网络商务的核心，"御泥坊"只有做到了这一点，才能在中国网络商务的未来发展中抢占先机。

让渠道更加简单透明

在2010年，戴跃峰回到"御泥坊"之后，他发现自己所面临的网购市场已经发生了变化。

此时淘宝商城门户大开，一些国内外的知名品牌护肤品开始进驻淘宝，而对于那些早就驻足淘宝的知名品牌也开始通过试用、秒杀、赠送、团购等各种各样的方式进行销售。对于一些大的护肤品企业来讲，他们更是重视网购市场，开始大手笔地投入进行产品的宣传活动。而"御泥坊"作为网络护肤品品牌，究竟该如何进行销售呢？

戴跃峰意识到品牌影响力正是化妆品最大的价值核心。当时，在2010年初的投资方会议上，投资方希望能够搏一次，因为这是"御泥坊"最后的机会。

戴跃峰要求对品牌运营有绝对的主导权，投资方要主动承担起公司外部关系协调工作，此时的戴跃峰全身心地投入到了产品品牌"再次包装"的工程上。

在这次进行品牌包装之后，戴跃峰还是将淘宝网当作宣传的首选阵地，并将宣传费用的一半投入其中。因为作为淘品牌的"御泥坊"应该立足于"本土"。

除此之外，"御泥坊"的宣传也出现在了火遍全国的湖南卫视综艺节目《天天向上》上，并在2010年4月9日做了一个淘品牌专场，御泥坊和其他几个产品品牌都悉数亮相。这次媒体宣传，让"御泥坊"成为最大的赢家，他借助产品的"天然型"迅速传播开来，最后，经过数据显示："御泥坊"在百度的搜索关注度飙升至第一位，销量大幅提升。

不仅如此，在淘宝的内部网刊和湖南卫视合作的互动购物节目《越淘越开心》，戴跃峰都上了个遍。在采访中，他说道："淘宝是一个市场，现在更是一个具备交易功能的媒体。对于像御泥坊这样以小博大的企业而言，没有比淘宝更有性价比的媒体能够吸引如此多的关注度。"

如今，虽然淘宝仍是御泥坊品牌进行宣传和销售的重要阵地，但是已经不是全部了。

紧接着戴跃峰带领"御泥坊"和《新壹周》达成合作协议，"御泥坊达人榜"以固定的栏目出现，这是戴跃峰在互联网之外进行产品宣传的又一途径。通过这个栏目，戴跃峰希望能够扩大产品的认知度，并且希望能够提高品牌的认可程度。

除了网上虚拟的店铺之外，在2010年"御泥坊"还面向超市、连锁店等线下销售渠道展开了业务。目前，在世纪华联、新一佳、沃尔玛等部分店面中都有了"御泥坊"的产品。

从新兴媒体到传统媒体，从虚拟店铺到实体店面，"御泥坊"在一步步的进行业务扩展和销售渠道的扩展。在"御泥坊"选择"自立门户"时，戴跃锋并没有选择做硬件建设，而是用心于塑造品牌的"软实力"。

作为"御泥坊"品牌的运营操刀人，戴跃峰很关注产品的销售渠道和宣传渠道。在全国上万个化妆品品牌中，"御泥坊"已挤进百度搜索化妆品排行榜50强，与此同时，"御泥坊"面膜位居淘宝面膜类第一。

戴跃峰带领"御泥坊"从参加淘宝的低碳网购活动，到参与《天天向上》、《越淘越开心》等节目的录制，又到和湖南本地平面媒体《新壹周》达成战略合作……可以发现"御泥坊"已经不拘泥于网购，而是在通过更为直接、更为简单的方式来将产品展现给消费者。

泥浆面膜第一品牌

如今，提起"御泥坊"不得不让人想到戴跃峰，他作为中国最早的一拨接触淘宝的弄潮儿，不仅实现了自己的创业梦，也创立了具有代表性的品牌。

戴跃峰从2004年开始做网店，到2007年自己创业，并将"御泥坊"在网络中瞬间发展成为热销品牌。通过5年多跨越式的发展，"御泥坊"在不断地扩大，戴跃峰也得到了成长。

如今，"御泥坊"以自己的实力，成为淘宝面膜类销售的第一品牌。

淘宝作为一个购物网站，在一次举办的国际化妆品团购活动中，有国内外著名的几十个化妆品品牌参加。活动中，淘宝网将这些品牌放在同一个界面中进行促销，"御泥坊"试探性地用一款矿物面膜参加了这次活动。而和"御泥坊"临近的是国际知名的品牌面膜——兰蔻面膜。消费者会发现两者价格相差不大，但销售结果让人感到惊讶：大名鼎鼎的兰蔻销量仅仅是26件，"御泥坊"这个品牌以超过其10倍销量让兰蔻失色。

在网上经营一年多的时间，"御泥坊"淘宝旗舰店的卖家信用就升至双皇冠，这就意味着"御泥坊"的销售量已经超过了4万件。

如今，"御泥坊"已经成为2009年中国网络零售消费品牌TOP50强品牌。其品牌成为网络标杆性品牌。

戴跃峰并没有停止自己前进的脚步，当风投机构找到"御泥坊"想要进行注资的时候，他拒绝了，因为他了解自己的团队，也知道企业的路在何方。

戴跃峰希望能够通过互联网来打造出一个专业的矿物养肤品牌。"御泥坊"也成为面膜类第一品牌，戴跃峰认为拥有自主品牌的美容护肤产品，有着更为广阔的发展前景。

在一次接受采访时，戴跃峰说道："对那些90后的人群，他们不相信权威，相信时尚、流行，相信网络，这对在网络上成长起来的品牌，意味着广阔的前景！"尽管如今的戴跃峰已经创业成功，但是他很清楚自己未来的目标在何方。

在当今市场上，很多女性朋友对"御泥坊"的产品都很喜欢，同样，在很多电视节目和电视剧中，都可以看到"御泥坊"的宣传。戴跃峰认为，"御泥坊"不应该局限于网络销售，应该通过更多的渠道，让更多的消费者认识到自己的产品。

2011年"御泥坊"已经成为单店单品的销量第一品牌，下个目标他将扩大产品的市场，不断开发国外市场。

启示录　没有废物，只有没被发现的宝物

古人有云："天生我材必有用"，意思是上天造就了人，所以每个人都有每个人的用处，即天下没有无用之人。事物也是如此，很多看似无用的东西，其实有其价值所在。

对于戴跃峰来讲，他开始在网上进行二手笔记本的销售，就是看到了二手商品的价值所在。或许正是戴跃峰看到了二手商品的用途，才让他尝到了网上销售的甜头。

随后，在戴跃峰第一次听到"御泥坊"的时候，他也有些许的惊讶，难道泥巴真的有这么多的优点吗？

在他经过资料查阅后，发现这种"滩头御泥"和普通泥巴有很大差异，它不仅富含微量矿物质元素，更具有一定的历史文化价值。这种看似是废物的东西，其实却是宝物。

在戴跃峰的眼中，这种泥巴就是一种宝物，它不仅能够起到美容养颜、杀菌护肤的功效，更是一种不可再生的资源，这难道还不能算得上是珍贵材料吗？

对于年轻人来讲，创业是一件困难的事情。除了要拥有创业资金以外，还要有一个值得自己去经营的产品和项目。如果拥有了资本和人力，却找不到合适的创业项目，也不会实现自己的创业梦。

对于戴跃峰来讲，如果他没有发现"御泥坊"的价值所在，那么他是不会费尽心思去争取成为"御泥坊"网络销售总代理的。可见，对于80后的年轻人来讲，发现商机和发现价值才是能够真正实现创业的关键因素所在。

如果戴跃峰在看到"御泥坊"之后，没有看到这种泥巴的价值所在，而是将其定位为一般的化妆品，或许现在我们不会知道戴跃峰的名字，更不会知道御泥坊的价值。

每一个人的成功都不是上天的"恩赐"，而是具有了成功的能力。对于戴跃峰来讲，他的成功很大程度上是他发现了机会，并且能够珍惜机会。当戴跃峰认识到"御泥坊"的价值和发展空间后，他便主动找到厂商，进行合作谈判。虽然在谈判过程中遭遇几番周折，但是他并没有放弃。因为戴跃峰明白，一个人的一生如果能够遇到一次成功的机会，就实属幸运，如果自己放弃了这次可能促使自己走向成功的机会，那么自己将是最不幸的。

事实证明，戴跃峰没有浪费精力，他抓住了这次机会，最终也通过这次机会实现了自己的创业梦。

对于想要创业的年轻人来讲，需要拥有一双发现机会的眼睛。尤其是对于那些别人不感兴趣或者是认为没有价值的机会，我们更是应该付出自己的坚持，在想方设法了解商机之后，果断地做出决定。

"没有什么事情是一帆风顺的"，这句话被年轻人知晓，可是在遇到困境时，又有几个人是能够坚持下来的呢？如果戴跃峰在"御泥坊"的经营中，不能够正视困境，那么他也不可能成就自己的创业梦。

通过戴跃峰实现创业梦的这个真人真事，年轻的创业者们不妨在生活中，多多观察自己周围的事情，发现那些被忽视的商品价值，从而变废为宝，成就自己的一番事业。如若不能够发现事物的价值，即便是宝物在手中，也不会成就出一番事业。

⭐ 创业板 | 选择创业项目的诀窍

自己创业，这绝对是一种实现自我理想的好办法。可是，并非所有的创业构想都能美梦成真，也并不是所有的人都能够找到适合投资和创业的项目。

对于戴跃峰来讲也是如此，在他毕业后进入学校工作期间，他就想通过各种办法来实现自己的创业理想，然而创业并非是一件容易的事情。即便后来他专心经营网上二手笔记本电脑的销售，可是他明白，这种创业并不是长远之计。二手笔记本的销售在未来的发展空间不大，规模扩展上也有一定的局限性，因此，戴跃峰开始寻求其他的创业机会。

当戴跃峰了解了"御泥坊"的相关资料之后，他认为这是自己创业的好机会。因为在当时网络渠道销售"御泥坊"产品很不理想，所以这就给戴跃峰提供了商机。更为重要的是这款产品具有很浓厚的历史文化价值，在网络上进行销售会具有一定的可信度和说服力，得到消费者的认可就变得相对容易一些了。

从戴跃峰的创业事迹中，不难发现创业项目的选择也是需要技巧的，掌握了创业项目选择技巧，才能够保证一次创业成功，避免失败。

第一，重女轻男。西方商界有句很出名的论调：做女人的生意掏女人的腰包。经过市场调查发现，女人的社会购买力要比男人强，并且高达70%以上的购买力是掌握在女人手里的。如果选择的项目，销售对象定向为女人，那么会有更多的成功机会。

第二，重小轻大。经过调查发现，以儿童为对象的产品要比销售大人的产品成功概率高。因为中国人传统思想上会更加重视孩子的所有需求，创业者可以多向儿童产品和用品方面进行倾斜。

第三，重轻轻重。即重点选择轻工业和第三产业，尽量少选择重工业，因为重工业投资周期长，资金需求量大，收效比较慢，一般不是民间投资资本角逐的领域。而轻工业和第三产业，无论是在生产加工，还是流通贸易方面，都有风险小、投资少、难度小的优点，是年轻人创业项目选择的最好方面。尤其是在今天，电子商务、互联网技术方面的投资项目选择，更需要加以重视。

第四，做比想重要。很多年轻人晚上想想千条路，早上起来走原路。每一次想到自己要创业，内心都会激情澎湃，可是要进行实际操作的时候，却犹犹豫豫，给自己找来很多借口，最终不予操作。这种每天都在想，而每天都不做的行为，是创业的大忌。在选择投资项目方面，不要只是想想而已，要敢于付出行动，只有这样才能够找到适合自己的创业之路。

第五，重小放大。年轻人不要害怕从烦琐的小事儿做起，大型项目运行起来会需要技术、资金、人力等多方面的付出，这样无疑就带来了管理风险和资金风险。初期创业，不妨学会从自己做起，从小的项目做起，这样不仅能够避免出现大的危机，还能够给自己一个锻炼的机会。

第六，重新轻旧。对于新兴的行业要投入更多的精力，不要将过多的注意力放在传统行业上，虽然传统行业发展的比较完善，但是其发展空间已经很小，要想再创造出辉煌已经不太容易。而新兴的行业，虽然在很多方面都不够完善，但具备了很大的发展空间，只要在行业中多加学习和开拓，就能够取得不错的成绩。

对于戴跃峰来讲，他可能就是看到了"御泥坊"的这几方面的好处，从而选择以"御泥坊"为平台，实现自己的创业之路。

如果你想要创业，如果你想要创业成功，不妨先选择一个好的创业项目，从而脚踏实地，耐心经营，这样你的创业之路才会走得长远。

5

蒋磊：从清华休学，到"铁血"军长

是什么网站，足以让清华才子毅然休学？又是怎样的成功，足以让一位普通的大学生，成为亿万军迷心中的"军长"？一个看似普通的网站，到底有什么特别，能够在短短几年就聚集万千用户，积累千万财富？

创业
没那么难

引 言

他16岁，被保送进入清华大学学习。

他20岁保送硕博连读，被人称作"天才"

他爱好军事，却不喜欢学术研究。

他17岁创办军事网站。

他的创业过程不是顺风顺水，而是经历过挫折和磨砺。但是，他却坚持做自己想做的事情，爱好成就了他的铁血军网梦。如果说他是一位才子，不如说他是一位敢闯敢为的80后创业者。他的创业故事，更真实，更励志，更充满战士般的坚定。

他白手起家，却有着自己的坚持；他学历超群，却不安于此；他是充满热情和激情的80后，却具有70后的坚韧和稳重。下面不妨看看蒋磊究竟运用怎样的"铁血政策"，创造出了千万财富。

保送清华的人才

南充，是中国西部一座繁华和重要的港口城市，也是历史悠久的古城。就在这座古城中，走出了一位商业才子，他就是蒋磊。

蒋磊的父母都是老师，或许受到父母的职业影响，蒋磊在学习方面具有一定的优势。在他上小学的时候，父母认为让蒋磊一级一级地读小学课本，有些浪费时间。于是，在蒋磊上学到了三年级的时候，父母直接让他跳级到六年级。跳级，对很多孩子来讲，是不敢想象的事情，但是对于蒋磊来讲，似乎没有任何压力。

跳级到六年级，蒋磊的功课照样很优秀，成绩也很不错。此时，他已经成为人们口中的天才了。

和其他同龄孩子一样，到了中学，学习奥林匹克物理成为必然的事情。对于蒋磊来讲，奥林匹克物理的学习似乎比其他人简单一些，毕竟父母都是教师，完全可以在业余时间来辅导蒋磊的学习。到了蒋磊14岁那年，他获得了全国物理奥林匹克竞赛的一等奖。这个奖项让蒋磊获得了更多的赞誉，很多父母都称他为"天才"，这么小的岁数竟然能够获得如此惊人的成绩。

如果说蒋磊获得全国物理奥林匹克竞赛的一等奖是一次奇迹，那么更为令人惊讶的事情还在后面。在蒋磊16岁的时候，就被学校保送到清华大学学习，要知道清华大学是多少学子向往的地方，不知道多少人为了能够进入清华大学学习付出了宝贵时光。年仅16岁的蒋磊竟然能够顺利地被保送到这座著名学府上学，可想而知，在当时应该是多么令人惊讶的事情。

在清华大学，蒋磊在班里绝对属于年龄小的学生。大学的生活要比之前的生活相对轻松一些，拥有了自己的时间，他可以培养自己的兴趣，按照自己的兴趣爱好做事情。

大学美好的四年让蒋磊有了自己的爱好，但是蒋磊并没有放弃自己的努力和勤奋。到了20岁，也就是大学即将毕业的时候，他再次被保送硕博连读。对于蒋磊来讲，这次机遇来得很突然，却也没有出乎他的想象。

年仅20岁，蒋磊就拥有了继续深造的机会，这对于他来讲是一件好事，因为他可以在继续学习过程中，让自己拥有更多的自由时间和空间，从而实现自己的理想。

看了蒋磊的就学经历，想必很多人都会瞠目结舌，甚至有人会说他是一个"神童"。可是，只有蒋磊明白，在外人看来自己拥有的骄人成绩并非是简单获得的，自己也付出了比别的同龄孩子更多的汗水和努力。

兴趣促使铁血网诞生

身为80后的蒋磊，不仅年轻，充满着朝气和活力，同时他的思维敏捷，健谈爱笑。如果问及蒋磊的爱好是什么，那么他肯定会说：军事。

在1997年的时候，中国的互联网才刚刚起步，在那个时候，很多人还没有接触到互联网，而对于上了高中的蒋磊来讲，互联网在他的生活中已经占据了一定的地位和空间。在其他孩子都在玩游戏的时候，蒋磊已经开始关注互联网上的军事论坛。

对于男孩子来讲，喜欢舞刀弄枪的也算正常。而对于一个高中生来讲，他不玩儿刀枪的玩具，而是将时间花在军事论坛上，可见他更热衷于军事方面的资讯。

在蒋磊被保送到清华学习期间，每天除了上课，闲暇时间也不少。这种相对宽松的校园生活给蒋磊创造了更多接触军事网站的机会。

"这就像女生喜欢上网看化妆品，宅人喜欢网上购物一样，中国很多男性喜欢军事题材的东西，网络也是不可或缺的重要途径"后来蒋磊回忆道。

看的越多，自然就越喜欢。在大学期间，蒋磊经常会在军事论坛中，看那些连载的军事小说。多年后，被采访的蒋磊回忆道："那时，论坛里有很多连载的军事小说，但由于论坛是按照回复量来排序，很多时候看了第一集就找不着第二集，很难将一部小说看完。"

对于爱好军事、爱看军事小说的蒋磊来讲，他多么希望有一个军事网站，能够在这个网站上将自己喜爱的军事小说看完呢。

当正在为看不完军事小说而苦恼时，他灵机一动，心想为何不自己创办一个军事网站呢？

2001年，对于蒋磊来讲是人生中重要的一年。当时的蒋磊刚刚17岁，升至大二的他决定创办一个军事网站——虚拟战争，即铁血网的前身。

对于蒋磊来讲，自己创办这个网站就是出于爱好和兴趣，开始的时候根本没有想过要盈利，或者通过网站赚取多少金钱。因此，在网站成立初期并没有想过要宣传和营销。

后来，蒋磊发现爱好军事的网友越来越多，来网站浏览的人也不断增多。此时，很多网友反映说网站的名字不好记，希望能够找到一个有特点的名字，方便网友们记忆。蒋磊想到很多爱好军事的人都喜欢铁血宰相俾斯麦，后来，便用了铁血这个名字。就这样几个月之后，"铁血网"正式诞生了。

因为爱好，所以蒋磊才有了创办网站的动力，可见，爱好的力量是巨大的。对于年轻人来讲，如果没有了自己的爱好和特长，即便想要创业，恐怕也找不到适合的方向。

大学期间，业余时间比较多，出于爱好，蒋磊在2001年的时候，创办了铁血网，此时的他还在清华大学学习。

之后，为了这个网站，蒋磊却从清华大学肄业了。

蒋磊在开始创办网站的时候，完全是出于兴趣，没有考虑到盈利问题。后来，他发现创办网站，并非像自己想象的那么简单。他为了心爱的铁血网，甘愿放弃清华研究生毕业的既定前途。

就这样，蒋磊半途肄业创办科技公司。肄业从商，除了大名鼎鼎的比尔·盖茨，恐怕国内要数军事网络领域众人皆知的蒋磊了。

第一桶金：600元广告费

"只是兴趣，当时就是喜欢这个，而且也没想赚钱"，蒋磊多年后回忆说道，在他创办网站之初，根本没有想到要赚钱。

如果当时蒋磊有赚钱的意识，现在我们可能看不到铁血网了。他说如果在那个时候想要赚钱，或许自己就选择了汽车、IT等种类的网站来运营了，毕竟在那个刚刚步入21世纪的年代，中国的网络环境还是很单纯的，就算技术层面不够成熟，但是却拥有着广阔的发展前景。

虽然当时蒋磊对国内互联网的状况有了一定的了解，但是他还是执着于自己内心的真实想法，并没有将投机的思路运用到自己心爱的网站经营上来。

蒋磊在一次接受采访时说道："军事主题的确定确实没有什么太大的商业价值，这确实是最早时候一直隐含的一个问题"。当时，蒋磊只是凭借自己的兴趣来创办网站的，根本没有考虑到盈利的问题，或许也正是因为这个原因，才导致了后来出现的一些窘况。

在网站成立之初，没有资金支援怎么办？在2001年5月之前，蒋磊的网站都是运用其他网站提供的免费空间，直到他收获了人生中的"第一桶金"。

当时，美国有一家网站，他们在蒋磊的网站上打了一个小广告，蒋磊通过这次合作得到了600元的广告费，这也就是他人生中的"第一桶金"。

蒋磊拿着这600元钱，购买了铁血网的域名，又租了一个服务器，最终靠着600元的广告费，将铁血网大规模地扩张。最后，在2004年的时候，蒋磊终于成立了自己的公司，即北京铁血科技有限责任公司。

对于蒋磊来讲，或许自己的成功离不开这第一笔收入。如果不是这600元，或许自己根本没有勇气去建设网站。对于很多年轻人来讲，他们希望创业，但是却没有创业的强烈愿望，更难于将自己创业的思想付诸实践，在这一点上，蒋磊做到了。蒋磊不仅敢想，更敢做。

蒋磊的才华或许在上学的时候就已经体现出来，到现在为止，我们基本可以断定的是，他凭借着自己的勇敢和踏实，创办了铁血网。如今，他又凭借着自己的才华，为铁血网开拓了发展空间，才促使其拥有了如今的地位和成绩。

十多年时间的积淀，蒋磊似乎已经过了头脑发热的盲目阶段，但他仍然保持着对铁血网的迷恋，他对军事仍然充满着兴趣。如今，铁血网对他而言已经不是简单的谋生需要，而是渗透到蒋磊身体中的血液，融入到了他的生活和生命中。

思考盈利模式

蒋磊作为年轻的创业者，他在创业的过程中，也曾遇到过波折与困境。因为其在创立铁血网初期，完全是依照兴趣来进行设定的，所以铁血网没有能够迅速成为一家以盈利为目标的网络公司，这就导致后来在网站的经济状况方面出现了很多问题。

在数年后，蒋磊回忆说道："2004年是个转折标志，我个人理解，铁血网从个人网站转型为商业机构，从此，管理层开始摸索如何盈利的模式与策略。"

在当时，蒋磊并没有太多的商业机构的管理经验，在摸索盈利模式和策略的过程中，也没少走弯路。最让他记忆深刻的是在2006年的时候，那是最艰难的一年，网站几乎就要面临关闭的危险。

曾经一度火爆的军事阅读网络媒体铁血网，由于迫于当时的发展现状，不得不向网友收费，而这种模式遭到了网友们的抵触，甚至在之后很长一段时间，铁血网流失了很多优秀的军事小说作者和部分读者。

现在谈到当年的窘境，蒋磊显得很轻松："那时候我们并没有太多的商业机构管理经验，也走了不少弯路。"

"2006年差不多是最艰难的一年，网站几乎快要关闭了，我实在不舍得我费了很多心血同时又有那么一大批铁杆军迷的网站就这么倒了，所以，我退学了，开始全身心管理铁血。"蒋磊回忆当时的困境，曾经一度领衔国内军事阅读网络媒体的铁血，由于迫于当时网友对收费模式的抵制，致使之后的很长一段时间，铁血慢慢地失去了一些优秀军事小说作者，流失了部分读者。

那么到底怎么样才能盈利呢？这一问题困扰着年轻的蒋磊。最开始的时候，他想要通过付费电子杂志的形式来获得利润，可是这种模式受到了网友的抵触，以失败告终。紧接着，他又想要通过广告收入来获利，但广告并非那么容易做的，所以长时间没有广告收入，就意味着这种模式的不可行。再后来，他希望通过游戏来填充网站获利，可是经过两年的研究，发现这仍然不可行。

经过仔细的分析，蒋磊发现爱好军事的网友很多，这是一个十分庞大的群体，他们并不简单地满足于在网上查看军事信息、阅读军事小说，他们有着更多实际的需求，比如购买军用服饰等。于是，蒋磊便开始联系国外的一些军用品牌商，购买了一些服饰用于网上销售。当时网购并不流行，蒋磊便让网友来到办公室购买产品，很快一批军用服饰被销售一空。

然而因为当时中国的电子商务还刚刚起步，网购并不流行，虽然当时也有第三方支付平台的存在，但需要支付高达15%的费用，这对于蒋磊来讲是很大的一笔金钱。在坚持了一段时间后，这种盈利模式也以失败告终。

虽然此时的蒋磊没有通过网购的模式获得利润，但是他发现自己所选择的销售军用服饰的方式是可行的。因此，他没有停止脚步，开始了继续挖掘市场和探索盈利模式。

一双发现市场的眼睛

2006年，蒋磊为了能够促使铁血网顺利地发展，决定先暂时停学2年，等到公司上了正轨后，再回来继续没有完成的研究生学业。这个决定并不突然，这对于蒋磊来讲，是势在必行的。那么蒋磊究竟是看到了怎么样的发展契机，才促使他做出如此重大的决定呢？

在2004年的时候，蒋磊就发现军事迷们的需求很广泛，不仅是喜欢看军事小说，更喜欢一些军用品牌的服饰和用具。虽然在当时自己想通过网购来实现盈利，但是当时中国的电子商务刚刚起步，很不适合。而如今，经过了两年多的发展，蒋磊发现国内的电子商务已经初具规模，在这个大的环境中，蒋磊看到了网站发展的机会。于是，他决定再次进军电商尝试代理国外军品。

军用品牌也有很多，可是，究竟要选用哪种军品呢？

蒋磊明白，自己要想销售军用产品，必须要了解消费者的喜好。于是，他开始在各个论坛中查找关于这方面的话题。在一次偶然的机会，蒋磊发现论坛里有一位网名叫N65的小姐，她非常关注美国的一款军用风衣，那款风衣在多部电影中出现过，并且是1965年美国在越战时采用的一款风衣。

于是，蒋磊便给包括该品牌在内的20多家美国军品品牌发去了邮件，表明自己的来历，希望能够成为他们在中国的品牌代理商。可是几十封的邮件发出去，仅有一两家给蒋磊回了邮件，其他的都石沉大海，没了信息。

稳健与踏实的作风，给铁血在发展摸索中，奠定了一个整体稳重而务实的氛围。或许正是蒋磊稳健的性格，让他能够看到军事网站发展的市场。

虽然他在开始的时候没有能够成为那20多家外国品牌的中国代理商，但是他发现自己所走的这条道路是可行的，毕竟他发现军迷们有着这方面的需求。

对于年轻的创业者来讲，具备一定的创业资源很重要，但同时要具有能够发现市场的眼睛。如果不能够发现产品的市场所在，那么就无法找到创业点，自然就不知道哪种经营方式才能够让自己获利。

如今，在铁血网员工中，80后的人数占到了总人数的90%。可以说这是一个十分年轻的团队。或许正是因为年轻，才有了更多的想法，才能够用敏锐的眼光，发现企业的发展点在哪儿。

蒋磊在接受采访时说道："我们做的不是一年两年的事，我要做让铁血网成为五年、十年，甚至更长的一个发展轨迹。我希望铁血可以一步一步脚踏实地地前进，我们没有条件去骄躁冒进。"

对于蒋磊来讲，要想让铁血网在长时间内得到发展，就需要能够在时代发展的过程中，看清市场。因为铁血网已经是"互联网军事类第一门户网站"，所以前面没有规律可循，只有竞争对手的虎视眈眈。

蒋磊意识到铁血网要想发展，就得要学会摸着石头过河，而这里的"石头"也就是市场。只有在不同的时间段，把握好市场的变化，才能够找到更为适合市场的经营方式。

对于蒋磊来讲，铁血网的真正发展，是找到了市场，同时在社会经济的大背景下，找到了一条发展之路，即进军电子商务。

军品电商的起点

在2004年的时候，蒋磊就希望能够通过电子商务的方式来实现铁血网的盈利，由于当时电子商务在中国处于起步阶段，蒋磊只好放弃这样的盈利模式。可是，蒋磊的尝试，却成了军品店的发展起点。

两年之后，在一次聚会中，蒋磊发现一位身穿美国空军制服的军迷成为聚会中的焦点。后来，蒋磊了解到，这样的一套正品美式制服在国内是很难买到的。很多军迷希望能够买到价格实惠且是正品的军用产品，可是国内市场上假冒伪版的产品实在太多，几乎成了市场的主流，要想买到正版的军品实属不易。

认识到这一点之后，蒋磊再考虑到国内的电商开始飞速发展。他便自己掏腰包，从国外买进了11件阿尔法M65美军野战风衣，就这样，他再一次开始了军品社区电子商务。

当蒋磊将衣服放到论坛上进行销售不久，就被军迷抢购一空。有了这样好的市场反响，蒋磊更是信心十足，更何况做社区电子商务，铁血网有先天的优势。

对于蒋磊来讲，要想做军品电商，似乎并不是一件难事。因为在网络军事的天地里，铁血网有着巨大的影响力。它以军事信息全面和及时而著称社区媒体，而且网站用户之间的互动也是非常活跃的。这就保证了铁血网拥有了一个庞大的电商客户群，这对铁血网做军品电商是有好处的。

在当时，凡客、卓越等综合性B2C网站还在花大价钱拼命做广告宣传之时，铁血网早已拥有了大量的准客户，并且通过各种方式将这些用户"捆"在了自己的社区论坛上。而且，这些用户有着鲜明的共同点，即他们对军事、军品有着狂热的爱好。可以说，只要自己将产品放在论坛上，那么客户就会主动围上来，根本不用做太大的宣传，完全可以凭借准客户之间的口口相传来做营销。守着这样的一群粉丝，这场交易就变得简单了。

于是，铁血网便以"社区论坛+电子商务"的模式浮出水面，成为一个名副其实的军品店，再加上其注重质量和信誉，成就了铁血军品行。这就为铁血网赢得了更多人的信赖，促使其得到更长远的发展。

在铁血商城中，主要是以军品为主，同时也会针对用户的特点，推出一些专业的户外装备。这样精妙的商品设置，符合了由社区内容吸引而来的用户的需求特点，在一定程度上就扩大了消费群体覆盖范围。

当时，国内还很少有人做军品电商，更何况是专门针对军迷用户的论坛。因此，作为独一无二的铁血网，自然拥有了更多的客户群。同时，铁血网的军品电商经营模式，也是最符合社会大环境和网站发展需要的。

既然通过网站将顾客吸引过来了，就要想办法让顾客成为真正的消费群体。此时，蒋磊开始想办法将产品介绍给客户，从而勾起顾客的兴趣，这样消费者才会心甘情愿的掏腰包付钱。

军品电销的方式除了能够带来广告的高效率之外，铁血网具备的流量变现能力强也是降低其营销成本的一环。当然，铁血网最为吸引客户的是网站内容，并非是商品本身。很多客户是在看到网站内容之后，抱着"顺便逛逛"的心态，进入论坛查看商品的。出于这种情况，蒋磊一点也不担心，他认为，即便用户对军品"不感冒"，可是经过日复一日的熏陶和感染，时间久了也会忍不住来看一看，甚至买一两件。

更何况，铁血网并非不做任何的广告宣传，它会在小范围内，进行有针对性的广告投放，这些广告具有互动性强的特点，对产品的传播有着很有效的作用。用户在耳濡目染中就由"用户"转化为了"客户"，根据数据统计发现这种转化率在铁血是5‰。这一点，传统的电商网站是很难做到的。

蒋磊很聪明，因为他意识到即便用户不会每天去商场，也会时常光顾论坛，这对于铁血网来讲就是吸引客户的机会。当然，这种方式也就避免了铁血像一般的电商网站那样，大面积投放广告。再加上，购买过商城商品的用户，往往会有再次购物的心态，尤其是当他们光顾论坛，看到一些军事新闻和小说之后，更是具有了再次购买的冲动。在忠实的军迷中，做好消费气氛的渲染和铺垫，让他们实现二次消费就变得简单了。

与此同时，通过社区交流，很多客户会告诉网站自己需要什么，想要购买什么产品，这样一来就让蒋磊了解到客户的真正需求，此时，就可以购进客户需要和喜欢的产品，进行有目的的销售。

当然，多种刺激才能够扩大消费者群体。蒋磊想到了互动的方式能够诱导消费。比如用户们可以在买到军品之后，将对产品的认知在"军品鉴赏"版块发帖进行展示，也可以写出自己的感受和体验。这样一来，用户可以从消费者的口中，了解到产品的特点，而消费者的这种"炫耀"也间接地帮产品做了宣传。

如今，铁血网已经成为名副其实的中国互联网军事类第一门户网站。同时，蒋磊也通过军品电销的方式获得了利润。

为千万军迷打造铁血营盘

或许，蒋磊自己都没有想到，从社区到电子商务，这看似简单的一步跨越，却开启了一个巨大的市场，促使铁血有了更大的发展空间。

　　自铁血军品行建立起来之后，仅2008年销售额就达到了600万元，到了2009年，销售额涨至2600万元，2010年则达到了5000万元……面对铁血军品行销售额的翻倍式增长，不难断定，蒋磊的创业模式已经实现了成功。与此同时，他还为千万军迷打造了一块属于自己的天地，在这里，军迷们不仅能够看到最及时的军事信息，还能够阅读最惊心动魄的军事小说，与此同时，还可以购买军品做亲身体验。这种全面而完美的感受，恐怕是其他网站所无法赋予的。

　　可见，铁血网实现了"社区+电子商务"的盈利模式。在这种模式的促使之下，网站的总营业额中有80%来自电子商务，而传统的广告业务仅仅占不到20%。这无疑为网络社区的生存，找到了一条新的出路。

　　当然，军品毕竟不是一般的生活必需品，对于很多消费者来讲都是可有可无的。因此，为了扩大市场、提升盈利能力，必须要有自己的窍门。铁血网想出了两招：第一，开实体店。比如铁血网在北京、上海、成都等地都有自己的线上线下两个渠道销售，创建了多家实体店，通过实体店的方式来扩大用户的消费体验，从而间接地起到销售和宣传的作用。第二，推出自己的品牌。铁血网致力于自己的品牌，这些品牌产品由铁血网自己设计，然后找到合作工厂进行生产。自有品牌上线后，铁血军品行的单件商品价格就会更加适合一些中层消费人群，从原来的千元拉低到两三百元。这无疑就扩大了消费者人群范围，为企业寻求到了更多的潜在客户。

　　如果说，最初开创铁血是因为激情和兴趣，那么现在的铁血没有因为困境而改变原汁原味的军事网络定位则是因为蒋磊的坚持和原则。

　　从建立网站到如今，已经十几年，铁血网的军事网络平台定位却从来没有动摇过。从开始的军事阅读网站，到后来寻求盈利模式，再到经历了挫折，最终在2007年增设军品B2C运营业务……不论是军事细分的社区，还是军事阅读天地，都能看到蒋磊对铁血明确的平台定位。"军事"这两字是铁血永不褪色的深刻印记，中国互联网军事类第一门户网站的头衔并非浪得虚名。

　　为了能够促使网站得到很好的发展，铁血网作为专业社区类网站的一员，正在为行业盈利模式的开拓带来探索与启示。如今，蒋磊已经为广大的用户打造了一个铁血营盘，在铁血，军迷们可以感受到军旅文化，更能够做亲身体验，购买到自己喜欢的军品。所谓"铁打的营盘流水的兵"，在蒋磊打造的这个"营盘"里，用户就是"兵"，蒋磊的"兵"是多多益善。

启示录　不要忽视兴趣的力量

李开复曾经说过："每个人都应了解自己的兴趣、激情和能力，并在自己热爱的领域里充分发挥自己的潜力。"

对于年轻人来讲，对某个行业感兴趣，就会在感兴趣的行业充满激情。就如蒋磊一样，他热爱军事，喜欢看军事题材的小说，故而在铁血网的经营中，就充满了激情和热情。一个人的激情往往能够促使这个人挖掘自身的潜能，从而帮助他获得成功。

可想而知，如果蒋磊对军事不感兴趣，或许他就不会有创办铁血网的冲动和激情，或许如今我们就看不到这个具有影响力的中国军事论坛网站。如果说蒋磊的成功来自他的坚持，不如说他的成功来自他的兴趣爱好。

年轻人或许都会有这样的感受：当我们在做一件自己感兴趣的事情时，内心充满了动力，即便在完成的过程中，遇到了困境，也会想尽办法去克服困难。在身上似乎有用不完的精力，似乎永远充满动力。这就是兴趣的力量。

如果年轻的你想要创业，想要实现自己的成功，那么不妨学着去培养自己的兴趣，发现自己的兴趣吧。

首先，兴趣有很多种，对于一个想要创业的年轻人来讲，就需要发现和工作有关的兴趣。要学会用心去感受自己的生活，体验自己内心的偏向，这样才能够在现实中感受到自己的兴趣所在。

其次，人要有好奇心，保持好奇心，便是在培养自己的兴趣。居里夫人曾经说过这样的话："好奇心是学者的第一美德"。可见，人的好奇心是兴趣产生的基础。如果蒋磊对军事小说没有好奇心，自然就不会对军事网站有过多的关注，自然也就不会想要创办自己的网站。因此，兴趣总是从好奇开始。

再者，要想保持住对某件事或者某一行业的兴趣，就需要树立自己的目标。在生活中，我们经常会看到有些人的兴趣总是在发生改变和转移。原因就是没有将自己的兴趣爱好与目标联系和结合在一起。作为年轻人，如果想要实现自己的创业梦，不妨尝试在一段时间内，坚持自己的兴趣爱好，这样你会投入更多的精力在某一件事情上，从而对某个行业有更为深刻的了解，最终便能够找到创业的空间和途径。当然，要使兴趣不断发展和增强，就要始终保持好奇心，而要保持住好奇心，就要善于质疑。如果蒋磊不能够对军事小说连载问题产生质疑，恐怕他是不会想到要创办军事网站的。

最后，兴趣要想强化，就需要付诸实践。很多年轻人总是在摸索自己的兴趣爱好，却不肯花费时间付诸实践。可想而知，如果蒋磊在喜欢军事的时候，不能够将自己的思想付诸实践，恐怕如今我们也看不到如此精彩的铁血网。

对于一个年轻人来讲，创业的激情是难能可贵的，如果没有了激情就不可能会主动地去冒险创业。当然，这种激情在很多时候是来自爱好和兴趣。人们只有对自己感兴趣的事情才会心甘情愿的投入时间和精力。因此，作为年轻的创业者，不妨给自己一些时间，发现自己的兴趣爱好，带着好奇心，在自己感兴趣的行业中挖掘创业的空间。

当然，并不是所有的兴趣爱好都适合当作事业来经营。毕竟兴趣爱好是分为很多种的，对于一些兴趣爱好，年轻人可以当作是日常解压的方式，但是不一定适合成为自己一生经营的事业，在这一方面，还是需要年轻人自己去把握的。

★ 创业板 | 细分才能发现市场

对于一个想要创业的人来讲，不仅需要具备创业的激情，更需要能够详细地进行分析，选择好市场。对于蒋磊来讲，他在铁血网成立之初，并没有去考虑市场因素，因为当时他只是以兴趣为导向，没有想到过盈利。可是随着铁血网的发展，他意识到想要铁血网发展壮大，必须要对市场进行分析，从而才能够找到发展的出路。

　　年轻人多半不缺少创业的激情，因为年轻就会充满激情，然而缺少的是能够理智地对创业的各个方面进行分析，只有细分才能够了解到当时创业的利弊，这样做便是在为创业做打算、做准备。

　　在细分市场的过程中，人们对各细分标准选择的不同，会促使年轻人发现和挖掘出更多的市场机会。

　　很多年轻的创业者会发现很多事情都能够实现创业，可是真正适合自己的创业行业似乎很少，这就需要创业者仔细地去分析市场，对自己所具备的创业因素进行分析。首先，应该分析自己是否具备在某个行业中创业的资源，这些资源包括很多方面，比如人力资源、财力资源、信息资源等等。对这些方面进行详细分析，不仅能够避免在创业过程中出现纰漏，更重要的是能够避免失误的发生。其次，对同行的分析。一个行业适合不适合创业，可以通过对同行的经营状况来得到基本的答案。最后，对受众的分析，产品的生产需要的就是得到受众的认可，因此，在创业之前，要分析好产品的消费群体，按照消费群体的特征进行产品的生产。

　　市场机会的发现和把握关系到一个企业能否在社会上立足，因此，市场细分的技术和手段是需要创业者不断学习和了解的。在创业过程中，创业者不妨对消费者的购买能力、购买习惯、购买行为等方面进行分析，这样会更能够把握好市场特点，从而对产品进行改进，让产品越来越适合消费者的心理诉求。

　　对于年轻的创业者来讲，需要对创业的行业有一个全面的把握。在对市场有了全新认识之后，才能够顺利地进行产品安排。

　　市场细分往往是创业者根据消费者不同的需求，将这个市场划分成不同的消费者群的过程。通过对消费者需求的差异性的了解，从而实现对产品的合理规划。

　　对市场细分是为了达到聚合的目的，即在需求不同的市场中将需求相同的消费者聚合到一起。可见，对市场的细分，能够避免消费者流失，同时也能够避免产品不符合消费者的需求的现象产生。

　　蒋磊通过对市场的细分，促使铁血网能够更好地发展。作为创业者，更应该学会通过细分来寻找有利的市场，开拓企业发展的空间。

⭐ 创业板 | 寻找适合自己的创业模式

蒋磊作为80后，他寻找到了适合自己发展的创业模式。经过12年的努力，目前他的公司已经由原来的几个人发展到了拥有员工200余人，他创办的网站也已经成为能够提供社区、电子商务、在线阅读、游戏等多种功能的综合性平台。据资料显示，截止到2012年12月，网站的注册会员已经超过1000万，月度覆盖超过3300万用户，已经实现了稳步且高速增长。

从蒋磊的创业过程可以发现，他之所以能够实现创业成功，在很大程度上要归功于他找到了一条适合自己的创业模式。

所谓创业模式，就是适合自己所选择的行业和市场的经营模式。从蒋磊选择的行业可以发现，他是按照自己的兴趣爱好选择了创办军事论坛和网站。对于一个人来讲，只要是自己感兴趣的事情，在创办的过程中，就会充满激情和热情。即便是在创业的过程中遇到了挫折，也才能够不畏惧困境，努力克服挫折。

如果希望实现创业的你想要找到适合自己的行业，不妨先从自己喜好入手，或者是选择自己比较熟悉的行业，对于自己比较了解的行业，人们会充满自信。从而在创业的过程中，也才能够更加投入。

俗话说得好，"适合的才是最好的"。创业也是如此，如果选择了一条不适合自己的创业模式，即便自己拥有了足够的人力物力，恐怕所得到的结果也并不是自己想要的。而选择适合自己的创业模式，究竟要考虑哪些方面的因素呢？

首先，考虑个人性格。蒋磊本人性格比较稳健和踏实，在铁血网的发展过程中，我们很容易感受到，铁血网以稳健和踏实的步子在不断前进。如果作为创业者的你是一个急性子的人，那不妨选择一个快速见效的行业，避免选择的行业是长久性的，让你在创业的过程中失去激情。因此，创业模式的选择和创业者的性格、脾性有关。

其次，创业模式的选择一定要遵循市场的大环境。蒋磊在选择自己盈利模式的时候，尝试过多种方法，但是最终他考虑到了市场大环境，在电子商务迅速发展的时期，选择军用产品的销售，这种方式帮助他完成了盈利的目的。作为创业者，应该学会分析市场和当下的社会大环境，只有这样才能够找到比较适合自己的经营方式。如果选择的经营方式违背了社会的发展，即便你的创业构想再好，也是徒劳无功。

最后，要敢于尝试和探索。没有人在创业中都是一帆风顺的，蒋磊在寻找盈利模式的过程中，尝试过多种方法，也失败过多次，最终却实现了成功，原因何在？因为他敢于尝试，敢于去探索。作为年轻的创业者，不要惧怕失败，更不要因为一次的失败而放弃自己的理想。在创业模式的探索中，可能会遇到失败，可能会深受打击，只要你勇敢的前进，成功的依然是你。

年轻的创业者都希望自己能够拥有一个适合自己发展的创业模式，可是要想探索出适合自己的模式，并非那么容易。蒋磊通过自己多年的实践和尝试，最终才找到了铁血网发展壮大的方式。可见，作为创业者，应该考虑多方面的原因，大胆去尝试，不要害怕挫折，最终便可成就自己的梦想。

6
舒义：腾讯平台上的亿万富翁

是什么能力，让一个没有毕业的大学生成为千万富翁？是怎么样的勇气，让一位少年富翁放弃安逸的生活，毅然投入到创业的浪潮中？又是怎么样的眼光，让他的投资屡屡成功，最终成为腾讯平台上的亿万富翁？

创业
没那么难

引　言

　　他大学时，为了生活费开始创业。

　　他在大学，做过网站，当过博主。

　　他曾经兜里剩下7块钱，欠债2万元。

　　他20出头，拿到第一桶金500万元。

　　他是80后，如今却成为亿万富翁。

　　他来自农村，为了生活费开始创业。他不是官二代、富二代，却在20出头就有车有房。在大学便拥有了上千万的资产，这让他有过迷茫，但是放弃安逸，继续创业成为他转战北京的目的。

　　他做了别人轻视的手机广告，却成就了更成功的自己，用了三年多的时间，成为腾讯平台上的亿万富翁，他就是力美广告公司的CEO舒义。他创业数次，每次都让他收获颇丰。为何年轻的他能够拥有如此魄力，为何他身价上亿，却仍然节约简朴？从他的创业经历中，年轻的我们又有何要借鉴学习？

创业不用等毕业

　　对于很多年轻人来讲，认为创业是大学毕业之后的事情，可是对于19岁来自农村的舒义来讲，创业就在当下。

　　舒义是四川都江堰人，他的父亲曾经是20世纪80年代的富翁，在都江堰可谓是首富级人物，主要经营的是钢材生意，如果他的父亲稳定地经营着企业，或许舒义就成为现在流行的"富二代"，可是，后来舒义的父亲渐渐败落了。

　　在舒义小的时候，父母便离异了，舒义跟着母亲生活，在他10岁的时候，母亲改嫁给了一个小学老师，一个月的工资只有1200元，生活得也很艰辛。懂事的舒义为了减轻家庭生活负担，会去卖报纸赚些零用钱。

　　19岁的时候，舒义拿到了四川师范大学的录取通知书，要上大学，自然就要交学费，舒义每年的学费是4000块钱，2000块钱是姐姐给的，2000块钱是继父出的，妈妈则负责舒义的生活费。

在大学里，舒义为了减轻家庭的负担，便尝试自己赚取生活费，自己养活自己，这个时候舒义就开始了"创业"，只不过此时的创业只是为了赚钱养活自己。

舒义在业余时间，会摆地摊卖盗版的英语字典，当时一本字典进价是30块钱，他卖给别人75块，因为他找了一个女生帮他去卖，那位女生从中间提15块，舒义一本字典挣30块。对于舒义来讲，一本收入30元钱，已经不少了，当时他可以在学校花两三天。

开始的时候，舒义是在自己的学校卖，后来他发现这是一个发财之路，随后便开始做代理，在四川音乐学院、成都电子科技大学等其他学校到处销售，靠卖盗版字典，他赚了3万余元。在当时3万块钱是何等的重要，因为对于舒义来讲，自己连4000块钱的学费都很难凑齐，所以这3万块钱对他的生活起到了至关重要的作用。

尝到甜头的舒义，又开始倒卖其他东西，比如MP3，后来，又开始帮别人配电脑。对于农村来的舒义来讲，电脑是他之前很少接触的，上大学后，他才开始慢慢接触电脑。

对于舒义来讲，创业从大学就已经开始，他认为大学除了学习之外，还可以做很多事情。大学并不是安乐窝，不能让自己漫无目的地生活。对于舒义来讲，大学就是自己尝试创业的场所，在那里，他有更多的时间去学习自己感兴趣的知识，也有更多时间去创业。

舒义作为80后，他拥有着创业的热情和激情。因此，作为年轻的创业者，不妨抓住一切可以创业的机会和资源，随时随地都可能会实现创业的梦想。

舒义通过销售英语字典、MP3、组配电脑，他意识到赚钱也并非那么困难。此时，已经尝到创业甜头的舒义，怎么会停止自己创业的步伐呢！

最早的部落阁阁主

2004年的时候，舒义接触到了电脑，同时也学会了电脑的一些基本应用。后来，为了学习英语，他拥有了电脑，从那之后，舒义迷上了互联网。

为了学习英语，舒义在网上开始尝试与外国朋友聊天，就在那个时候，他偶然在网上看到一个来中国创业的美国人，他叫Edwyn。

后来，舒义看到了Edwyn的博客，在兴奋之余便给他写了一封邮件，在邮件中，说自己想要学做互联网，问自己能不能跟Edwyn尝试一下。这位外国朋友在收到邮件之后，很快回复了舒义，说可以和舒义一起做互联网。后来，两个人在成都的一个地方约见了，并且从那个时候开始，舒义正式进入互联网行业。

从事互联网行业的第一次创业，舒义便创立了一个网站，这个网站可以帮助大学生找兼职工作，并且提供工作信息，大学生可以在网站上交朋友等等。为了获得利润，舒义便开始发行会员卡，学生可以凭借会员卡去网站发布各种兼职信息和查阅考试信息等等。舒义将一张会员卡定价为20元，为了促进销售，他将会员卡发给代理商，一张为16块钱。

就这样，舒义开始经营起了网站。后来舒义回忆起那段时光说道："当时做得还可以，一年小打小闹，也能赚好几万块钱呢。"对于舒义来讲，这个时候自己的生活费已经完全不用家里负担了。此时，舒义对创业越来越感兴趣，因为连续几次的小试牛刀，他都有所获益。接下来，不甘于现状的舒义，又看到了新的创业方向。

紧接着，"博客"开始风行，舒义认为通过博客来实现创业也是一条很不错的路径，于是，他便开始和几个同学凑钱，做起了"blogku"的博客网站，舒义出资了5万元。在当时，舒义和他的同学们属于最早做博客的创业者，每次想到自己可能成为新一代互联网领袖，舒义都兴奋不已，就像是打了鸡血一样，根本不知道疲倦。

在通过博客创业的那段时间，舒义是很兴奋的，同时也是很艰辛的。不久后，一起凑钱创业的一位同学回老家做了村支书。到了2006年，舒义的这次创业彻底失败，他不但将之前赚的钱都花光了，还欠了其他8个成员2万块钱的工资钱。

为了扭转现状，舒义不得不选择四处借钱，四处奔走寻找投资人。在多年后，舒义接受采访时说道："这怎么能盈利呢？我现在也不知道当时怎么会去做那个东西。"

面对2万元的欠款，身上仅剩7块钱的舒义并没有灰心，他选择四处找投资人，无论是火锅店的老板还是有钱的商人，舒义见了将近有一百个人，可是，都没有借给他钱。

在寻找投资的过程中，他遇到过各种各样的人，其中让他记忆深刻的是一位年近40的"海归"。40岁的海归看着20岁出头的舒义是满脸的不屑，他边吐着烟圈，边说道："我凭什么借给你钱？你进过几次五星级酒店？"年轻的舒义自然明白，对方轻视自己，当时舒义心中虽然愤愤不平，但是还是压制住了内心的怒火，说道："谢谢教导。我现在没你成功、没你有钱，但你20岁时绝对没我成功，我40岁时绝对比你成功！"说完之后掉头离去了。

这次创业，舒义失败了！

透过失败，让舒义意识到并不是所有的创业都是那么容易，赚钱不是一件容易的事情。或许正是因为这次的失败，让他在创业成功后，也变得十分谨慎。

对于年轻的创业者来讲，在创业的过程中，可能会走一些弯路，所谓"塞翁失马焉知非福"。对于舒义来讲，这次创业的失败，不是一件坏事，反而是一件好事。

赚钱不容易，投资须谨慎

初入大学的舒义就开始了创业，那么学习该怎么办呢？

创业上瘾的舒义有很长一段时间不去上课，尤其是在大二期间，因为当时在做blogku，所以受到了《成都商报》的关注，《成都商报》便来采访舒义，采访被学校的领导看到了，学校领导觉得舒义的做法还不错，建议舒义能够进行补考，补考完成后，会将毕业证发给他。

虽然平时舒义很少去上课，但是他却没有忘记学习。在创业的同时，他花了两年的时间，将所有的课程都学习完毕，因此，他经过补考之后，拿到了毕业证。

通过博客创业虽然让舒义感受到了失败的滋味，但是却让他收获了毕业证，这也算是有失有得。

对于一个务实的人来讲，他怎么可能会安于现状呢？尤其是像舒义这样经历过创业成功和失败的人，他怎么会甘于平淡地给别人打工呢？

就在舒义通过博客创业失败之后，他身上就剩下了7块钱，负债2万元。对于一个学生来讲，2万元绝非是一个小数目。舒义要如何做呢？

他先是找到了一份工作，去给著名的星美院线打工。舒义领着1600元的月薪，日子捉襟见肘。他明白，这不是自己想过的生活，这样的生活也绝非是实现创业的途径。半年后，舒义辞掉了这份工作，还是决定要创业。

虽然之前在博客创业中失败，但是舒义一直没有放弃在互联网上寻找创业机会。舒义发现，做媒体是比较难的一件事情，心想还是老老实实做互联网广告代理吧，俗话说得好"生不了孩子我当保姆。"

就这样，舒义盯上了地方网站广告代理，他便成立了力美互动广告有限公司。舒义开始了自己的又一次创业。

舒义的这一举动引来了朋友们的不解，很多朋友认为舒义本来是IT技术男，这下变成了拉广告的，不是在走下坡路吗？对此，舒义有着自己的商业逻辑，在当时，舒义认为互联网可以养大一个小网站，可是小网站要想发展壮大，就需要大量的资金和资源，这样一来就不适合缺少资本积累的初级创业者，更何况自己根本没有资本。然而，做代理地方网站的广告，是不需要担心现金流问题的，并且还很容易将企业做大做强。

按照自己的思维模式，舒义开始了经营公司。可是，如果公司没有接到广告代理的订单，一样是无法存活下去的。舒义一无背景，二无门道，哪家互联网公司敢把广告业务交给他？

皇天不负有心人，当时成都吃喝玩乐网找到了舒义，舒义通过这单生意一年赚到了几万块钱。几万块钱对于当时的舒义来讲，真可谓来之不易。随后，幸运之神又一次向他抛来了橄榄枝，机会终于来了！

2007年的时候，腾讯来到成都开拓市场，后来成立了"大成网"，并且要找广告代理人。舒义意识到这是自己难得的机会。随后，他辗转找到了腾讯西南区的区域总监，提出自己想要代理"大成网"的地方广告。舒义话刚一出口，就被对方给呛了回来："代理可以，但必须先交齐16万元保证金。"

16万？这对于当时的舒义来讲是很难凑齐的一笔巨款。舒义意识到临时筹钱肯定是来不及了，找朋友借钱也不一定能够筹到那么多。经历多了，自然就变得成熟，此时的舒义已经不再是那个年少轻狂的小子了，他没有慌张，而是静下心来分析当时的状况：要衡量区域门户网站是否做得成功，最重要的一方面就是广告额多少。"大成网"属于新的网站，只有找到一个比较稳妥的广告代理方，他们才能够有更多的时间和精力去做其他事情，他们要16万的保证金，无非是希望能够找到一个稳妥的广告代理商。此时的舒义在想，究竟怎么做才能让对方感到稳妥踏实呢？

虽然舒义没有太多的经验，但是他有新奇的点子，再加上腾讯的口碑，只要自己能够代理成功，就不怕签不到客户。因此，舒义必须抓住这次机会，这对于自己的公司来讲是十分重要的。

为了能够得到对方的信赖，舒义当场就表示，只要"大成网"能够将广告代理权给自己，"大成网"可以定制一个业绩标准，如果自己没能达到这个标准，就不会收取任何的广告代理费用。

就这样，舒义凭借着自己初生牛犊不怕虎的胆量和稳妥的言谈举止，赢得了对方的信赖，最终成功拿下了"大成网"的广告代理权。

既然代理成功了，可是如果找不到一个好的客户，一样是无法完成"大成网"定制的目标。庆幸的是，舒义对这个虚拟的互联网世界有着多年的研究，他满脑子都是奇特的营销点子。这次，他将目光放在了成都医院和教育行业。

在当时，舒义发现教育行业和医院的电商普及率还不足百分之十，如果能让这些企业看到网络营销的能量，自然就不愁签不到广告订单了。

舒义是一个办事稳妥的人，他通过调研，发现华美整形医院虽然在成都医疗美容市场上有了一定的知名度，但是由于缺乏特色的服务，很难有大的业务进展和市场开拓。因此，舒义将华美当作是自己的"首战对象"。

舒义暗下决心，第一仗必须打好！

为了能够更好地为华美做好广告，他将整个团队都搬进了华美，不但从基础的PV和IP等知识进行普及，还建了网站、策划电子商务营销方案。在华美的两个多月，舒义几乎每天休息不超过5个小时，他在那段时间似乎根本不知道疲倦。

在进入华美之后，他发现很多人对整形并不了解，从而产生了抵触心情。于是，为了改变这一状态，他就在"大成网"论坛上开通了直播通道，对一些常规"微整形"手术进行直播，这样的做法引来很多网友的关注，从而将"华美微整形"打造成为品牌企业，不仅让消费者打消了对整形的错误理解和抵抗情绪，也为华美的经营创造了有利条件。

几个月下来，华美在医疗行业的成交率有了大幅的提升。这样一来，舒义就有了谈判的筹码，就这样舒义顺利拿到了华美的广告投放标书。有了华美的成功，他如法炮制，一举占领了整形医疗行业的网络广告投放市场。

在代理"大成网"广告时，对方定制的业绩指标为160万元，而舒义的成绩竟然达到了1100万元，足足超出了7倍，就这样，舒义一次性赚到了500万元。

"赚了500万以后都没有什么感觉了，一个数字而已。"舒义在后来接受采访时说道。

舒义将钱存到了公司账户上，他之前一直想买一个数码相机、一台笔记本电脑、一个iPod，他花了1万块钱，将这些东西一次性置办齐全了。

接下来，舒义又接到了腾讯在成都、重庆等地方网站的广告代理权，随后赚了有2000多万元。此时的舒义已经有车有房，身价上千万。

舒义明白自己的钱赚得很不容易，所以他对于接下来的投资也会格外谨慎，无论是后来从事移动互联网广告，还是成为天使投资人，对待每一次投资，他都十分小心和谨慎。

放弃安逸的勇气

从一个穷小子，一下子变成了千万富翁，这对于舒义来讲可能并非只有利没有弊。

在后来接受采访时，舒义回忆道："我有点膨胀，买车买房，最开始买了一个CRV，开得不过瘾又买了牧马人，后来又买了一个房，花了100多万，我妈妈都不信，二十四五岁的人可以有几千万身家。"

舒义也有过短期迷茫，觉得自己做不大了，只能当一个土老板了，不能成就什么太大的事业。当时的舒义有车有房，于是他从2008年开始全国旅行，2009年全球旅行。尤其是在汶川大地震之后，让舒义经历了生死，从而他感慨生命的渺小，"随时感觉路旁的楼就会倒下来把你砸死"这是他对汶川大地震的感受。

舒义玩改装越野车，到处自驾游，并且学习佛学。舒义发现存在的意义依然是事业的成就感。

到了2009年，舒义觉得区域互联网要想有更大的发展，就需要几个大的媒体一起进行互动，可是当时自己的公司只是做腾讯一个媒体的广告，再加上区域互联网广告具有一定的局限性，因此，舒义又决定将目标转移到移动互联网上。

在这个时候，舒义有闲暇时间就会坐上飞机去各地参加移动互联网的相关研讨会议，他用了大半年的时间做研究和调研。

到了2010年，舒义决定放弃眼下舒适的生活，和几个朋友商量说："不如我们一起去北京发展吧？"因为当时舒义已经看到了互联网在北京、上海、广州等大城市的成熟发展，心想去这些地方应该更容易实现成功。

就这样，在这一年，舒义和朋友来到了北京。对于舒义来讲，他放弃成都，来到北京，就意味着他放弃了原本安逸的生活。因为对于一个20多岁的年轻人来讲，已经达到了身价几千万，这已经算是成功了，舒义完全可以享受在成都的安逸生活。

可是，他却没有那么做，因为舒义知道自己还年轻，如果这样安于现状，最终会被社会淘汰。或许，这就是他为什么要放弃安逸生活的原因。

其实，当舒义将公司迁到北京时，有很多朋友认为，舒义走的这一步棋太过草率了。但舒义却很是坚持，因为他认为在广告行业里，只要有钱就能砸出个坑，就能在市场上站稳脚跟，但是，对于自己这种小公司来讲，要想分一杯羹，就需要把握好机会。舒义认为自己转战北京，就是在为公司做提前的安排和战略布局。

25岁，舒义来到北京，在刚刚来到北京的那段时间，舒义会到处参加各种会议，和各种业内人士进行交流，希望能够学到更多的东西，吸收更多的有价值的信息。可是千篇一律地谈观念，并没有让舒义学到多少有用的东西，反而让他觉得是在浪费时间。逐渐的，舒义不再去参加这些活动了。

对于很多创业成功者来讲，很容易出现安于现状的"毛病"。在现实生活中，很多人在取得一点成绩之后，就会安于享乐，不思进取，更不会为了企业的长久发展多做考虑，这样一来，就会促使企业走向下坡路，最终被社会经济所淘汰。

舒义则是一个例外，在他取得成绩之后，虽然也有过迷茫期，但是他明白自己当下的成绩不足以让自己骄傲。对于舒义来讲，他懂得在企业走上坡路时，为企业发展做更长远的打算，他明白自己要做的是什么，清楚自己想要的是什么。

当然，一个成功的创业者要具备做出重大决定的勇气，如果舒义在决定将公司移到北京时，瞻前顾后、犹犹豫豫，可想而知，他也许就不会有后来的成绩，更不可能有北京力美的今天。

总而言之，对于一个年轻的创业者来讲，要能够抵抗安逸生活的诱惑，同时要具备敏感的创业思维，为企业发展做好长远的准备。舒义明白，自己的创业过程很艰难，不能在获得些许成绩之后，就安于现状，不然自己之前所遭受的艰难就会再次降临。当然，对于一个年轻的创业者来讲，发现更大的机会很重要，而愿意舍弃眼前的这块儿地盘，选择一个陌生的发展阵地也是需要付出很大的勇气的。可见，一个创业成功的人，多半是一个勇敢的人。对于一个懦弱的人来讲，他是舍不得放弃眼前的安逸，选择更大的挑战的。而舒义恰恰相反，他需要更大的挑战，因为他希望公司能够得到更大的发展，所以舒义是名副其实的勇敢者。

广而告之的奇思妙想

来到北京之后，舒义开始对移动互联网进行了解。后来他发现在中国的广告市场中，电视广告一年有将近3000亿元，报纸广告一年是400亿元，杂志市场约200亿元。与此同时，舒义发现智能手机将会是未来移动互联网的发展大势，因此，WAP网站迟早会让位给手机上网。

到了2009年的时候，智能手机开始兴起，手机上网后，又出现了Pad，移动终端也在快速发展，此时，舒义意识到在不久的将来，人们会通过智能手机和iPad来上网获得信息，如果现在就开始在这个行业领域寻求市场，那么自然会取得不错的发展。因此，舒义开始在智能手机应用广告上进行开发和投入。

在如今看来，舒义做移动终端广告算是比较早的了，当然，在当时有很多不解，甚至质疑舒义是在走下坡路。那么为什么舒义要专门做手机广告呢？舒义发现在办公室或者是家庭中才会用电脑，很多人出差或者是出门都会选择带两种东西，手机和Pad，他意识到手机和Pad未来将成为人们生活、娱乐最主要的介质。广告媒介的价值就是有多少人去关注，那么手机和Pad就有了做广告的价值了。舒义觉得这是一个很不错的市场，再加上当时这还属于新兴市场，很多企业还未能够看到这个市场的发展潜质，即便手机广告也未能成为很多商家的首选，因此，舒义认为这是寻求自我发展的大好时机。

既然决定做了，舒义就会做好接受一切的准备。可是舒义发现，手机广告和自己以往做的广告有所不同，承载广告的开发者多如牛毛，广告主的数量则同样是不可小觑。此时舒义在想，要如何保障广告主的利益呢？舒义决定建立手机智能投放广告平台——Lmmob，这一平台的建立在国内还是首家，这就先于同业建起竞争壁垒。

Lmmob平台的建立，让舒义能够对智能手机市场上的主要应用程序进行分析，比如从应用类别、地域、时段、手机品牌等方面分析广告数据。从而能够一目了然地看出来什么程序适应什么样的广告，从而促成广告主的利益。

就在2010年，力美完成了整个腾讯手机门户约70%的广告业绩，随后又获得了新浪无线的广告代理权。当年，力美的销售额达到了5000万。可见，舒义的这次创业又成功了，他的决定是正确的。

随着舒义在北京的发展，他对力美的商业构想也有了清晰的认识。他希望自己的企业不仅能够在北京获得发展，也能够在原有的二线城市得到业务推广。与此同时，从另一个角度出发，靠wap站点切入，扩大智能手机的相关业务。

当然，舒义还投资了一些智能手机应用开发和游戏，以此来弥补公司技术不足的缺陷。后来，舒义在接受采访时说道："中国未来6000亿的广告市场，大部分会转向手机、Pad、互联网的电视，这个领域前十名的公司一年做几十个亿的规模是完全可能的。"

舒义凭借自己对市场的预见和分析能力，在移动互联网广告方面得到了发展，力美也成为业内的知名企业。

要做就做精品

舒义打算做移动互联网广告，自然就要想办法盈利。舒义认为：精准广告必然是移动广告的未来。

与其他的同行所选择的方向不同，舒义认为对移动广告特有的用户深度挖掘，然后进行互动式说服广告主，似乎是费力不讨好的事情。再加上移动广告刚刚兴起，接受程度还很低，因此，要想让品牌广告主投入广告，不能单纯地靠说服客户的办法。

在舒义看来，要想在移动广告发展初期打动客户，靠的不应该是数据挖掘和互动营销，而是要依靠性价比。比如，移动互联网网站的文字链接点击一个是两毛，而网络广告的一个点击则是两三元。可见，移动媒体端的性价比要高一些。

在他舒义的观念里，玩概念当然没有实打实的销售额更有吸引力。他的选择看似"简单而粗暴"。

舒义选择了移动互联网内的行业广告主，这对力美来讲是明智的。力美的行业广告主要包括买卖宝（移动电商）、网秦（手机杀毒）、操盘手（手机炒股软件）等。当时，一年的销售额就高达上千万。与此同时，舒义也不做数据挖掘，依然是代理广告位和倒卖广告位，因为舒义看到了广告的买卖利润。

2010年，舒义利用从朋友那里借来的办公室，仅仅10个员工，就创造了4000万销售额，800多万净利润。舒义知道当时自己的力美广告代理公司很"土"。

舒义明白，要想获得更大的发展，就需要做精品广告。舒义做出了一个伟大的决策，他决定做精准投放，这样就能够保证品牌广告主的利益。因此，"更多的开发者+精准投放=更多的广告主=更多的利益"的经营模式，就成了舒义创造奇迹的方法。

找到了获得利润的模式，那么要如何争取更多开发者资源呢？舒义除了与开发者实施三七分成之外，自己只拿十分之三的利润，与此同时，舒义还推出了各种奖励活动，这样能够激励开发者的开发热情。

为了能够更好地进行精准投放，力美还搭建了广告投放平台，这样就方便用户选择投放区域和手机机型，同时客户还能够选择投放时间和投放次数，不仅方便了客户自主投放，更能给用户提供方便。

舒义在一次接受采访时说道，如今对于受众挖掘的精准度只是在所在地区、手机型号等方面，对受众兴趣习惯方面的准确预测还不够，可是很快随着App应用的普及就能够在其他方面对受众进行更多了解。

舒义是一个有创意思维的人，他在广告手法上的点子也是层出不穷的。比如，舒义会为广告客户量身定做一批游戏即应用程序，目的就是希望能够和消费者进行互动，从而引发市场的反应，这样一来，舒义投入的精力要多一些，达到的效果要好很多，自然价格方面也就比普通的植入式广告要高好几倍。

经过舒义的努力，其移动互联战略已涵盖了几乎所有的人群。例如面向国内中低层次的消费者的WAP网站广告，面向中高端消费群体的智能手机应用广告。

舒义认为在未来要想有更大的发展，自然要做精品广告，当然，这也是力美的发展方向。

务实才是根本

舒义认为无论是创业还是促使企业的发展，务实都是最根本的。

在现实生活中，有不少创业者认为上大学没有必要，于是便辍学了，而对于真正的创业者来讲，辍学并不代表着不学习。学习是十分重要的，舒义说自己当时辍学是因为在大一时就把大三的都学完了。

如果说舒义的创业已经成功了，那么他的成功绝对离不开他的不断学习。他在接受采访时回忆说道："我七年来看哲学、历史等方面的书，每周看两三本书，新闻也是每天至少有一大半时间在看。"

由此可见，对于创业者来讲，学习是很重要的。同时，舒义认为创业是一个过程，并非创业就等于马上成功，很多时候是需要不断积累的，而积累的动力则是"踏实"和"务实"。

舒义是一个务实的人，如果他不务实，那么他也就不可能踏踏实实地经营自己的公司。

无论是舒义进军北京，还是在初期的创业阶段，都能看出来舒义做任何事情，都希望能够通过勤恳的努力，创造出一定的成绩和效果。

就以力美的广告形式为例，它不仅包括移动互动广告、移动展示广告还包括移动网页广告。这三种广告形式，有其针对性的广告商：互动广告针对的是行业内的手机游戏厂商，主要的是采用"积分墙"模式；展示广告则会吸引品牌广告主和本地化广告主，这种广告形式主要是按照点击付费，每一个点击1元钱；网页广告通常是卖给了移动电商等行业内的客户，一个点击2毛钱左右。

三种广告形式一起投入，这让舒义的广告收入额达到了将近两个亿。可见，要创造出业绩，就需要务实，而不是那些虚拟的数据分析。

对于年轻的创业者来讲，或者缺少一定的经验，又或者缺少一定的资金。可是，从舒义的创业过程中，不难发现，其能够实现创业成功离不开以下几方面：

第一，在做每一件事情的时候，都需要付出自己的心力，很多事情是没有捷径可走的。就如同舒义在寻求企业发展空间和平台时，他没有将主要精力投入在客户的深度挖掘和数据分析上，而是选择进行行业内客户的挖掘。

第二，要知道自己创业的目的是什么，舒义在创业初期，到后来的创业成功，每一个阶段都很清楚自己创业的目的究竟是什么，也知道企业要向哪个方向发展，才会得到自己想要的结果。作为年轻的创业者，要明确自己创业的目的和方向。只有这样，才能够做出实际的行动，才能够通过自己的行为创造出财富。

2011年对舒义来讲，是变化最大的一年。在这一年中，他由一个私企老板变成了一个集体作战性的、有资本支持的公司CEO。

舒义自2009年，就开始投资做其他项目，当时他手中有2000多万元的闲钱。随后，他成为天使投资人。到了2011年，IDG资本注入后，舒义已经无法像过去那样做一个天使投资了。因为他投资的10多个项目，已经有两家拿到了A轮。

为什么舒义能够投资成功呢？谈到自己的成功经验，舒义在一次采访中表达了自己的体会，他说自己来北京做移动互联网，当时看到很多同行公司很少能够赚到钱，他们更强调概念，而不能够脚踏实地。很多企业找到天使投资，往往是狮子大开口，根本不知道脚踏实地地做事情。而真正能赚到钱的反而是一些二、三线城市的小团队和小公司，这些公司很务实。

其实，舒义以及他所创办的力美公司，都是务实的。在一次采访中，他说道："我真的不觉得从中高端人群那可以赚到钱，移动互联网不管是电商还是交友，真正赚钱的公司都在深圳。"

舒义说力美的广告也是靠深圳那些小工厂里的工人赚钱的，靠的不是高端人群来赚钱的，那些高端人群每天接触的信息量很大，很难为一个应用买单，力美的受众是中国最广大的人群。

移动广告的春天

古人有云："闻道有先后，术业有专攻"，说明人们在做事情之前，会有意识地进行选择。舒义在对力美的发展方向进行定位过程中，也是有所选择的。

在中国，手机使用量已经超过9亿部，在这9亿部手机中就有3亿多的网民。舒义意识到，在未来，智能手机会取代普通手机，而手机使用者也会增加，移动网民自然也会增多。到那个时候，身边的人都是用智能手机去上网、上微博、玩游戏等等。

舒义认为公司应该朝着移动互联网广告方面进行发展，因此，他给公司的定位就是做新兴市场，新兴市场也有两个方向：一个是传统的手机广告——移动互联网广告；另外一个是社交媒体化发展。

早起比较热的概念则是互联网的广告，搜索广告。包括后来比较流行的视频广告，在未来的几年时间里，移动互联网广告和社交媒体广告会不断增多的，这就让舒义看到了发展机会和方向。

什么是移动互联网？简单地说，就是将移动通信和互联网进行结合，两者形成了一体。随着中国移动通信的发展和互联网技术的发展，将这两大业务进行结合，从而形成了最具潜力的市场，它的增长速度要比其他行业快得多。因此，舒义预料到移动互联网可以创造出经济神话。

国家的创新能力，最终体现在这个国家所掌握的创新技术上。在新兴的行业中，企业要想得到发展，就需要学会创新。舒义意识到了这一点，他创建力美，进行移动互联网广告业务扩展。

"手机就是人的第二电脑，第二终端。这就是为什么做移动互联网广告！"舒义在接受采访时讲道。

舒义所创建的力美公司，在发展早期，客户群主要来自两个方面：一方面是针对WAP，另一方面则是智能手机起来以后的市场。舒义说，公司在努力给各种各样的品牌做APP，其中包括三星，赛百味等国际品牌，也包括一些国内品牌。

力美是一个比较务实的公司，他在做APP的时候，还会做出移动互联网营销方案。可见，舒义决心将移动互联网业务做得更大更好。

舒义正是看到了移动互联网的发展前景，才会大胆地进行创业。他为了能够更好地将移动互联网广告做得更好，便将公司迁到了北京。

对于一个优秀的年轻创业者来讲，应该具备一定的进取心，舒义就具备了这一点，他不安于现状，而是将目标放得更大，将目光投得更远，或许这就是他进军北京的原因。当然，除此之外，一个优秀的创业者还应该具备较高的现代化经济技术和敏捷的思维。

舒义对世界市场现状进行了分析，他认为中国移动互联网和国外移动互联网差距并不大，并且中国互联网还有很大的发展空间。

如果说舒义的成功和他具备预见思维有关，那不如说他看到了移动互联网广告的春天，懂得把握时机，懂得怎样利用时机打造出事业梦。

在一次采访中，舒义说道："未来三年五年内，做到国内移动互联网广告领域里面的前三。在移动互联网和SNS，最主要就是移动互联网。打造中国前三。"

对于一个创业者来讲，要想创业成功，除了努力之外，还要有发现机遇的眼光，如果舒义没有看到移动互联网发展的到来，恐怕也不会有力美广告公司的今天，更不会有舒义的今天。

机会对创业者来讲是十分重要的，而能把握住机会的人才是真正的成功者。舒义发现了机会并抓住机会，完成自己的创业梦。作为年轻的创业者，你可能没有过多的经验，但要拥有发现新兴市场的能力；你可能没有足够的资金，但是要有创造资本的勇气。

启示录　做最肥的市场

　　如果说舒义在做互联网广告代理商时，是为了能够脚踏实地创造出利润，那么在他做移动互联网广告时，就是在选择更肥的市场，创造出更大的价值和利润。

　　作为一个年轻的创业者，舒义拥有年轻人敏锐的创业机会思维，同时，也具备了创业者所具备的拼搏精神。他拥有洞察市场的能力，当其看到移动互联网有所发展的时候，会让自己企业得到更大发展的机会，能够把握住更肥的市场，这就是他创业成功的关键。

　　透过舒义的创业经历，不难发现，在创业的时候一定要做最肥的市场。对于初入社会，进行创业的年轻人来讲，一定要做最大的市场，市场大才能得到成功。大的市场才会拥有更多的机会，否则在一个小的鱼塘里再怎么努力拼搏，也就是那么大。如果舒义安于在成都有车有房的生活，那么他的发展空间也就是做腾讯地方网站的广告代理商，根本找不到更大的发展空间。

　　作为年轻的创业者，究竟要如何选择市场，发现最肥的市场呢？

　　第一，时刻学习。年轻的创业者要具备一定的学习能力，敢于接触新鲜的事物。所谓新鲜的事物，多半是发展的机会。尤其是在新鲜事物刚刚起步的阶段，很多人还不认可，此时如果年轻的创业者能够认可新事物，投入自己的心力，自然就能够获得更大的发展契机，得到更大的发展空间。因此，时刻保持学习的态度很重要。舒义在自己的企业获得一些成绩时，还能够到全国各地参加一些具有学习性质的会议，这就让他对移动互联网有了更好的认知，也促使他抓住这个发展的新契机。

　　第二，搜集信息。创业的过程，其实就是一个信息积累的过程。对刚刚步入创业行列的年轻人来讲，各方面的信息都可能成为自己创业的突破点。而对于一个创业中已经取得些许成绩的人来讲，信息则是其找到更大发展契机的机会。如果一个人安于现有的信息，不懂得接受最新的信息，势必会被社会所淘汰。如果舒义在成都创业有所成绩之后，只是吃喝玩乐，不再努力地掌握社会发展的最新动态，那么他就不会抓住进入北京投身移动互联网的机会，也就不可能有更大的成绩。可见，掌握社会发展的最新动态，把握新事物的最新消息对于找到最肥的市场是很有帮助的。

第三，聚焦、聚焦、再聚焦。年轻的创业者需要先将自己能做的事情做好，对于自己不擅长或者是不能干的事情先放在一边，做到扬长避短，利用长板理论。舒义在进行媒体创业后失败了，多半是因为他对这一行还不够了解，没有认识到这一行的价值所在。当其后来选择广告代理行业后，他才取得了创业过程中的进展。可见，创业者要先学着做自己了解的行业，在这个行业的开拓中，或许就能够发现最适合自己的大市场。

第四，敢于选择新事物。一个新事物的发展过程往往是需要一定的时间的，对于很多新事物的成长来讲，都是从不成熟到逐渐成熟的，因此，在这个过程中，需要有先见之明的人投入更多的精力，这样才能在自我发展的过程中带动整个行业的发展，而整个行业得到发展自然就能够让个人得到更大的发展。舒义在移动互联网还不算发达的阶段，选择了这个行业，在其努力之下，这个行业为其发展带来了更大的契机，可见，如果舒义没有勇气选择这一新兴事物，没有看到移动互联网的价值所在和发展空间，那么他也不可能成就如今的力美公司。因此，作为创业者，要想选择适合自己发展的行业，找到更广大的发展市场，就需要具备勇敢接受新鲜事物的能力，同时把握好时机。

第五，要能够坚持自我。一个人如果无法做到坚持自己的思想，而是跟风别人的思想，恐怕也无法找到适合自己发展的市场。舒义在进军互联网广告代理行业时，其朋友就提出了反对和质疑，如果此时的舒义听从了朋友的建议，放弃这一行业，那么我们今天可能就不知道舒义是谁。作为一个想要创业的人来讲，需要有勇气坚持自我，不能够被别人的思想所左右。尤其是在创业中取得小小成绩的人，更是需要坚持自己的策略安排，不能轻而易举地听信别人的建议和意见，否则很可能会让你走向创业的下坡路。

对于一个创业者来讲，要想创业成功，让自己的企业得到更大的发展机会，那么就应该选择好市场和行业。一个具备发展潜质的行业总会带给人们发展契机，而一个走向衰落的行业，即便再怎么努力，在创业的过程中，也很难实现成功。因此，真正的强者能够选择好创业的市场，让自己站在更大的舞台上进行能力的发挥，而不是选择一个小胡同，在巷子里寻找更宽广的道路。

★ 创业板 | 选择志同道合的合作者

古语有云："道不同不相为谋"。在当今社会，亦是如此，如果两个人的思想没有共同点，或者是没有共同的目标，那么，自然就不会走到一起去克服困境和享受快乐。

舒义在创业过程中，不难发现其选择对了合作者。在其创业初期，打算做互联网广告代理的时候，如果他没有选择"大成网"，那么，他可能就不会赚得人生的第一桶金。对于舒义来讲，"大成网"就是志同道合的合作者。

在当今社会中，年轻人寻求创业是一件值得鼓励的事情，然而，很多年轻人只想凭借一人之力来创造出事业，根本不懂得与人合作的道理。要知道，一个人的力量和智慧是有限的，真正创业成功的人，都会选择志同道合的合作伙伴。

对于年轻的创业者或者是对于缺乏经验的社会人而言，有一个或者几个志同道合的合伙人在一起参与是很不错的选择，合作者不仅能够降低你承担的风险，而且在创业重要关头，也会有人跟你一起想办法，给你出谋划策，大大降低经营者的盲目性和随意性。

既然选择志同道合的合作者十分重要，那么究竟要如何来选择呢？

选择志同道合的合作者，并非是凭感觉来乱选的，也不能抱着试试看的心态去做出选择，必须要以正确的态度，从多方面来考虑自己、审视自己，同时，也要对对方进行详细的考察和审视，从周围的环境以及切身利益出发，最终做出正确的选择。

首先，选择合作者，可以运用"互补原则"。作为创业者，可能缺乏经验和资金，在选择合作者的时候，可以根据自己的弱项，来选择好的合作者。舒义在选择合作者的时候，就是因为自己缺少发展的机会，而"大成网"正好有发展的机会。因此，作为年轻的创业者，可以将自己的弱项当作是选择合作者的重要依据。

其次，要有共同的目标。不管是在什么领域中进行创业，选择合作者的标准就是有共同的目标，或者是目标有共同点和重合点。只有这样，双方才会在工作中齐心协力，否则就会失去共同奋斗的动力。

再者，要树立良好的心态。作为合作者，难免会存在利益关系，此时要注意利益关系的合理性。比如在舒义与"大成网"合作中，舒义创造出了1100万的业绩，"大成网"则给了他500万，这就基本上达成了平衡。作为创业者，在利益划分上，一定要平衡好，不然就会产生矛盾，引发纠纷。

最后，还要考虑你和合作者个人性格是否适合一起创业。如果对方是一个刚愎自用、缺乏团队精神的人，那就不适合合作，更不适合合伙创业。人的性格是十分重要的，很多时候会影响到创业是否成功。因此，在选择合作者的时候，一定要考虑到性格因素。

当然，在选择了合作者之后，一定要做到相互信任，坦诚相待。舒义在和"大成网"合作的过程中，"大成网"对舒义的能力也是很信任的，不然也不会选择和他一起合作。对于年轻的创业者来讲，如果做不到坦诚相待，那么就很容易出现矛盾，从而导致分化。互相信赖是合伙成功的基础条件。如果寻找的合作者，是一个居心叵测、没有诚意的人，那么，对方就很难和你达成意见上的统一，甚至会影响到你的创业。

当然，相信他人很多时候也是需要冒一定风险的。然而，只要你选择了合作者，就应该做到"用人不疑"，只有这样才能共同扶持，实现创业的梦想。

舒义在创业的过程中，无论是对合作者还是自己的下属，都很信任。尤其是那些和他一起来北京打拼的工作人员，他很信任对方。因为他知道，只有相信对方，依靠对方，才能够创造出更大的价值。

对于年轻的创业者来讲，或许还不懂得如何来挑选创业的机会，可是，选择志同道合的合作者就是在为自己创业成功打造机会。

7

乔琬珊：用奖学金打造财富传奇的哈佛女孩

在哈佛的学习和生活，让她收获了梦想和信念；青藏高原的游历和见识，让她插上了飞向财富天堂的梦想之翼。于是，一个注定不平凡的哈佛女孩，用她的哈佛奖学金，成功打造了一个属于中国的品牌，以及一段属于她的财富传奇，她就是灵思涌动的乔琬珊！

创业
没那么难

引 言

她是一个80后的哈佛女孩。

她行走青藏高原，无意间寻找到了商机。

她用1.5万美元的奖学金，打造出了牦牛创意品牌。

她未满30岁，却创建了具有人文关怀的奢侈品牌——Shokay。

她师从哈佛，却希望行万里路，见万重景。她虽为女性，却充满社会责任感，当她看到生活困苦的人们，她明白了自己的理想究竟是什么。她没有创业的经验，却拥有创业的勇敢。她没有显赫的家世，却拥有勤奋的行动。

当她看到"牛身上的毛很软，可以与羊毛媲美"这句话时，她灵感乍现。牦牛，这个神圣而常被人们忽视的动物，就成为她实现创业梦的关键。当她将Shokay第一次展现给世人时，注定了她会成为创业者中的勇者。她就是哈佛女孩乔婉珊，一个外表甜美，内心勇敢的女孩。

读万卷书不如行万里路

乔婉珊祖籍台湾，出生在美国，7岁时，回台湾就学，在台湾她完成了小学到高中的学业，2000年就读于美国宾夕法尼亚大学，2004年，进入哈佛大学攻读研究生。在上学时期，她就十分关心社会问题，参与了很多社会问题锻炼的项目，这些经历，让她对当今社会现实有了深刻的了解。

乔婉珊进入哈佛攻读研究生时，学习的专业为公关管理与国际发展，因此，她在上学期间就开始思考，要用什么样的商业模式来解决一些社会问题。

在2006年的时候，正在哈佛读书的乔婉珊和好朋友就开始探讨，为什么有些国家很穷，有的国家却很富裕，缩小到城市中，则是某些族群很富裕，而有些民族则很贫穷。

乔婉珊喜欢旅游，她去过世界上的很多国家。大三的时候，她去了智利，从而让她对贫穷这个字眼有个更为直观的认识。

乔婉珊发现，智利在南美算是比较发达的国家，而走到秘鲁、玻利维亚等国家，乔婉珊明显地感觉到这些国家人民生活的比较艰辛。看到不同国家贫富差距如此之大，乔婉珊就开始思考为什么会出现这种情景。

乔婉珊生活在一个比较富裕的知识分子家庭中，可以说是衣食无忧的，而这次旅行，让她知道了贫富之间的真实差距。此时，她便暗暗下定决心，要创造财富，救济贫穷。

怀揣梦想的乔婉珊，开始了她的梦想之旅，她将考察的重点放到了比较落后的地区——中国西部。

行走在青藏高原

2006年，乔婉珊和她的香港同学，一起来到了中国云南。虽然在此之前，乔婉珊内心就有一些想法，但是她觉得自己还是很有必要到当地进行详细考察的。因此，到了云南之后，她还连带到了青海省进行考察，在那里她第一次看到了牦牛。

虽然这次考察，让乔婉珊对当地的生活状况有了基本的了解，但是要从什么地方着手开始自己的创业计划呢？

在几个月的时间里，乔婉珊和朋友并没有找到答案。就在一筹莫展的时候，她想起了自己曾经去过的南美，她找到了中国西部和玻利维亚的相同点：两个地方都是海拔最高的高原，最重要的是两个地方各有一种独特的动物。它们就是南美羊驼和中国西部的牦牛，这两种动物在某些方面还是十分相似的：全身都有厚厚的毛。

乔婉珊意识到，牦牛其实全身上下都是宝。比如，牦牛身上粗的毛可以用来做地毯、帐篷，细的绒毛可以用来做衣服，甚至是牦牛的粪便也是一种能源，可以用来盖房子，牦牛的奶可以做成不同口味的酥油奶茶和奶制品。世界上大约有1.4亿头牦牛，而大部分牦牛都在中国西部。随后，她看到了联合国出版的一本书中有这样一句话："牦牛身上的毛很软，可以与羊毛媲美。"乔婉珊意识到牦牛绒是可以制作成衣服的。

乔婉珊发现，牦牛绒虽然可以做成衣服，但是这些衣服都是牧区的人们自己手织的，主要是自己和家里人穿，市场上很少有人卖牦牛毛制成的衣服。经过调查，她还发现，国内很多纺织厂家并不善于产品的拓展和研发，基本上是国外市场需要什么，厂家就做什么。而国外设计师，不知道中国的牦牛绒这种材料可以制作服饰。于是，乔婉珊下决心在牦牛毛衣服上做文章，用自己的力量去帮助牧区的群众脱离贫困，缩小同东部发达地区的贫富差距。

当时，社会上有很多国家都用社会企业的方式去解决当地贫困问题，乔婉珊也把想法锁定在这个思路上。所谓的社会企业，就是用一个商业模式去解决社会问题，而乔婉珊要解决的社会问题就是提高藏区人们的现金收入，利用当地人有的资源及牦牛，通过设计和品牌将其带到市场上，乔婉珊立志要创造一个"社会型企业"。

在当今社会，"社会型企业"已经成为企业发展的新类型和新形势。与传统企业所不同的是，这种商业模式能够为社会做出贡献，并且将为社会做出贡献作为是该型企业的首要任务。孟加拉国的格拉门银行就是典范，这家银行会为国内许多小企业提供低息贷款，目的是为了帮助这些小企业生存下去和发展壮大，并为求职者创造工作岗位。因此，该银行的经济学家尤诺夫荣获2006年诺贝尔和平奖。尤诺夫认为，如果将给予富人一样的机会，给予穷人，穷人也是能够摆脱贫困的。他的这一想法，对乔婉珊触动很大，乔婉珊意识到贫穷就是缺乏机会，贫困的人没有办法拥有选择的机会，而富裕就是有非常多的选择机会，乔婉珊希望通过自己的"社会型企业"能够带给贫穷人们一种机会。

对中国西部的这一次考察，让乔婉珊的创业思想变得更加的成熟，她对自己创业方向已经有了初步的打算，乔婉珊决定利用牦牛绒打造出自己的理想。

用哈佛奖学金创业

从小就喜欢尝试的乔婉珊，充满了创新的思想。比如她到餐厅点东西，很多人都爱固定点某一种，而乔婉珊则喜欢点不一样的食品，她想要尝遍各种口味。乔婉珊在接受一次采访时说道："我是双子星座，喜欢尝试。"

或许正是她这种喜欢尝试的性格，让她对创业充满了好奇。

在25岁的时候，乔婉珊毕业了，她带着自己内心满满的希望，踏上了社会，开始了她实现梦想的征程。

打造一条从牦牛绒到成品服装的崭新实体店，用商业形式带动藏区的经济发展。乔婉珊通过努力工作，践行着自己最初的理想。

创业对于年轻人来讲，或许最大困难就是没有足够的创业资金。在2006年，乔婉珊和合作伙伴经过努力学习，拿到了哈佛大学1.5万美元的奖学金。这就为她的创业提供了起步资金，也让她的创业思想得到了实现。

这次，乔琬珊的尝试让朋友和父母都倍感担心。乔婉珊说，当时自己的同学在毕业后，大部分都去了银行等领域工作，"我父母送我去哈佛读书的时候，没想到女儿是牵着一头牦牛走出哈佛大门的。"说起这，乔婉珊忍不住大笑。

创业是通过自己发现的信息和资源，通过一体化的方式转化成现金和价值，所以成功的创业者要具备两种能力：一种是创新能力，就是要有很多点子；另外一种就是实践执行能力，就是要能够将点子通过行动转化成财富。第一种能力乔婉珊从不缺乏，而很多创业者创新性很强，却缺乏实际操作，致使很多好创意仅仅停留在纸上谈兵的阶段。作为创新的人来讲，利益往往不是他的第一兴奋点，没有将焦点放在经营上头，而只是放在事情本身最吸引人的地方。

从拥有创意到创意实现，有一条很远的路程。勇于实践，持之以恒，是成功的前提条件。乔婉珊知道梦想需要用自己无限的努力去实现，于是，她注册了自己的公司，并将自己的服装品牌起名为Shokay，中文意思就是牦牛，这不仅仅是她的服装材料，还因为她认为牦牛看似憨厚温柔，其实内心倔强，耐力持久，不达目的决不罢休，乔婉珊希望能在创业路上沿着自己的梦想坚持下去，最终达到理想状态。

乔婉珊创造了属于自己的品牌，她希望Shokay能够成为中国具有民族特色的和有社会责任感的奢侈品牌。

直线模式，曲线营销

乔婉珊有一个宏伟的商业计划，从牦牛绒到成品服装，她决定都由自己的公司制作，这样能够减少环节，减少成本，将节省下来的钱，返回到牧民和加工服装的工人手中，实现她创办社会企业的理想。乔婉珊在接受采访时说："因为我们是在创造一个新的产业链，完全以牦牛绒为主，从原料的生产到加工到设计，到消费者手上，这一条龙，我们都在掌握。"

在收购原料方面，乔婉珊也是通过直接向牧民收购的方式进行的，没有中间商，这样就能够让乔婉珊感受到自己到底能够帮助多少藏民。虽然在最开始的时候，收购过程中也碰到了困境，但她还是会为藏民的纯朴所感动，乔婉珊回忆道："即使他们一无所有，他们也要热情地给客人倒酥油茶"。

在收购过程中，牧民的怀疑乔婉珊很理解，因为面对几个号称收购牦牛绒的陌生人，当地藏民怎么知道其究竟的用意和居心。第一天，根本没有人出售自家的牦牛绒，第二天的时候，依然没有收到牦牛绒。几天后，才有一个人试探性地拿了一袋子牦牛绒来到乔婉珊面前。看过后，乔婉珊发现牧民拿来的毛太过粗糙，便要求他分梳好了再拿回来。之后，这位藏民又拿着分梳好了的细牛绒过来，双方这才成交，这也是乔婉珊成交的第一批牦牛绒。

通过时间的慢慢积累，乔婉珊收购的生意也慢慢做起来了。她认为人与人之间的信任也是一点点建立起来的。然而，当成卡车的牦牛绒到手的时候，乔琬珊或许也并不知道自己将如何走下去。

从牧民手里直接采购原材料的做法，也引起很多同行的质疑和怀疑。很多纺织企业的同行认为，去如此偏僻的地方进行直接收购和进行人员培训，实在是大大提高了成本。如果只是做一个纺织品企业，完全可以直接向生产厂商购买材料，这样还能减少运费，降低风险和成本。可是，乔婉珊却不这么做。

藏区牧民的收入并不高，他们日出而作，日落而息，靠蓄养牛羊来维持收入，衣食住行的材料很多都是直接来自牛羊身上，赚取现金对他们来讲是一件比较困难的事情，要想获得现金，必须跑到城市去打工，由于牧民的受教育水平普遍不高，也没有一技之长，进城后只能够用体力来换取金钱，收入一般都比较低，所以进城牧民的生活状态并不好。

乔婉珊一直在考虑，有什么办法能够让牧民既不离乡背井，又能够赚取现金，改变生活。乔婉珊发现，梳牦牛绒是藏区人世代相传的传统文化的一部分，所以他们完全可以利用自己传统文化、梳毛的方式跟生活的方式，来获取现金。

乔婉珊认为，通过增加牦牛养殖的经济价值，也为当地人创造了就业机会，这样不仅能够让当地牧民对自身独有的本土文化产生认同感，同时也能够让藏民在生活上过得更好。

乔婉珊在藏区收取牦牛绒的时候，发现藏区妇女的疾病很难得到治疗，她们得的都是小毛病，如果及时发现及时就医，很快就会痊愈，但是由于当地经济水平低下，很多人生病时没能及时就医。看到这种情况，乔婉珊就带藏医进到各家各户，为她们做一些疾病健康治疗。

在藏区，乔婉珊解决了产品原料问题。在加工环节，她将目光投向了中国东部。经过考察发现，在经济发达的农村，土地都被征用，农民没有了土地，男人们都纷纷到城市去打工，而妇女们则是留在家里照顾孩子，这些农村妇女，就形成了一个庞大的剩余劳动力群体。于是，乔婉珊就决定在上海的崇明岛，对这些妇女进行培训，然后编织服装。

经过两年多的努力，2008年，Shokay旗舰店在上海田子坊开业，在上海这个大都市中，田子坊以其特有的气质，展示着世界产业的未来。令乔婉珊自豪的是她的牦牛成为其中一道亮丽的风景。

做中国的奢侈品牌

乔婉珊知道每头牦牛只能出产100克左右的上好牛毛线，并且都是由藏区牧民人工梳理出来的。于是，Shokay就与西部青海内超过2600名当地人一起工作，从当地人手中直接购入牦牛绒。这也决定了Shokay只能走奢侈品的路线，在乔琬珊的店铺中，可以看到一朵饰品花的市场价为220元，而一条围巾的市场价则为770元。乔婉珊认为即便是这个价格也不是极其奢侈的。

相对于羊毛绒来讲，牦牛绒更显得珍贵，全球可出羊毛绒的山羊数量超过了10亿头，而牦牛数量却少得多。牦牛绒的分子结构是呈现波浪形镶嵌状态的，这也就表明牦牛绒更加柔软、没有刺激性，这就让牦牛绒更具备奢侈品的特征了。

可是，最让乔婉珊苦恼的是，怎么样才能够得到世界认可呢？

开始的时候，她即便是很耐心地将"牦牛绒"介绍给客户，对方还是会问，这些是不是从羊身上剪下来的。可是，乔婉珊坚持认为"80%的牦牛绒出产在中国，带动这个行业的也必须是中国。"这是个远大的理想，乔婉珊坚信这个理想是会一点点变成现实的。她在创业的过程中虽经有数次失败，曾尝试过将牛绒跟丝、羊毛等材料混纺在一起，可是结果并不理想，但幸运之神还是很眷顾这个有理想、有胆识的女孩，她用切实的行动，最终实现了自己的理想。

目前，乔婉珊创立的品牌织品已经开始出口到国外，日本、美国、欧洲等很多国家和地区都能看到Shokay的影子。在全球范围内，乔婉珊已经拥有了100多家门店。

乔婉珊希望与自己合作的牧民能够扩展到1万户，这样的愿望不仅仅是为了Shokay的发展，更是希望通过自己创建的品牌，给藏区人民带来更多的收入，让他们摆脱贫困，能够过上更好的生活。

2010年的时候，跟她合作的农牧民达到了3000多户，到了2011年，牧民已经扩大到1万多户。当地农牧民不仅为乔婉珊提供了优质的牦牛绒，还手工为他们编制一些饰品。目前，Shokay所生产的产品包括纱线、家居饰品、成人饰品、小孩玩具等。

乔婉珊不仅仅是一个年轻的创业者，更是一个极具社会责任心的年轻人。她希望自己所创立的企业能够将西部贫困地区、城市边远地区和高度发达的城市及国际市场产业链进行结合与衔接，达到资源共享、优势互补。从而，创造出属于中国的奢侈品品牌。

乔婉珊说自己的梦想是：以后人们想到牦牛绒或者是看到牦牛，就能够想到Shokay。在更远的将来，人们一想到来自中国的奢侈品牌，就会想到Shokay。她更希望Shokay能够引领"既具异域风情又具社会责任的奢侈风尚"。

灵思涌动，从无变有

如今，人们可以看到Shokay的品牌LOGO就是一头牦牛的剪影，牛背上则是传统的中国结图案。

虽然乔婉珊在收购牦牛绒和加工过程中遇到了很多困难，但是她却没有放弃。在短短的几年中，Shokay的织品已经远销国内外，逐渐被国内外的消费者认可。

2009年的时候，乔琬珊因为Shokay创造的这种直接从藏民手中收购牦牛绒，经过加工后将成品销往国内外的商业模式，成为"卡地亚灵思涌动女性创业家奖"亚太区决赛入围选手。这个奖项是面向全球所有国家和行业内，以女性为领导和具有影响力的公司，主要是表彰那些在各个领域中，具有创新思维，实现创业梦想，或为创业梦想实现做努力的女性们。

乔婉珊之所以会报名参加这次活动，主要是觉得这个奖项和自己的梦想不谋而合。这个奖项十分重视创业女性所创立的企业的社会效益，它不单单是看创业者是否能够成为未来成功的女企业家，更注重的是企业带来的社会效益，这个双重的衡量标准，正好符合乔婉珊的"社会企业"的构想。

对于参赛的选手，"卡地亚"都会针对选手个人，为她们聘请指导老师。大部分选手主要是在语言方面需要进行指导，因此，"卡地亚"为她们聘请了英语老师。而出自哈佛大学的乔婉珊自然不存在语言表达能力方面的问题，而是需要在企业经验方面多学习。基于这一点，"卡地亚"为她聘请了一位在北京和上海有两家大饭店的女企业家——米歇尔。

米歇尔也非常支持"灵思涌动"活动，因此，乔婉珊通过对米歇尔创业经验的了解，也学到了不少东西。

经过这次大赛，乔婉珊和她的Shokay终于在世界上有了小小名气，乔婉珊和她自己的事业也迎来了发展的黄金时代。藏区和崇明岛的人们，也因此得到了更多的实惠，他们的年收入以30%的速度在增长，在此期间，乔婉珊也慢慢地形成了自己的产品定位。

在此之前，Shokay所走的路线并不是时尚路线，而是比较经典的路线。因此，她所生产的产品都是典藏品，同一款产品在不同的季节可能有不同的穿法。因此产品的材质也是很好的，就像一件羊绒衫，可能穿了20年还是非常的保暖。

2012年1月，新一届"卡地亚心思涌动女性创业家奖"活动开始了，乔婉珊又一次来到了现场，这一天她将自己的经验传给了新一届参选的女性创业者。乔婉珊认为这就是一年又一年的轮回，是女性创业者为社会创造的经济效益和社会效益。

如今，乔婉珊从一个什么都没有的哈佛毕业生，成了一个成功的女性创业家。当问起她什么样的人才是成功人士的时候，她的回答出乎意料："身体维持得很好，跟家人的关系也非常融洽，在事业上也有一番成绩，平常都说人最成功的就是这个样子，而不一定是钱赚最多的人。"

除了理念和品牌，我一无所有

乔婉珊在一次接受采访时说道："除了理念和品牌，我一无所有。如果卖原料，我们没有优势，我们不是贩卖者。我们也没有自己的工厂，必须跟加工厂合作。"

在创业初期阶段，虽然有人建议她不要将加工环节放在国内，完全可以将这一环节放到意大利。可是乔婉珊却没有那么做，因为她有自己的想法。牦牛的英文是Yak，然而在英文中，这个单词还有着"饶舌，废话"的意思。显然，这个单词是不适合做品牌名的，于是，乔婉珊选择了用Shokay。有朋友建议她将最后一个制造步骤放在意大利，目的是能够打上MADE IN ITALY的标志，这样一来对其做奢侈品市场是有帮助的。可是，乔婉珊却不这么认为，她说自己就是要做MADE IN CHINA的东西。她不会违背自己的理想。

乔婉珊希望制造出中国的奢侈品品牌，因此，她就是要做MADE IN CHINA的商品。她这样做正是其理想的要求。毕竟做中国的奢侈品牌，是这个心很大的女孩的另一宏愿。乔婉珊的理想就是希望能够在以后的发展道路上，让更多的人提到中国奢侈品的时候，能够在第一时间内想到Shokay。

在Shokay的品牌产品中，平均每件500元左右的价格，虽然对于很多人来讲这个价格并不算太高，但是对于一般的消费者来讲，接受这个价位的产品还是相当困难的。乔婉珊也考虑过在产品中加入棉来降低成本和价格，由于请来了纽约等地的高级设计师，Shokay虽然并没有像乔婉珊预料的那样成为一家纺织品公司，反而迅速成为了一家具有特点的公司。

乔琬珊有自己的品牌理念，在其品牌Shokay理念上就十分领先，具体体现在创业者能够将社会责任感融入企业创办的初衷，同时，在产品生产线之外，还可以提供定制服务，Shokay在上海崇明岛组织了很多在家闲置的女性进行手工编织，这就为当地的女性提供了就业机会，与此同时还能够照顾到家庭生活，这也是手工编织Shokay的品牌内涵。

乔琬珊认为，自己并不是一家纯粹的时尚品牌，因为她希望自己能够与牧民和织娘一起合作，从而提高他们的经济收入。因此，乔琬珊会选择一切从源头开始做起，这就是社会企业与创投商业模式的差别所在。

如果乔琬珊接受了同行的建议，自己的公司只负责设计产品，将加工交给其他工厂，那么她可能无法实现自己提升贫困人群收入水平的愿望。

在中国做生意，乔琬珊也并非是一帆风顺的，她也碰到了一些困难。在接受采访时，她回答道："在中国的一个问题是很难与当地的生产厂家打交道。中国厂家都擅长于批量生产，因此工厂会有较高的最低数量要求。例如给产品染色，如果是一个意大利的作坊，5公斤就起做，而中国的工厂却需要50公斤。意大利的作坊惯于接受小订单，作坊本身也较小。但中国工厂规模都比较大，因此最低起做量也很大。"

更为重要的是，乔琬珊意识到，很多工厂不仅不懂得按时交货，还缺少质量控制，很难实现国际标准交货日期的诚信。即便如此，乔琬珊还是始终相信，她也在通过自己的行动让合作者相信，她正在拓展一个潜力巨大的市场。

除了理想和信念，我别无所求

乔琬珊想要将Shokay打造为一个社会企业的孵化器。不仅如此，在乔琬珊最初的愿景里，Shokay只是很小的一部分，她希望通过自己的企业能够让更多人对社会企业感兴趣，即便这些人在开始缺乏相关的经营管理经验，希望能够通过对Shokay成长过程的了解，来获得发展社会企业的经验。乔琬珊希望人们能够通过Shokay成长过程中的成功或失败的教训来实现更多人经营社会企业的梦想。

心有多大，梦就有多大，乔琬珊早就描绘出了未来的发展蓝图，她的牦牛产业也将会得到更多人的认可。对于乔婉珊来讲，或许企业的商业利益是远远不如社会责任重要的。

一个创业者要想让自己的企业做得更大，恐怕离不开他的理想和信念。当然，对于乔婉珊来讲，自己的理想不仅仅是能够创业成功，更重要的是能够通过自己的企业来帮助更多贫困地区的人们过上富裕的生活，让更多的人加入到"社会企业"的行列中。

在一次接受采访时，记者问她创意和坚持哪个重要。乔婉珊回答说都很重要，无论是有创意没有坚持，还是有坚持没有创意，在前景方面都是无法成功的。那么乔婉珊在创业中，究竟在坚持什么样的信念呢？

乔婉珊的信念不是自己要赚多少钱，而是能够让多少贫苦的人们获得更多资本，提高贫苦人们的生活水平。这也许就是她的信念。

对于创业者来讲，恐怕都希望能够获得成功。那么怎么样才算是一个成功人士呢？乔婉珊认为成功人士不一定是获得金钱最多的那个人，而是自我能够身心健康，能够和家庭成员和谐相处，在自己的事业上取得成绩的人。

对于一个不将赚取金钱当作唯一目的的创业者来讲，她的身上渐渐地就会充满社会责任感的光芒。乔婉珊就是通过自己的行为来脚踏实地地实现着自己的梦想。或许，她不是赚钱最多的那个人，但是她绝对属于一个成功人士。

作为年轻的创业者，缺少创业经验和资本并不可怕，可怕的是在创业初期就缺乏理想和信念。当记者问起乔婉珊对企业的下一步打算和计划时，她回答道："将上海的旗舰店扩大，变成一个可以让消费者体验故事的地方，结合科技的运用和天然的材质，进去有点像现代博物馆的感觉。"可见，乔婉珊在为了自己的理想进行努力。

启示录　梦想才是最大的财富 ━━━━━━━━━

马云曾经说过："第一，有梦想。一个人最富有的时候是有梦想，有梦想是最开心的。第二，要坚持自己的梦想。有梦想的人非常多，但能够坚持的人却非常少。阿里巴巴能够成功的原因是因为我们坚持下来。在互联网激烈的竞争环境里，我们还在，是因为我们坚持，并不是因为我们聪明。有时候傻坚持比不坚持要好得多。"

每个人都应该有属于自己的梦想，或许你的梦想是十分渺小，又或许你的梦想过于平凡，可是，一个拥有梦想和理想的人，才是最幸福的人。

对于年轻人来讲，在很多时候失败，并非是缺乏经验造成的，而是因为缺少自己的目标。目标也就是自己创业的方向，而决定自己创业方向是否正确的关键，则是梦想。可以说，梦想是一个人前行的指路标。

对于乔婉珊来讲，在她第一次来到青海，看到牧民们的生活如此艰辛时，她的内心受到了撞击。此时，她明白自己的梦想就是能够让这些人们过得好一些，通过自己的创业，让这里的人们生活水平有所提高。紧接着，当她带着自己的信念，继续发展牦牛绒企业的时候，她就是在朝着自己的梦想前进。

一个拥有梦想的人是有激情的，无论是生活也好，还是工作也罢，拥有梦想的人时刻都会感受到充满奋斗的动力，而没有梦想的人，如同行尸走肉，根本找不到自己奋斗的方向。对于一个想要创业的人来讲，更是需要梦想，如果在创业初期都不知道自己为什么要创业，要怎样实现创业成功，那么恐怕创业也只是空口说说，根本找不到创业的途径。

梦想，是一个目标，是让一个人快乐的源泉。对于乔婉珊来讲，如今她的企业已经获得了发展，她已经通过自己的努力，让很多生活困苦的人们得到了幸福，她会因此感受到梦想实现的快乐，恐怕这要比她获得多少金钱更能让她感到激动。

对于年轻的创业者来讲，或许你的梦想没有那么的伟大，或许你只是为了改变自己的生活现状，让自己过得更好而进行的创业，可是，即便如此，你也会感到自己充满动力，在创业过程中遇到困境，也不会惧怕，这就是梦想的力量。

俗话说得好，心存希望，幸福就会降临；心存梦想，机会就会笼罩着你。对于年轻的创业者来讲，心存梦想，就会想办法去发现和挖掘实现梦想的机会，拥有了机会，梦想就算实现了二分之一。

对于乔婉珊来讲，正是因为她拥有梦想，才让她拥有了创业的动力，即便在实现创业的过程中，遇到了很多困难和别人的怀疑，但是她并没有放弃。对于拥有梦想的人来讲，能够坚持梦想则更为重要。

如果作为年轻的创业者，只拥有梦想带来的创业激情，而不拥有梦想带来的克服艰难的动力，那么也是无法实现创业成功的。没有人的成长过程是一帆风顺的，在创业的过程中，势必会遇到挫折、磨难。而此时，如果你能够坚持自己的梦想，用梦想的力量来克服困境、化解磨难，那么你定然能够像乔婉珊一样实现自己的理想，最终成功。

成功的人之所以成功，是因为他们懂得坚持，而梦想的坚持则具有更大的力量。无论现在的你处在创业的初级阶段，还是处在创业的成功阶段，梦想都会是你继续前进的灯塔。如果你只是希望创业，却没有一个明确的方向，不要着急，先问问自己的梦想是什么，问问自己究竟能不能坚持去实现自己的梦想。

⭐ 创业板 | 一个创新理念的价值

拿破仑曾经说过："点子的身价是没有上限的。点子是所有财富的起点。"他所说的点子恐怕就是思想上的创新和理念上的创新。

人的思想具有巨大的能量，当然，人的潜能也是可以开发的。对于一个想要创业的人来讲，需要做的就是能够找到创业的新起点，也就是创业的新理念。如果创业没有好的理念，恐怕只能走别人走过的路子，最终也只能是按照别人的思想做事情。

对于乔婉珊来讲，在她看到牦牛的时候，她的内心就起了波澜，而当她意识到牦牛绒的可贵时，她就明白这是一个不错的创业之路。可见，她具备创业者应该具备的创新思维。同时，她具有一双善于发现机会的眼睛，从而促使她很快寻求到创业的方向。

如果年轻的你想要拥有创新的理念，究竟要做到哪几点呢？

首先，要善于观察生活。通过乔婉珊的创业经历可以发现，她是一个比较细心的人，她对待自己身边的事情都会细心地观察。当她和伙伴来到中国西部进行考察的时候，她意识到这里的人们生活得并不是那么富裕。当她决定改变这里人们的生活时，她却无从下手。此时，当她看到了牦牛，观察到当地人们会自己用牦牛绒手织衣物时，她发现了商机。机会就存在于我们身边，只有细心观察的人才能够找到自己的创业方向。

其次，敢于尝试。对于一个人来讲，如果能够做到敢于尝试新事物，那么自然就能得到比别人更多的机会。创业在很多时候，是需要敢于做"小白鼠"的人，即敢于去当第一个吃山药的人。如果你不敢尝试，只想跟随别人的脚步前行，那么你的梦想恐怕很难实现了。

最后，年轻人要善于思考。真正的成功人士，多半都是善于思考的人，他们的大脑在做不停的运转，他们会时刻关注那些新奇的事物，然后寻找到商机。对于乔琬珊来讲，当她发现牦牛绒具有很大的开发潜力时，她在努力地思考究竟要怎么样来通过牦牛绒创造出价值。

对于年轻的创业者来讲，理念的创新往往能够让其在创业的过程中获得更多金钱之外的东西。乔琬珊在进行创业之初，就希望能够通过自己的创业过程来改变藏区人们的生活状况，提升他们的生活水平。通过"社会企业"的理念，来感染更多的人，让更多的人在创造财富的同时，具备社会责任感。如果乔琬珊没有如此前卫的理念，恐怕她的企业不会得到如此好的发展，也不会得到如此多消费者的认可。

在乔琬珊创业之初，她很清晰地知道自己想要的是什么。因此，她坚定自己的创业道路，走MADE IN CHINA的企业发展之路，她希望让世人在想到中国奢侈品的时候能够想到Shokay。

如果如今的你也在期望创业，那么不妨先从自己的理念做起，进行创新。当然，所谓的创新理念，并非是指所有与众不同、稀奇古怪的理念，而是那些具有发展潜质的理念。

对于一个想要创业成功的人来讲，他需要做的就是先从理念进行创新，挖掘创新理念的价值，从而进行实际行动的创新，最终实现自己的创新思想。年轻的人，不要只是懂得走别人的老路，要懂得走出属于自己的一条道路，成为别人的创业楷模。

8

杨明平：从火锅创业到超级课堂的蜕变

什么样的大学生，敢在大三就接手营业收入超百万的火锅店？什么样的毕业生，敢在陌生的蓝海纵身遨游？又是什么样的创业家，敢突破传统的教育模式，用全新的教育方式打造出网络互动的超级课堂？

创业
没那么难

引 言

他是不安于现状的大学生，敢于打破传统教育模式。

他是成功的火锅店老板，年收入几百万。

他未满30，却拥有几千万的身家。

如果说他创业的成功，凭借的全是年轻人的激情，不如说他能够成为创业家，凭借的是创新与突破传统。如果说他有年轻人的魄力做支撑，不如说他找到了好的合作伙伴和组建了一个令人羡慕的团队。

他的教育模式吸引了上万户家庭的目光，他创办的教育模式，让更多的孩子变得热爱学习。他本是火锅店老板，却成功地蜕变成为超级课堂的创始人，究竟他走了一条怎样的创业之路？

大三开餐厅亏本十万多

无论是有"大学生心灵导师"之称的李开复，还是"创业教主"周鸿伟，都在不停地劝告大学生"不要直接创业，要先进入社会积累经验"。似乎大学生创业是毕业之后的事情，即便是大学毕业，也不应该直接创业。但是事实真是这样吗？

对于大学时期的杨明平来讲，创业和毕业没有任何关系。他在大三的时候就开始创业，当然，在创业之初，他也曾问过自己为什么要创业，为了梦想、金钱还是社会责任？自己究竟是要在哪个行业进行创业呢？

杨明平有一个双胞胎的哥哥，叫杨明泰，两个人当时都在杭州上学。他在上学期间认识的好朋友朱亮，成为其日后创业的好伙伴。三个人都是在2002年的时候，进入浙江大学信息学院就读，或许是缘分，他们很快熟识起来。

杨明平是一个"不安分"的年轻人，他希望自己的人生能够有意外发生，无论是好是坏。或许是因为三个人骨子里都充满了创业者的激情，他们很快就开始在一起研究创业的事情。

2005年的时候，三个人在浙江大学紫金港校区南门外创办了号称"在校大学生创办的第一家"餐厅——星空餐厅。

在开餐厅初期，杨明平认为"开餐厅就如同捡钱"。因为餐厅的前任老板说"3毛钱1斤的青菜，随便一炒，就能卖到8块钱。"于是，杨明平将希望全部寄托在这家餐厅的经营上。

更为重要的是转让费很低，这让杨明平觉得机会难得，24万元的店面装修，加上若干月的房租，6万元就可以拿下了，杨明平觉得这是难得的好机会。

店铺接到手之后，很快就开张了。此时，杨明平和他的两个合作伙伴遇到了第一道难题：厨师、服务员去哪里招？杨明平回忆说：在当时，看到满大街穿行的都是人，可是就是找不到自己想要的那个。最终，没有办法，他们找到浙江大学城市学院的一家餐厅，暂借了厨师。

做饭厨师的事情解决了，紧接着难题又出现了。食材的采购，让三个男生傻了眼。同样是青菜，品相好的一斤卖8毛，品相差一些的卖到3毛。厨师本来买的是3毛一斤的青菜，报账时说"是8毛一斤买的"。当时的杨明平根本没意识到其中的蹊跷，即便有时一斤猪肉拿回来看似只有八两，但他也不可能一一把关。除此之外，一瓶啤酒，隔壁大饭店采购量大，则按照批发价走，只需8毛一瓶，卖给杨明平的小店就要贵上一倍。

再者就是服务人员人数的问题，因为是在学校周围，店里的顾客多半是学生。周末学生不上课，店内客人爆满，热盘出菜的速度很难跟上客人的需要，这样就很容易得罪那些性急的顾客。而平时，店铺客人比较少，总有几个服务生闲置下来，这样也要照发工资，无意间就增加了开支。再加上服务员的素质良莠不齐，有的人对待顾客的态度很不好，直接就影响到了餐厅的生意。这些问题，在餐厅刚刚开业的时候，杨明平根本没有意识到。到了年终盘点的时候，杨明平三人才发现餐馆亏了十多万元，这对还是学生的杨明平来讲，绝非是一笔小数目。

面对如此大的亏空，三个创业狂人却没有感到畏惧。他们坐下来开始进行理性的分析：厨师贪污、克扣现象的出现，主要是因为制度惹的祸，因为3毛一斤的青菜和8

毛一斤的青菜究竟区别在哪儿，菜品采购也是很难标准化的；至于服务员的素质，很多时候在生意繁忙的时候，顾客要求三五分钟就上菜，那也是强人所难，这些在制度上都是有漏洞的。因此，出现亏空也并非不可理解之事。

面对十几万的亏空，杨明平就开始想，究竟要怎样经营，才能够避免出现问题，并且很快地弥补上亏空呢？

火锅创业年入百万

杨明平意识到开一家能够量化菜品、标准化管理的餐馆，才是星空餐厅起死回生的关键所在。在三个人的商讨之下，他们发现餐厅可以改做火锅馆。原因有二，第一火锅菜品以猪羊牛肉为主，这些食材都是供货商定期送上门的，菜品质量和数量自己可以把控。第二，火锅属于自助服务，服务员只要将顾客需要的菜品端上桌子，就没有什么事情了，服务人员也就能适当减少，服务质量也可以提高。

三个人一致认为这是一个不错的想法，可是面对已经亏本十几万的餐厅，他们再改做火锅馆，只能是摸着石头过河。第一天的时候，他们先尝试着将两张桌子改成了火锅，发现供不应求，慢慢地再将四张、六张……改成了火锅，最终，150平方米的店面顾客爆满，学生源源不断地来到餐厅进行消费。为了能够扩大经营，他们不得不将店面扩大至400平方米。

此时，杨明平有了创业成功的感受，每天看到店内一顿晚饭可以从下午四点钟开始吃到凌晨一点多，桌子还是那张桌子，而顾客已经轮换了好几拨。就这样经营了一个月的时间，三个人发现过去一年的十多万亏空竟然在一个月内赚了回来。这种欣喜是三个人从来没有体验过的。

时间过得很快，三个人发现自己即将毕业了，这是个人命运的分界点，不同的人会有不同的选择。即便此时杨明平的火锅店经营的如日中天，可是是否扩大规模，开若干家连锁店，做一个全职的火锅店老板，让杨明平有了犹豫。

对于很多年轻人来讲，看到火锅店已经盈利，很可能会放弃其他想法，专心投入在这一条创业道路上。可是杨明平他们却不这样想。

杨明平在餐饮行业做了有一年多的时间，他就发现餐饮业完全属于微利行业。而对于火锅馆而言，若是一天的营业额仅仅只有10块钱，那么，其中3块钱要发给工人，3块钱用于菜品采购，还有3块钱可能要付了房租和水电费，纯利也不过只有1块钱左右。如果这样做下去，可能自己会很成功，如果一旦遇到点事情，定然会赔钱。

当然，能赚大钱的餐饮品牌也并不是没有。要么是很有名气，门口排长队的薄利多销的餐饮品牌，要么就是能够占据好的地理位置，有着自己独特之处的高档品牌。杨明平意识到，自己的火锅店的定位不属于这两种形式。

杨明平虽然开火锅店创业成功，但是他毕竟是从名牌大学毕业的，他希望自己能够通过再次创业，选择一个智力密集型的行业，而绝非是做一辈子的餐饮业。作为年轻人，杨明平对自己创业的定位就看得比较长远，他没有单纯地只看到眼前的利益，而是将目光锁定在能够长远发展的智力密集型行业上。可见，作为创业者必须要有一个长远的目光，否则很容易被时代所淘汰。

作为这一次的创业成果——星空餐厅，三个人也没有舍得丢弃，至今都牢牢地握在手中，如今，每年都能给杨明平带来十多万元的纯利润。可是，在当时，杨明平三人决定要再次创业，究竟他们会选择哪个行业呢？

热衷教育，开班授课

大学即将毕业，三个人对待以后的生活都有了自己的打算。这次创业，让三个人都认清了自己，了解了自己，他们认为自己都不是做IT工程师的料，因此，同时放弃了本科的老行当。后来，三个人分道扬镳，杨明平大学开火锅店的创业经历被中欧国际工商学院看上，这所学院愿意打破要有3年工作经历才能就读的惯例，特招他读MBA；朱亮则去了美国，在纽约州立大学攻读教育管理学硕士；哥哥杨明泰则留在了浙江大学，攻读公共管理硕士。

三个人看似都将自己的事业放到了学习上，他们在后来的两年内开始了各自的学习。可是，充满创业热情的三个人，怎么会甘于这样下去呢？

两年后的毕业之际，三个人再次相聚，此时再谈起大学时创业的情景，就如同是在昨天发生一样。而此时，三个人面临着又一次的抉择，其中朱亮和杨明平遭遇着强力诱惑：美国一家知名律师事务所邀请朱亮来公司工作，主要做人力资源，起步的年薪为4万美元，认真工作七八年之后，朱亮则可以拿到美国绿卡和高达10万—20万美元的年薪；年轻的MBA杨明平要想在国内找份很不错的工作也是易如反掌，并且年薪至少在30万—40万元人民币。

面对如此大的诱惑，杨明平究竟会如何选择呢？如果作为一般的毕业生来讲，肯定会毫不犹豫地选择找一份安稳的工作，本本分分地赚取自己的固定工资。可是对于已经尝试过创业，并感受到创业成功滋味的杨明平来讲，他自然不会甘于平淡过活。杨明平决定再次创业。

经过一次创业之后，杨明平、杨明泰和朱亮决定进行再次创业，他们选择再次回到杭州进行创业。那么，这次的创业方向是什么呢？

在2008年的时候，杨明平还没有进入中欧国际工商学院学习。当时，杨明平在银行业工作，在那段时间，杨明平意识到很多家长愿意为子女的教育花钱，家长们在孩子教育上花钱是从来不会犹豫的。因此，那段时间，杨明平和朱亮经常会在杭州做课外辅导的兼职工作。

杨明平记得自己的第一批客户是来自投资银行，一对一的家教让杨明平感到很有吸引力，生意也是相当红火。想到这里，他将自己的想法告诉了另外两个人。从美国学习回来的朱亮，也表明在美国，律师、医生等中产阶层普遍地会将孩子送到私立学校进行学习，让孩子接受不超过20人的小班教育，而在中国，先富起来的一批家长对精英教育有了一定的认识，所以说在小班教学方面也是有很大需求的。就2009年来讲，中国中小学生课外辅导所创造的财富达到了1900亿元，五年后则达到3000亿元左右。

既然要投身教育行业，杨明平则认为如果只是单纯地开课外辅导班，则多数家长会选择传统的家教模式，他们完全没有必要来自己创办的机构上课，完全可以请一个大学生或者是兼职老师来家里授课即可，而服务质量也难以考核。所以，杨明平建议能够做升级版的家教公司。

面对这次创业，杨明平很有信心，因为创业团队中的三个人，已经今非昔比，现在一个是公共管理硕士杨明泰，他懂得企业公共关系维护的方法；一个MBA的杨明平，他可谓是企业内部管理的专家；还有一个是美国的教育管理硕士朱亮，深谙西方的教育理念。三个各有所长的年轻人，想要开办一家教育机构则是最佳的选择。

在杨明平开办家教公司的时候，杭州大街上的家教公司还不超过五家。这些家教公司提供的是经过专业人士设计的课程，公司聘请的老师会根据孩子的长处和短处对孩子定制教学计划，并且只是在公司内进行授课，不进行上门服务。杨明平意识到这个行业的发展空间是很大的，客户资源也是非常广阔的。

在公司宣传的初级阶段，为了节约成本。杨明平和伙伴们会到各个小区和超市门口发宣传单，后来又在都市快报上刊登了广告。就这样，一个藏在写字楼中的面积不足40平方米的教育培训公司开业了，他们为公司命名为"凯风"。

杨明平认为或许是自己开办教育培训公司的时机恰当，在当时的杭州，很多家长都希望能够寻找到专业的家教老师。一天内，有意向的咨询电话就来了五六通，狭小的空间内，已经有四五个学生来上课了。

接下来的发展，就顺理成章了。为了能够更好地掌握中小学生的学习和心理动态，三个曾经高考获得高分的硕士生开始苦研中小学教学，希望通过自己的经历和学识为孩子设计出专业而具有特点的习题。就这样慢慢地，老顾客续费学习，新顾客不断上门。

杨明平的家教公司变得有声有色。

要突破，就必须打破常规

当某个成功的商业模式得到认可的时候，就会无休止地出现恶性的复制，家教公司的复制也在所难免。

2010年前后，类似的家教公司似乎在一夜之间开遍大街小巷。有的家教公司通过这种方法和途径，将学生骗上门，单纯的以赚钱为目的，低劣的课程引来家长们的不满，甚至有家长不再相信家教公司。而有的家教公司，在家长觉得不满意的时候，坚决不肯退课程款。

很多家教公司走捷径赚了快钱，这却让一些家教公司在泡沫破灭时走入了倒闭。有些小公司的生命周期不足两年。当然，也有办得比较好的，有一家公司口碑很好，诚信度高，在2010年还在A股上市了。

杨明平凭借自己公司的信誉，幸运地生存了下来。很多人认为做家教公司，只要凭借自己的一张能言善辩的嘴就可以了，杨明平很清楚，绝非如此。要做公司自然就要有投入，房租、水电费是在所难免的，员工开支也是每个月必须要花的钱，再加上买教学用具、做宣传广告等等，这些费用加起来也是一笔可观的数目。要想减少成本，恐怕只能在广告推广方面压缩开支。杨明平在公司成立之初，做过广告宣传，后来主要是靠老客户的口口相传，广告费用变得很少，省下的这些钱杨明平自然有新的打算。

杨明平发现很多小公司破产的原因有两方面：一方面是因为口碑很差，导致客户源流失；另一方面则是广告费用支出太多，最终导致公司资金运转出现了问题。介于这两点，杨明平认为如果自己能够将省下的这一块，用于公司扩张，不仅会让公司规模发展的越来越大，还能够扩大公司的影响力，增强口碑宣传。

紧接着，杨明平和伙伴们开始努力开分公司，因为分公司在各地的设立，必然会有很多事情需要处理，因此，杨明平三人不得不将时间花费在奔波各地的路上。这样一来，大部分研究教学业务的时间就被占用了，好不容易打造出来的良好口碑，因为急速扩张，也有了自毁前程的危险。

杨明平了解到有很多著名的企业，因为连锁店开的太多，扩张的太过迅速，造成了信誉和口碑下降，从而影响了企业的经营和发展。最终，因为连锁店的经营管理太差，从而导致企业陷入经营发展困境。

杨明平的家教公司也出现了类似的情况，在其开了三五家分店之后，发现选择分店的职业经理人成为最为困难的事情。作为分店的经理人，不但要懂得经营和管理，更要懂得教学工作，最为重要的是经理人一定要有责任心和耐心，要找到一位这样的人，似乎有些太难了。如果碰到责任心比较差的经理人，很可能会对整个公司的口碑产生不良影响。如果经理人的业务能力很差，那么分店势必就无法盈利。

杨明平、杨明泰和朱亮都意识到了这些问题，可是，如果不进行扩张，自己的创业梦想很可能就无法实现，自己的教学理念也就无法实施。因此，杨明平决定打造全新的教学模式和教学理念，只有这样才能够将自己企业的口碑打造得更好，从而为企业扩张打下基础。

全新的教学方式

对于一个企业来讲，要想在行业中生存下去，必然要有其独特之处。杨明平也意识到这一点，他看到家教公司在不断增多，如果自己的企业没有属于自己的特点，那么就很难在行业中立足。

杨明平在招募员工时，特意选用了大量中文、哲学、历史、物理等专业的毕业生，因为在就业市场上，这些专业不吃香，他们中大多数人在杨明平的企业中能够找到工作乐趣的同时，也能够拿到丰厚的报酬。这样一来，就留住了教师资源，为企业的发展壮大奠定了基础

杨明平觉得，传统的教育培训领域已经不可能再长久发展下去，如果自己走的是传统的教学道路，自然会被社会所淘汰，那么究竟要如何来创新呢？那就是想办法激发学生对学习的热情和兴趣，实行"大片式"的教育方式。

杨明平为了能够找到更好的教学模式和方法，和同伴们商量后，决定暂时先收起扩张的野心，回归钻研教学业务中，要先做出全国独树一帜的精品教材。杨明平认为开连锁店既需要资本，又需要人脉，这项工作还是交给实力更为雄厚的机构去做比较好。

这样一来，杨明平和同伴们就有了更多的时间去研究教材，杨明平的企业变成了一家文化创业机构，目标就是做出让孩子们喜爱的教学产品。

如今，这个团队已经吸引了多达50家加盟商，有图书出版机构，也有民办的培训

机构。杨明平认为只要自己的团队能够将教学产品研发好，自然就会吸引更多企业的关注和加盟，当然，自己进军公立学校的计划也会变得比较容易。

杨明平在努力对"大片式"教学方式进行研究，希望打造出碎片化、交互式的"超级课堂"，这就是他和他的团队所希望实行的全新的教学模式。

在杨明平看来，将美国大片以讲故事的教学方法引入到中小学的教学中，这样做不仅能够让学生对学习产生兴趣，从而让孩子们从学习中体会到快乐和愉悦。在杨明平看来，大片式教学还能够锻炼孩子们发散式思维，让孩子们的想象力变得更加丰富，从而激发孩子们的创造力。

不仅如此，杨明平还希望将故事教学法升级，将学生每节课变成故事脚本，再配上美国大片式的片段，然后进行剪辑，从而让孩子们感觉自己是在看大片。在大片进行了一段之后，会有知识点出现，孩子们自然会很积极地去回答问题，孩子们在一部大片看完后，所回答的问题积累得分超过70分，才可以进行下一部片子的观看。这样一来，孩子们不仅能够很积极地去完成学习任务，同时还能够放松自己的心情。

杨明平认为要想让孩子主动地学习，就要让孩子感觉学习不是一件枯燥的事情，因此，就要努力将枯燥的定理或者是学习内容进行"趣味化"。比如在他"超级课堂"初中物理课关于摩擦力的知识点部分，打开《力与运动》视频，会听到这样的描述："传说中天堂是一个绝对完美的世界，所以天堂的地面没有任何摩擦力。但我要说的是，没有摩擦力，车辆不能行驶，人不能走路，所以天堂里没有车来车往是有科学依据的。"伴随着语音，能够看到天堂中天使不断飞舞、陨石冲向地球引发山崩海啸等画面。在学生们看到这样的视频和听到这样的教学故事之后，自然会对学习充满热情。

杨明平坚信，真正能够让一个人记忆深刻的东西，永远是那些故事化、具象化的东西，而并非是单纯枯燥的理论。因此，他希望通过大片式教学，让每个孩子都能够喜欢上学习，通过故事，让孩子都能够在学习中找到乐趣。

多线发展，突破瓶颈

现代社会是一个不断发展的社会，要想实现创业成功，必然需要不断地发展和创新。杨明平正是意识到了这一点，他才能够让自己的企业找到突破发展瓶颈的道路。

在2010年的时候，面对家教公司像雨后春笋般出现的现象，杨明平知道如果想要让自己的"凯风"走得更远，就要进行不断地研发，走多重的发展路线。

杨明平在教育培训行业中，先是从传统教育项目做起的，在其创办"凯风教育"初期，定位是高品质的中小学教育机构，并且希望能够将高端富人家的子女锁定为目标受众。可以说这个时候的杨明平是在做生意，是希望自己的创业项目能够赚到钱，创造出价值。

创立之初，杨明平发现"凯风"的发展势头很强，第二年便在上海、杭州、温州等地开办了多达八家的培训机构。迅速扩张的同时，也让杨明平看到了传统教育机构发展的瓶颈：在各个地区的教育水平和发展速度不相同，扩展的过程中遇到了发展壁垒，对老师的依赖性很大，让杨明平感到很疲惫。经营过程中投入成本越来越多，利润被摊薄了，同时，教学人员素质和能力无法保证，教学质量下降，学生资源容易流失。

此时，杨明平发现如果再这样发展下去，自己的企业也会像其他倒闭的企业一样，被社会大的发展环境所淘汰。杨明平认为传统教育已经不能够再做长线发展，自己要做多方面的研究和考量。

到了2012年初，杨明平将超级课堂的发展定位转变为以产品研发为核心的B2B公司，结合互联网，进行线上的学生培训教育，同时发展线下教育，吸引更多的教育机构加盟。这样一来，教育质量能够有保证，同时，企业扩张的愿望也能够实现。

杨明平认为进行在线培训课程要想成功，必须要有一定的说服力，不然会遭到家长们的抵制。在接受采访时，杨明平说道："把那些中学名师的上课视频录下来，家长或许会冲着老师的名头购买。但对于如今玩转智能手机、平板电脑的学生，他们还有兴趣看完老师对着黑板且长达40多分钟的讲解吗？"

杨明平迎合互联网时代的特点，让学生通过电脑进行学习，这样孩子们不仅在家里就能够完成学习的任务，还能够在看大片的过程中，体味到学习的乐趣。杨明平认为只要孩子的兴趣来了，学习也就真正可以开始了。

杨明平希望看到学生一旦点开视频，就能够迫不及待地想要看完的情景，因为这表明孩子们对学习产生了兴趣。

杨明平将超级课堂搬到了线上，为中小学生提供了好莱坞大片的网络互动学习课程，同时得到了家长们的认可。由此可见，杨明平做的是企业，他在通过创业赚得金钱的同时，也希望能够让更多的孩子喜欢上学习，让更多的孩子在学习的同时感受到快乐。

发展才是硬道理

杨明平从三个人的团队，发展到如今的一支上规模的队伍，"超级课堂"也被越来越多的家长和学生所接受。"超级课堂"的发展宗旨是拒绝传统的教育方式，用最新的教育技术帮助学员。

对于杨明平来讲，企业立足于教育行业的关键因素是，不断寻求发展和创新。对于很多家教企业来讲，他们会走"跟风"的发展之路，按照传统教育模式来进行发展，将企业的主要力量放在不断扩张和建立连锁店上，而杨明平则将企业发展的重点放在教学产品研发和升级上，这样做就保证了教育质量，从而吸引了更多客户的关注。

从"凯风教育"的建立，到"超级课堂"的线上推广，从传统教学模式，到转变为大片教育模式，不难看出，杨明平在不断地寻求企业的发展，可见，发展才是企业存活的硬道理。

如今，社会发展速度之快是众所周知的。作为一个企业，如果不能跟上社会发展的步伐，那么被社会所淘汰就成为情理之中的事情。在社会发展浪潮中，需要在发展的大背景下，给企业做好定位。

杨明平在"凯风教育"建立初期，给企业的定位为传统的教育机构，希望走迅速扩张的路线。而在扩张的过程中，他发现了扩张带来的弊病以及企业发展的瓶颈，为了企业能够更好地发展，他放弃其扩张的目的，将企业定位为文化创意机构，主要是对教学产品进行研发，这样一来，企业才有了发展的契机。

对于年轻的创业者来讲，在企业创办之初，就应该明白自己是在做生意还是在做企业。做生意和做企业是有所不同的：做生意是以赚钱作为唯一目的，可以为了赚钱走捷径、赚快钱，可以轻易转换行业，什么赚钱就做什么，甚至进行炒作。做企业，则是包括两方面的任务，一是能够为公众提供好的产品和服务，二是能够让企业员工实现自我价值，过得更幸福。在这两点的实现过程中，自身也会受益。

一个年轻人如果想要做企业，自然就需要从长远考虑，让自己的目光变得长远一些。通过杨明平的创业经历，不难发现他正是想要做企业，才会寻求不断地发展。不然，他完全可以走传统教育扩张的路线，赚得快钱。

创业是一个比较艰辛的过程。如果一次创业成功，是最好不过的，如果进行二次创业则会需要更多的时间和精力。要想一次创业成功，关键点在于能够适应社会发展的需求，走发展之路，而并非是单纯地将目光定位在当下，走传统的发展道路。

杨明平是一个注重发展的人。正因为这一点，他所经营的企业才有发展的空间。

组建好的团队，就是成功的一半

从杨明平的创业经历中，不难看出，他是一个幸运的人，因为他在创业之初，就遇到了自己一生的创业合作伙伴。

杨明平的哥哥杨明泰和朱亮，是杨明平创业成功的关键性人物。在大三开火锅店的时候，三个人就开始合作，一起创业，可以说开餐厅是他们第一次创业。在那次创业中，三个年轻人，充满了创业激情。这次的创业成功，让三个人成为更好的朋友。

或许正是因为第一次创业成功的经历，才让三个人在后来的创业中走到了一起。

在大四毕业之后，杨明平被中欧国际工商学院破格录取；哥哥杨明泰则留在浙江大学，读公共管理硕士；朱亮去了美国，在纽约州立大学攻读教育管理学硕士。

在分开的两年里，三个人都在努力地学习，两年之后，三个人再次相聚，这次聚到一起还是为了创业。

杨明平学MBA，自然懂企业内部管理。哥哥杨明泰学的是公共管理，更擅长企业外部关系的维护。而朱亮在美国学习教育管理，深知西方的教育理念，对西方教育了解更多。三个人便组建成了一个创业团队。他们三个人可谓是互补的，自然在创业过程中，能够形成合作关系。

杨明平之所以能够创业成功，和其组建的创业团队是分不开的。杨明泰可以帮他完成企业外部关系维护的工作，朱亮则可以负责对教育行业的研究工作。三个人各有分工，同时却又有合作。

从杨明平的创业团队组建中，年轻的创业者不难发现，要想实现成功，就需要找对合作者。那么究竟要寻找什么样的创业合作伙伴，组建什么样的创业团队呢？

第一，能力互补型。要想实现创业成功，不可能身兼数职，公司的大大小小的事情，不可能自己都擅长。此时，对于自己不擅长的方面，可以交给擅长的人去做，选择能力互补型的合作者，不仅能够达到互不干涉，同时能够让企业顺利运营。杨明平、杨明泰、朱亮三人所擅长的方面不同，因此，在创业中，就会发挥不同的作用。

第二，具有默契型。杨明平、杨明泰、朱亮三人，在大学期间就开始合作创业，在第一次的创业中，三个人都已经彼此了解，产生了默契。在第二次创业中，自然会很好地进行合作，各自发挥长处，同时，实现团结协作，实现创业成功。

第三，相互依赖型。对于杨明平来讲，在对教育研究和企业外部管理方面，他需要依赖朱亮和杨明泰，同样，朱亮和杨明泰也会依赖杨明平进行企业内部事务管理。三个人各有所长，各有所异，这样便能够产生相互依赖和信任。企业要想顺利发展，三个人缺一不可。

当然，要组建一个完善的创业团队并非是一件容易的事情。可是，一旦组建就需要相互信任，否则，再好的队伍也不可能实现创业成功。

杨明平的创业之所以能够成功，很大一部分原因就在于他找到了好的合作者，找到了帮助自己的人。同时，他对自己的团队很信任。所谓"用人不疑，疑人不用"，对于杨明平、杨明泰和朱亮三人来讲，他们之间不存在任何的怀疑，存在的只有信任和依赖。

年轻的创业者在选择创业团队时，不妨以真诚换取别人的真心，以信任让别人感受到你的勇敢，这样一来，你的创业自然就多了很多"外力"。

启示录　改变环境，然后改变心境

很多年轻人会认为自己生活在什么样的环境下，就会成为什么样的人，自己周遭的环境是无法改变的。或许你所生存的大环境是不允许被改变的，但是很多时候你能够凭借自己的力量来改变某个行业的环境，这对一个新组建的公司来讲是十分重要的。

杨明平在开火锅店之前，他们对餐厅经营缺乏经验，对采购、人员管理缺少监控，从而导致一年的时间亏本十几万。紧接着，当他们逐渐改变自己所经营的业务环境，将餐厅经营改为火锅店经营时，生意有了好转，并让其赢得了人生中的第一桶创业金。

对于初入社会的年轻人来讲，如果想要实现自己创业的理想，就要学会改变自己周遭的环境，从而改变自己的心境。如果一个年轻人只是在抱怨自己所处社会的不公，根本没有改变这种现象的勇气，那么创业也只能是空谈。

杨明平在第二次创业时，他决定开一家家教公司，这个决定是大胆的，也是成熟的。因为他发现了市场，即在杭州还没有几家家教公司，而家长们都希望自己的孩子能够找到专业的老师进行辅导。在这种大环境下，他开始创办自己的家教公司。

当公司成立两年之后，大大小小的家教公司满街都是的时候，他意识到此时要想让企业免受倒闭的风险，必须要实现创新。而所谓的创新在很多时候，就是要实现大环境的改变，让更多的家长信任家教公司这个行业。因为当时很多小公司为了能够快速赚取金钱，不注重教学质量和诚信，导致很多家长对家教行业产生了质疑。因此，如果能够重新唤起客户对家教行业的信任，就能让自己的企业有扩张的机会。可见，只有改变企业生存的环境，才能够让心境有所改变。

对于一个创业者来讲，通过创业获得金钱和物质需求是很正常的要求。可是，赚钱对于杨明平来讲，并不是唯一的要求和诉求。他希望通过自己的教学工作，能够让更多的学生对学习产生兴趣，从而快乐主动地学习。因此，杨明平开始研究要通过怎样的教学模式来吸引学生们的注意，从而对学习产生兴趣。此时，对于教学环境的改变，也就是为了改变学生们的心境。

对于创业者来讲，要让企业有更大的发展空间，除了拥有魄力之外，更多的是学会适时地改变自己的心境和心态。当一个人无法用平衡的心态去进行工作时，那么他所做的很多选择都可能是错误的。如果杨明平在进行企业扩张的过程中，没有注意到快速扩张可能影响到企业形象和信誉的话，也许今天的"凯风"就不会发展得如此顺利。

年轻人的思想是要与时俱进的，而所谓的"与时俱进"，则是需要能够看清当下的形势，对自己所处的环境进行分析，当发现自己所处的环境中存在不利于企业发展的因素时，不妨想办法去改变或者是改善，这样一来才能够让自己的心态保持平衡。

人的力量和潜能是巨大的，杨明平凭借自己和团队的力量，让一个企业不断地扩大，最终成为行业内数一数二的家教企业。这就表明，只要敢于创新，敢于改变自己周遭的环境，就能够实现自己的理想。

一个人所处的环境不同，往往能够对这个人产生不同的影响。如果你想要让自己受到良好的影响，那么不妨将自己身边的环境进行改造和维护，让环境中充满正能量，这样一来自己的内心也会出现正能量。杨明平和他的团队，正是努力改变自己公司所处的环境，才使得他们能够让自己的心态变得平衡，最终，保持企业能够快速而健康地发展。即便在改变周遭环境的过程中遇到一些挫折，那也是值得的。

⭐ 创业板 | 搭建团队沟通的透明平台

　　创业过程是一个团队组建和扩张的过程，在这个过程中，需要彼此之间的信任和支持，那么怎样才能够达到团队之间的相互信任和相互支持呢？其实，团队沟通很重要，人与人之间难免会存在误会，毕竟每个人有每个人的想法，存在误会和思想分歧并不可怕，可怕的是没有做及时的沟通。可见，打造一个透明的沟通平台，有助于团队成员相互了解和共同协作。

　　杨明平在对企业的管理过程中，很注重团队人员之间的沟通。在某些事情上，他也会与其他成员产生意见分歧，而在这个时候，他都会尽力去表明自己的想法和为什么希望这样做，让对方了解自己的思想过程。与此同时，他也会认真地聆听对方的想法，无论是谁的想法，只要对企业发展有帮助，就会按照他的想法去做事情。

　　杨明平鼓励团队成员毛遂自荐，无论是谁，只要能够提出新的可行的点子和想法，企业就会将他们进行包装和宣传，从而鼓励员工进行思想创业和业务开拓。

　　对于年轻的创业者来讲，很容易犯自我自大的毛病，这些毛病很容易出现专断专行的现象，从而做出错误的决策，影响到企业的发展。要避免犯这样的错误，最关键的一点就是能够达到透明化的成员沟通，让人们说出自己的想法和建议，从而避免管理者做出错误的决策。

　　对于企业来讲，成员之间有效的沟通是相当重要的，如果不能够做到有效沟通，恐怕企业管理就会相当困难，成员之间也会出现相互猜忌的现象。那么究竟要如何做到成员之间透明而有效的沟通呢？

　　首先，要注意有效聆听。所谓"说"要从"听"开始。在沟通中，会存在很多影响沟通的因素，比如观察事物的视角不同、期望不同、目的不同等等，而要想实现有效的沟通，就应该先认真聆听对方的思想，从中获取信息，了解到对方是因为什么原因造成对自己观点的否定和不同的，这样就能够更有目的地进行沟通，避免两人之间产生误会。

其次，好的心态是实现透明化沟通的前提。所谓"态度决定一切"。一个人的心态往往会决定这个人的态度，当然，在沟通过程中，心态也是十分重要的，如果一个人抱着积极的心态与对方进行沟通，那么沟通就会变得顺利很多。与此同时，在沟通之前，要保持平衡的心态，要做到就事论事，千万不要感性从事。只有这样，才能避免出现偏信的现象。当心态平衡地去对待某件事情时才能够看清事情的本来面目，从而更理性地做出判断和决策。

再者，沟通要及时。团队人员之间，如果产生了意见分歧或者是矛盾，就应该尽早去进行沟通，不要拖延。要知道很多时候团队之间出现不和睦的现象，都是因为矛盾和误会没有及时化解，从而长时间的累积，才表现出不和睦的现象。所谓"冰冻三尺非一日之寒"，不要让误会加深之后，再去沟通，要将矛盾扼杀在摇篮中，才有助于团队的团结。

最后，透明化沟通的前提是平等。对于企业来讲，人员之间的沟通，必须建立在平等的基础之上，否则沟通就不会达到其应该达到的效果。要想实现透明化沟通，团队人员之间要站在平等的台面上，这样才能实现有效沟通，才能够从心底里化解彼此之间的矛盾。

在创业初期阶段，为了企业怎样更好地发展下去，团队成员之间往往产生一些不同的思想。此时，如果能够实现有效的沟通，不但能够化解彼此内心的隔阂，更能够做出理性的决策，帮助企业走得更远。杨明平和其团队成员之间，正是构建了透明化的沟通平台，才能够发展到今天的格局，才有了今天的"超级课堂"。

人与人之间都是需要沟通的，而沟通的前提必然是相互尊重和平等。作为年轻的创业者，要尊重团队中的每一个成员，要尊重每个人的思想和建议，只有这样才能避免产生误会，才能团结一致，促使创业成功。

9

高燃："堵"出来的成功

他很理智，深知创业有风险，入行须谨慎，因此毕业以后懂得先就业，再创业；他也很胆大，敢于拿着一份项目计划书去堵雅虎总裁，也敢做第一个吃螃蟹的人；他又很冷静，在风投面前他能"舌战群儒"，也能在成功之后另辟财富"蹊径"！

创业
没那么难

引　言

他从打工仔变为清华大学高才生，仅仅用了半年的时间。

他大学毕业后，梦想成为一名记者。

他从记者转变为商人，用了一年的时间。

他用10个月的时间，将企业打造成了"中国互联网产业100强"。

他是农民子弟，没有背景，却善于结交朋友，创建人脉网。与其说他"善用心计"，不如说他"聪明热情"。他不希望自己的人生一眼望到头，所以他放弃了别人羡慕的记者身份，投身创业之中。

他是一个谨慎的人，同时也是一个大胆的人。大学时，他追求校花，毕业后用一块钱求职当上记者。经商后，两年获得千万投资。他是一个为理想而活的人，更是一个年轻具有激情的创业者。他很机敏，也很勇敢，他就是MySee创始人高燃，接下来不妨让我们看看他的精彩创业路。

打工仔的大学梦

1981年，高燃出生在湖南益阳一个普通的农民家庭。他的童年生活，和其他的小朋友是一样的。唯一不同的是，他认为自己将来肯定是一个做大事情的人。小小的高燃明白，要想做大事情，就要有大的胸襟和志向，而自己的周围竟然没有可以效仿的榜样。

俗话说得好，"每个孩子心中都住着一个伟大的人"，高燃将自己的目光定位在一位湖南老乡的身上。这位湖南老乡可是伟大的人物，他的人生经历也足以让高燃崇拜，他就是伟大的领袖——毛泽东。

高燃对这位从乡间走出、影响中国至今的前辈，感到很亲切，因为毛泽东的故乡距离高燃的家很近，同时又都是农民的孩子，小高燃心想，自己也可以将建设新中国理解成创业。怀揣着自己的理想，高燃转眼间上了学。

上学后，高燃的成绩一直很好，聪明的他受到了老师的喜爱。可是，升高中的时候，因为家庭条件不好，没有多余的钱让他读高中，父母决定让高燃读中专，然后直接参加工作，出去打工。

年幼的高燃第一次面临人生中的挫折，这让他感受到了现实的残酷，可是，他没有在挫折中低落，而是变得更加勤奋。

在中专，高燃一样努力学习。经过三年的中专学习，他毕业后就直接南下去了广东打工，此时的高燃开始了自己的第一份工作。

因为高燃只有中专文凭，很多大的企业是进不去的，他只能找到一家工厂，在工厂里赚微薄的薪水。

高燃是一个不安于现状的人，他不甘心于过这种生活。于是，为了得到更好的发展机会，高燃在工作之余，开始自学ISO9000认证方面的专业知识。不久后，他凭借自己的专业技能跳槽到了一家外企工作，在外企中，经过自己的努力，当上了工程师，月薪可以拿到5000元。这在当时，5000元的工资已经算是高收入了。

在高燃进入外企工作期间，他接触到很多大学生，每次接触，都让高燃想起了自己的大学梦，同样的，高燃在与他们进行交往的时候，觉得自己并不差。再加上他看到在家乡上了高中的伙伴们都陆陆续续地考上了大学，高燃内心有一种莫名的失落感。在那段时间里，高燃觉得自己过得很压抑，虽然收入很高，但是这项工作绝非是他想要做的事情，用他自己的话说就是"理想与现实冲突"。

高燃是一个愿意为理想而战的人，他为了理想会做出很大胆的决定。在经过一段时间思想斗争之后，他决定辞去现有的外企工作，回家准备参加高考。

对于高燃来讲，只有做愿意做的事情才会让他充满动力，否则，他会觉得生活相当压抑。在放弃高中学习，转投中专学习的过程中，他是被现实所逼迫，而为了能够生活得好一些，他选择了自学ISO9000认证方面的知识，跳槽到外企工作。如今，他有了钱可以继续学习，那为什么不尝试一下，努力考取大学呢？

清华高才生

高燃是一个敢想敢做的人，他向公司递交了辞呈，并且很快回到了家乡。当父母了解到高燃已经放弃了月收入5000元的工资，准备插班就读高中、参加高考的时候，感到很惊讶和不解。毕竟5000元的月薪对这个偏僻农村的普通家庭来讲是一笔可观的收入，即便高燃考上了大学，上大学所需要的费用也是这个贫困家庭所负担不起的。

高燃既然做了决定，就不会反悔。他坚持自己的决定，并且下决心要报考清华大学或者是北京大学。

在外人眼里，这是不可能的事情。村里很多人都觉得高燃是在"逞能"，这怎么可能呢？即便是读了三年高中的孩子，也不一定能够考上国内顶尖的大学，更何况高燃只是中专毕业，根本没有读过高中。在当时，没人相信他的能力，更没人对他抱有信心。

家人看到高燃决心如此坚定，也不好反对，只能顺从他的愿望。高燃心想，即便没有一个人相信我，我也要坚持自己的理想，我也会相信我自己。此时，距离高考只有半年的时间，高燃心想自己只能加倍努力，不然是无法实现理想的。

高燃终于进入了高中课堂进行学习。但是他却没想到自己竟然被分到了全学校成绩最差的班，但这并没有影响到高燃的学习热情。

在高燃进入高中学习后，第一次月考时，他考了全班的倒数第二名，如果换作别人，肯定会变得很消极，甚至失去了继续学习的勇气。可是，这却丝毫没有影响到高燃的学习。他心想，我之前一天高中都没上，还能够考到倒数第二名，可见还有比我更差的人，我肯定是没有问题。这次月考没有让高燃感到沮丧，反而让他充满学习的动力和信心。当然，在自信的背后，是巨大努力的付出。因为自己没上过高中，所以要想取得优异的成绩，高燃明白自己就要付出比别人更多的努力和时间。

高燃是一个聪明的孩子，聪明的孩子再加上勤奋好学，自然就会有很大的上升空间。在第二次的月考，高燃就以全班第一名的成绩进入全班同学的视线。不光是全班同学，就连老师都觉得好奇和惊讶，他们不知道这个从来没上过高中的孩子，竟然会进步得如此之快，更不清楚这个孩子究竟是怎样考取第一名的。

不怀好意或者是充满嫉妒的学生，开始在背后讨论说高燃是作弊才考取第一名的。可是，高燃竟然将第一名一直保持到学期末，每次在成绩颁布下来，高燃都是班里的第一名，这下同学们都信服了。

时间过得很快，眼看高考就要到来了，高燃更加兴奋了，他觉得实现自己大学梦的机会终于到来了。

高考结束后，他回到家中，没过多久，他拿到了大学录取通知书，让家人和村人感到震惊的是，高燃竟然拿到了清华大学的录取通知书。

在这个十几年没有出过清华和北大学生的地方，这个消息足够震撼，足够轰动。高燃也成为村里人夸赞的榜样。后来，有热心人士为高燃解决了大学的学费，高燃的大学梦终于实现了。

当高燃踏入大学的那一刻起，他明白，这只是自己众多梦想中的第一个，自己的征程才刚刚开始。

先就业，再创业

1998年8月28日，这对于高燃来讲，是一生中很重要的日子，他正式成为了清华大学的学子。高燃充满了求知欲，他强烈地希望能够不断进行学习，所以，在清华大学的四年里，他就读于外语系和中文系，最后从新闻与传播学院毕业。

在校期间，高燃除了注重学习之外，他还有意识地培养自己的社交能力。对于高燃来讲，要想毕业后有一番作为，必须要有广阔的人脉关系。

在大学期间，高燃属于积极的活动分子，他组织了很多场讲座，每次讲座都是他邀请企业家、政府官员、学者，甚至还有一些国外的大企业家和知名人士。在每次邀请这些成功人士之前，他都会读很多关于这些成功人士的创业故事和人生经历，了解每一位的材料和情况。就这样，高燃的社交能力得到了很好的锻炼，这些被他邀请过的成功人士，也在无形中成为他以后创业的人脉资本。在高燃邀请的人当众，就有后来极力帮助他实现创业的江苏远东集团董事长蒋锡培。

可能你认为高燃是一个心机很重的人，认为他是在用心铺设自己的人脉关系网，可是，他却觉得自己从来没有想过要从这些成功人士身上得到什么。他只知道自己认识这么多人对自己是有帮助的，但是具体有什么帮助，当时的高燃自己也不清楚。高燃是一个真诚的人，否则他也不会得到这么多成功人士的认可，并且接受他的要求去讲座。

对于高燃来讲，大学生活对自己有很重大的影响意义，如果没有大学生活，他或许还不明白自己以后的理想具体是什么，在后来高燃接受采访时说道："我发现大学生活对我的改变非常大，让我重新树立了信心。"

如果说高燃是一个聪明的人，不如说他是一个大胆的人。在大学的时候，他追求过清华园中的校花，这件事情让高燃成为男生追女生的典范。

在高燃大四的时候，中央工艺美术学院刚刚并入清华，学校中一时间多了很多美女。

刚刚入冬，美院便搞了新年晚会，请了很多清华的学生去参加，高燃也兴致勃勃，想要去看看。到了晚会现场，看到很多漂亮的女生，高燃心想自己一定要在今晚认识这里最漂亮的女生。

有了目的，高燃就开始行动，他便站在门口，静候佳人。

过了一会儿，两个女同学走了过来，其中一位是当时的校花。高燃自然不会放过这次机会，便迎上去和两个女生搭讪，并和他们一起走出了屋子。

当时已经入冬，外面下着雪，两个女生都穿着厚衣服，高燃却只穿着一件衬衫。走出去后，两个女生要骑自行车离去，高燃便开始要最漂亮的那位女生的联系方式，最后，他成功地要到了对方的QQ，高燃兴奋不已。

从第二天开始，高燃就开始在QQ上和那个女孩聊天，逐渐地，两个人熟识了起来，最后，那位最漂亮的女生成了高燃的妻子。

高燃的自信和大胆，让他总是能够在关键的时候做出正确的决定。

转眼间，高燃就要大学毕业了，可是，他却不幸地错过了南方报业集团的招聘，当时，学新闻出身的高燃梦想自己能够成为一名记者。

面对这次重要机会的错失，高燃并没有感到失望。他怀揣着自己的实习作品，花了一块钱坐公交，来到了经济观察报社，直接找到了总编。

高燃将自己的实习作品递到了总编的手中，最终，他的自信和实力让他成为一名记者。

就这样，高燃就花了"一块钱"就实现了自己当记者的理想，在工作中，他凭借着自己的努力和敏锐的思维，成了当年报社的最佳新记者奖项获得者。

如果你认为就业成功的高燃会安于现状，那就大错特错了。高燃是一个不安于现状的人，他在报社认真工作了八个月，在工作中，他的心又开始变得躁动起来，原因是什么？用高燃自己的话来讲，就是"我不希望我的人生一眼就看到头。"高燃认为自己在当记者之前，梦想成为一名记者，而成为记者之后，会花时间来努力做一名出色的记者，几十年过后，自己可能还是一名记者，这样的一辈子做的就只有一件事情，高燃认为自己的人生不应该是这样的。

工作八个月后，高燃又做出了重要的决定——从报社辞职，他又开始寻找自己新的奋斗目标。

敢堵杨致远

在报社工作了仅仅八个月后，不安分的高燃又开始寻梦，高燃再次辞职，这次他选择了创业。或许很多人都不理解，为什么要放弃原本稳定体面的工作，选择辛苦劳累的创业呢？高燃认为自己的性格是比较适合创业的，他的直觉让他做出了创业的选择。

当然，除了性格之外，高燃认为自己具备了创业的一些资本。比如他认为自己在大学积累了一些人脉资源，很多人也很愿意帮助高燃，认为他是一个可造之才。再者，高燃在和一些企业的经理或老板进行接触之后，发现自己和这些人有一个共通点，那就是敢想敢做，因此，高燃认为这就是创业的契机。

高燃敢想敢做，辞职后就和朋友一起开始创业。经过仔细选择和评估，最终，高燃完成了自己的第一份商业计划书，这是他进行创业的第一步行动。

商业计划书做好了，可是创业需要资金，他就四方寻求投资者。

因为当时的高燃还有记者的光环笼罩在身，他利用记者的身份去见了雅虎网站的创始人杨致远，两人一起进入电梯，高燃立刻将电梯门关上了。在电梯里，高燃就将自家的商业计划书递给了杨致远，并且表达了自己的仰慕之情。

杨致远在看到手中的商业计划书时，没有多说什么。此时，电梯已经关门，他打开计划书，前前后后看了几分钟。之后，让高燃发一份E-mail给自己，并且还说了一番鼓励他的话。

在杨致远走出电梯的时候，高燃心中有一个弱弱的声音，似乎在告诉自己没有希望了。可是，在当时杨致远就是高燃心目中的网络英雄。

虽然高燃的这次"堵"杨致远没有成功，但是，面对第一次的受挫，高燃并没有灰心。在后来接受记者采访时，高燃说道："我找杨致远倒不是说我认为他一定会给我支持或者什么的，是因为我当时心目中的网络英雄就是杨致远，就他一个人，而我当时又是做跟网络有关的一个项目，所以我去找他，这可能是一种崇拜英雄的情结。"

对于年轻的高燃来讲，或许在他"堵"杨致远的时候，根本没有想自己到底能否成功。他只是按照自己的想法去做事情，是一个敢想敢做的人。

如今，年轻的创业者会在创业之初考虑很多事情，甚至出现畏首畏尾，不敢做决定的事情，这样不但不会促使自我突破，反而会影响到企业的发展和前进。在这一点上，高燃做得很好，就如同他自己所说，自己是一个适合创业的人，因为自己的性格使然，同时也因为他是一个敢想敢做的人。

在"堵"杨致远失败之后，高燃心中又有了新的想法，他将自己的商业计划书又进行了详细的修改，这一次，他心目中有了可靠的人选。高燃又要将自己的商业计划书交给谁呢？

项目有风险，人没有风险

古话说得好"有意栽花花不开，无心插柳柳成荫。"高燃有意找到杨志远，却没有得到对方的认可与支持，而他的无心之举，却帮助他成就了创业梦。

在2003年的时候，高燃进入《经济观察报》工作，并成为一名财经记者。八个月后，他便毫不犹豫地投入到IT的创业行列中。

对一无所有的年轻人来说，投身到自己不懂的行业中进行创业，艰难性可想而知，不仅仅是资金的匮乏，更重要的是经年积累的人脉、团队管理的经验等都是实现创业梦想的巨大障碍。古往今来，不知道有多少燃烧着创业梦想的人在充满激情的创业中，一事无成。而高燃，不希望自己成为那样的人，他有自己的打算。

高燃自幼便很崇尚成功人士。在2003年央视节目《对话》中，他第一次看到了蒋锡培，心中就对这个企业家充满了敬仰与钦佩。幸运的是，没过多久，蒋锡培便到清华校园里做了演讲报告，这是高燃第一次见到蒋锡培本人。当然，高燃自然不会放过这么好的机会，高燃看到蒋锡培的衣服掉落在了地上，便默默地走过去，捡了起来。这个举动被蒋锡培看到了，再加上高燃是全国第一个从中专考入清华大学读本科的学生，自然蒋锡培对他也有印象。

于是，在高燃需要贵人的时候，蒋锡培便适时地伸出了援助之手。

2004年的时候，高燃得知蒋锡培在长春开会，他便带着自己修改好的商业计划书，不远千里赶赴长春，顺利将计划书交到了蒋锡培手中。

经过几次的接触，蒋锡培对高燃的印象很好，他认为，年轻人有干一番大事的决心实在是太珍贵了，他看好这个青年。两个人进行了长达两小时的交谈，并且达成了一个口头协议：蒋锡培出资1000万占65%股份，高燃以智力出资占35%。这样一个结果是高燃没有想到的，他高兴得几乎要跳起来了。

第二天，高燃回到北京，马不停蹄地找来了清华自动化系的几个博士，凑起一个小团队。

2004年6月份的时候，蒋锡培打电话告诉高燃要开董事会，高燃赶到了江苏。此时，到场的有十几个董事、七个监事，在20多个人中，上了年纪的董事全部反对，专家学者身份的人也全部反对，他们认为高燃的这个创业提案没有赢的可能性。只有三个人支持，蒋锡培和一个同样毕业于清华的副总裁，还有一个女董事。

下午的时候，董事会要进行闭门研究，高燃自己回到宾馆，心中忐忑不安，毕竟是1000万的投资，蒋锡培也不敢一个人拍板。

到了晚上10点，蒋锡培将高燃带到餐厅，点了白粥和咸菜，蒋锡培可能是太饿了，一口气喝了四五碗。此时的高燃哪儿有心思吃饭，当然，蒋锡培心中也感到内疚，是他让这个年轻人吃不下饭，他将董事会的决定告诉了高燃：因为这个项目的风险性太大，董事会不同意。

高燃以为这样的回答便是结局。最终，蒋锡培答应给高燃100万，并且提醒高燃，这个项目存在很大的风险性。

高燃不理解，为什么蒋锡培会给自己100万，蒋锡培拍着他的肩膀又说了一遍刚才的话："这个项目有非常大的风险，但你这个人没有风险。"

高燃始终不明白当时蒋锡培是怎样想的。一年之后，蒋锡培在接受一次采访时，说道："项目即使失败对他也是很大的帮助，而100万的损失对我而言并不大；但这个人终究能成功，我也终能获得回报。他能够积极主动地去把握机会，而有些人，即使面前有机会也不知道去把握。如果没有这100万，他一样会成功，只是迟早而已。"

或许是高燃的真诚打动了蒋锡培，或许是他的执着感染了蒋锡培，最终，高燃得到了100万的投资，他的创业之路这才正式开始。

第一个吃螃蟹的人

当高燃费尽九牛二虎之力，凭借自己的勇气，获得了100万元的投资后，他开始了创业。但接下来的日子，高燃过得并不顺利，这时他遇到了创业生涯中的第一道难题。

高燃第一次创业的项目就是电子商务，决定做这个项目是因为当时看到卓越网、当当网的成功，就想到电子商务，有了资金，高燃就找来几位清华的校友，于是，便开始了公司的运作。可是，由于自己的经验缺乏，公司发展并不理想。

当负责市场的高燃正在海外奔波时，团队中一位技术成员，便悄悄地给蒋锡培打电话说，公司已经经营不下去了，希望他能够将钱投给自己。很快，高燃接到了蒋锡培的电话，令高燃意外的是蒋锡培并没有责备他，而是提醒他团队管理得太乱了。

高燃回到清华，找到了那个校友，并开诚布公地跟他谈了一次，最后，那个校友离开了团队，就这样高燃坚持了半年。

就在高燃处在公司发展低谷的时候，他遇到了另一位创业的清华同学邓迪，两个人在交谈商议后不久，便决定将两家公司合并在一起，成立一个公司，名为北京高维视讯科技有限公司，并在2005年获得了风险投资商上千万美元的风险投资。

高燃作为P2P流媒体企业的典型代表，MySee的发展也是相当迅速的，其不仅成功地直播了连战、宋楚瑜大陆行，还对"发现号"发射及返回进行了直播。之后，在新浪、搜狐、网易这三家门户网站对"神六"的新闻宣传过程中，MySee也稳坐一隅，其成功地为新浪和网易同时提供了P2P流媒体直播服务。

MySee的成功运营，让高燃第一次尝到了创业成功的滋味，并且开创了中国互联网大规模视频直播的先河。高燃作为北京高维视讯科技有限公司的总裁，他也受到了媒体的关注，被媒体称为"中国最年轻最活跃的青年创业企业家"之一。

高燃十分看好P2P的网络视频直播领域，并且他认为改变互联网整体传输结构与传输方式，通过网络看视频节目，最为典型的就是P2P模式，这一模式能够激发出更加丰富、更有利于内容或信息互动性的形式，自然也会带来无穷的商机。

在公司有了一定发展之后，高燃突然将目光放在了远程教育方面，在与网络教育机构接触后他感觉到，尽管中国网络教育已经有所发展，但是在远程教学中多是文字和图片，以视频形式出现的远程教育还很少。

高燃心想，传统的课堂可能是最好的课堂，为什么自己不能做成像传统课堂一样的视频呢？他认为如果远程教育行业能够引进P2P技术，很可能就能实现实时教育，从而让宽带引发远程的教育革命。

与此同时，MySee也在商业模式的探讨和发展中，逐渐意识到行业中很有可能会出现主流的应用，或者是做大的商业模式。

高燃对远程教育方面的投入到底有多大的把握，恐怕只有他自己知道，高燃说："如果有一个人勇敢地站出来'吃螃蟹'，这个市场很快就会成长起来"。而高燃愿意成为那个第一个勇敢站出来"吃螃蟹"的人。

比同龄人成长得更快

高燃出生在农村，根本没有任何"背景"，他要想创业，自然就需要比别人付出的更多。高燃是一个聪明的人，他十分清楚，要想创业首先要有自己的人脉网，有了人脉自然就能够找到资金。

那么在铺设人脉网的过程中，高燃究竟是怎么做的呢？

在大学时，高燃就开始人脉网的建设，他在大学经常会组织一些活动，会邀请商界名人来清华大学讲座，这样自然就让高燃有了接触成功人士的机会。每到过年过节的时候，高燃都会照着名片一一的给那些成功人士打电话、发信息。就连他生命中的"贵人"、江苏远东集团董事长蒋锡培就是这样从认识到熟识的。通过这种方式，高燃认识了很多成功人士，也为以后的创业积攒了人脉网。

很多人会认为高燃是一个有心计的人，可是高燃却不这样想，因为在和这些人交往的时候，他还没有想过要创业。

有一次，高燃要到广东去出差，在广州开往深圳的短短68分钟的车程里，高燃的手机平均每5分钟就会响一次，不管是短信还是电话，他都会真诚对待。

高燃在一次接受采访时说道："我每天最少要接30个电话，手机里储存了2000多个经常联系的人的号码。"

无论这是心计还是真诚使然，但对于80后的年轻人来讲，高燃更清楚自己的目标是什么，也更知道采取什么方式来扩大自己的交际圈。作为年轻的创业者，他有着自己的目标，自然会为了目标作出自己的努力，从这一点来看，高燃是一个勤奋之人。

高燃要想创业就要和各种各样的人打交道，这对于高燃来讲并非是一件难事，这和他的经历是分不开的。

在高燃17岁的时候，就在深圳一家公司管理将近100人的队伍，他很了解人与人的相处方式和管理方式。

在公共场合，高燃总是能够表现出超乎年龄的成熟稳重、深思熟虑，但私底下，他是一个性格爽朗的汉子，对待别人除了热情还有真诚。

对于高燃来讲，时间太有限了，他没办法将有限的时间和有限的精力放在每个朋友身上，只能用有限的精力去做最重要的事情。

在接受采访时，高燃说道："刚进入网络行业时，更多地结交IT业界的名流，富豪榜上响当当的人，大部分人都认识了。但现在，更多是在和投资人打交道，或者结交在北京的湖南企业家等等。"

高燃在参加老乡聚会时，会看到有些人只是和自己认识的人进行交流，而有的人则低头吃喝，不和别人交谈。高燃却不是如此，他会主动向每一桌的人敬酒，并递上自己的名片。可见，他要比同龄人要更显得成熟，成长得自然要快一些。

高燃很喜欢用"霸蛮"一词来形容自己的性格，这个词语在湖南话中就是执着和勇气。或许正是高燃具有了执着的精神和做事情的勇气，才让他得到了命运的恩宠。

在高燃创业三年的时候，他已经获得海外1000万美元以上的风险投资。与此同时，他在清华科技园中拥有面积达900平方米的办公区，管理着100多人的团队，与google、sohu等知名企业毗邻。

或许这一切的一切对于很多年轻人都是不敢想象的，但对于高燃来讲，这就是事实，也是顺理成章的事情。

功成身退还是急流勇退?

高维视讯科技有限公司成立仅仅10个月后,就获得了中国互联网协会颁发的"互联网产业创新第二名"、"中国互联网产业100强"称号。

到了第二年,公司又与众多国内外风险投资机构、联合投资机构一起被评为"最具投资价值企业"。

2006年,高燃的事业生涯可谓是走到了顶峰,就在其事业蒸蒸日上的情况下,高燃突然退出了高维视讯董事会。2006年6月份,对高燃的离开可谓是流言四起,有人说"高燃被董事会踢出局",还有人高呼"'80后'创业者遭遇资本腰斩",甚至,更有人猜测说是因为高燃的性格不适合MySee的管理,故而离开的。

对于高燃的离开,高燃自然有自己的解释,他说:"之所以离开MySee,是自己已经对这个行业没有兴趣了。"除此之外,高燃还表明,自己还会进行创业,而再次创业,他一定要做企业的首脑人物。

高燃是一个不安分的人,他经历了创业带来的惊心动魄和欣喜若狂之后,怎会甘于平淡的生活。

在人们视线中消失了半年之后,2007年初,高燃创立了北京盛世海川传媒有限公司的消息传来,伴随着这个信息的是其融资高达1000万元。对于高燃来讲,做传媒行业要比做网络熟悉得多。

高燃又开始了新一轮的创业,这对于高燃来讲可能更加得心应手,可是,高燃却表示自己大约会做两三年的时间,在两三年之后,他可能会转到幕后工作。高燃的这一态度,让很多人开始了猜测:高燃在几年后,要做什么呢?

高燃对自己以后要做的事情早有打算,他在接受一次采访时,说道:"可以做自己喜欢的事情去了。比如去创立个基金,比如去出国游学。"

当然,高燃说的是"比如",但是有一件事情他很肯定,那就是要有开阔的视野,自己要比同龄人的视野更加开阔。

对于高燃来讲,他似乎拥有着更大的发展空间和舞台,也比同龄人更加的自信和成熟,在他的性格中,有80后率性自我的体现,也有勇敢大胆的表现。可是,高燃是在为自己的梦想创业，也是在为自己的生活努力奔跑着。

启示录　　"堵"出来的成功

对于年轻人来讲，要想创业成功，自然离不开机会的获得。有名人说"机会是留给有准备的人的"。或许高燃就是一个时刻为机会的到来做好准备的人。当然，只懂得做准备而不懂得如何创造机会的人，恐怕成功会来得晚一些。

对于高燃来讲，他不仅时刻在为机会的到来做准备，同时，他也是一个能够为自己创造机会的人。

在高燃放弃记者工作，决定创业的时候，他就意识到必须要为自己创造机会，否则创业的理想是很难实现的。当高燃认真完成了第一份商业计划书的时候，他希望寻找到一个投资人，而此时，他选择了雅虎网站的创始人杨致远。为了能够与杨致远有独处的机会，他竟然选择在电梯里"堵"杨致远。

无论高燃这次是否成功，但是他都拥有了这次机会。通过高燃的行为，我们可以发现，对于年轻的创业者来讲，很多时候有勇气才能够拥有机会。

如果你想要创业，那么不妨先问问自己是否具有了挑战困难的勇气，如果你没有勇气去面对困境，没有勇气去做自己可能做不到的事情，没有勇气去挑战自己，那么就会比其他的创业者少很多机会。

对于年轻的创业者来讲，勇敢地去创造机会，要比等待机会的降临可靠得多。那么，作为年轻的创业者，究竟要如何创造机会呢？

首先，敢想敢做。很多年轻人有很多点子，却从来不敢付诸行动，不是害怕失败，就是害怕会被别人嘲笑。这样一来，自然就会错过很多成功的机会。对于高燃来讲，他在"堵"杨致远的时候，根本没有想过自己的设计方案是否会被对方否决，也从来没想过对方是否会嘲笑自己的"异想天开"，他是怎么样的，就会怎么样去做。

其次，自信是前提。对于一个成功的创业者来讲，自信是他们具备的共同点。在高燃的身上，我们也能够看到他是一个十分自信的人，无论是言谈举止，还是在创业的过程中，他都是很自信的。就连找到杨致远，将自己的商业计划书递交到对方手中的时候，他依然是那么自信。作为年轻的创业者，应该具备这份自信，即便没有成功，也应该相信自己。对于一个不自信的人来讲，成功机会即便很快到来，也是没有勇气去抓住的，自然也是不会实现辉煌的创业梦的。

最后，把握好时机。无论做什么事情，要想成功，都需要在正确的时间做正确的事情。高燃在杨致远进入电梯后，将门关上，才递上自己的计划书，这样一来，就为自己创造了与对方独处的时间。年轻的创业者，也要学会把握好时间和场合，在正确的场合和时间做正确的事情。

创业，对很多年轻人来讲都是很美好的理想，而在实现这个理想的过程中，自然会遇到各种各样的问题。作为年轻人，如果能够为自己多创造一些机会，多制造一些"偶遇"，或许你的成功概率就会更高一些。

★ 创业板 | 寻找风投的策略

在2007年4月份的时候，高燃作为海川传媒总裁，参加了在厦门举办的第三届中国站长大会。这次大会吸引了上千站长和企业的参加。

在大会中，以"网站如何拿到投资"为话题的讨论很吸引到会人员的注意。在讨论中，高燃认为要想拿到投资，一定要讲诚信，没有任何一家风投公司会希望将钱投给一家不讲信用的企业。

与此同时，高燃认为要想寻找到风投，更需要将心比心，站在对方的角度去思考问题，懂得换位思考，才能够了解对方的思想，得到对方的信任。

作为年轻的创业者，要想创业，最重要的就是要有创业的资金，很多年轻人都想要拿到风险投资，可是究竟要如何做，才能够得到对方的信任呢？

第一，要有决心。高燃认为要想创业，就要有破釜沉舟的决心。当一个年轻人，给投资方展现出了自己的决心时，自然会充满魅力，从而吸引对方的注意力。

第二，跟风险投资方要注意沟通，沟通是极其重要的。对对方来讲，他们希望自己投资的公司不仅是拥有发展空间的，同时也要是讲诚信的，没有任何一家投资方愿意投诚信缺失的企业。另外，要注意沟通方式，不是所有的创业者都有机会和投资人进行沟通的，所以，在沟通的过程中，一定要讲重点。

第三，要有学习能力。对于一个年轻人来讲，无论在什么方面，都要有学习新鲜的事物和知识的能力，这是投资人们最看重的。年轻人在创业之初可能会缺少管理经验和操作经验，这个不要紧，最重要的善于向他人进行学习，从而提高自己的能力。

第四，要有好的创意。对于投资人来讲，他们希望能够找到好的投资项目，而所谓好的投资项目，就是具有一定发展空间和前景的项目。作为年轻人，应该敢于尝试新鲜事物，走在社会最前沿，这样一来，自己的新创业才能够得到对方的认可。当对方认可了你的创意，自然会愿意投资给你了。

天下没有免费的午餐，没有人会无缘无故地给你钱去创业。因此，作为年轻的创业者，应该尽量地展现出自己的创业优势。

对于一个有思想的年轻创业者来讲，自己的创业思想要想得到别人的认可，就需要花费一定的时间和精力。高燃就是一个肯在与人交往上花费时间和精力的人。或许正是如此，让他在创业初期就得到了需要的资金支持。

10

戴志康：一个软件打造的财富社区

大学时，他赚到了人生的第一个50万；毕业后，他很快又获得了人生的第一个500万。他对自己研发的软件要求精益求精，对自己的员工招聘要求百里挑一，但是对公司的盈利模式，却和前几年将免费软件变成付费软件相反，现在决定从收费转向免费。这样一个人，这样一种不赚钱的盈利模式，如何能成就一段不可复制的财富传奇？

创业
没那么难

引 言

他小学开始接触电脑，中学便尝试编制软件。

他考入大学，每天却花费将近15个小时在电脑上。

他2004年成立公司，半年就赚了50万。

他出生在知识分子家庭中，却不"安分"求学。

在大学，他受过3次纪律处分，15门功课不及格，而到了25岁，他拥有一家年营业额超500万的公司。如果说他的大学是失败的，那么如今的他肯定是成功者。这个人就是现在康盛创想(北京)科技有限公司的CEO。

大学时期，他希望凭借软件设计找到理想工作，可是30万年薪的工作真正摆在他的面前时，他却选择了放弃。他喜欢有专长的员工，希望自己的软件能够被千家万户所需要。他大胆改变公司的盈利模式，究竟为何？不妨让我们一起走入戴志康的创业故事中，认真地领悟一番。

一个神奇的软件

1981年的一天，在黑龙江省大庆市的一个知识分子家庭中，诞生了一个男婴，他就是戴志康。戴志康童年的生活和其他小朋友并没有什么不同。

大庆油田是中国最大的油田，产量占全国50%。戴志康就生活在这个城市里，他的父亲是一所大学的教授，很多亲戚都是教师。在童年的戴志康心中，老师是自己整个家族中最为常见的职位。也正是因为自己生活在这样的环境中，所以他在小时候就开始接触电脑了。

戴志康喜欢电脑，更喜欢在家里捣鼓电脑，从286到586，他将家里的电脑一次次地进行升级。随后，戴志康还学会了编程技术，他从小学毕业的1995年开始学习编程，到初中、高中就参加了各种计算机大赛，并且都拿到了很好的比赛名次。逐渐地，戴志康的编程技术越来越高。

到了2000年的时候，戴志康经过努力的学习，考上了哈尔滨工程大学，他走进了大学校园，到这个时候，他和其他的孩子并没有什么不同。可是到了大学，戴志康感到很失望，因为他喜欢自学，对那些考试的内容并不感兴趣，再加上他认为大学里的教材太陈旧，一点也跟不上社会发展。因此，戴志康开始厌烦上课，给自己制定了计划。

他在日记里写道："我有一个计划，在大学里我不再用家里的钱，大一自学完成VB、VC，大三时开发出自己的大型成品软件，考取研究生，大学毕业后到某软件公司就职。"

对于一个有想法的学生来讲，他不希望自己的生活变得无聊。因此，戴志康开始寻找新的事物，希望按照自己的兴趣去获得知识。此时，互联网已经火起来了。

戴志康是一个敢于接纳新事物的人，他通过互联网开始认识外面的世界，因此，他对能够将陌生人联系到一起的网络社区感到十分好奇。

戴志康懂电脑编程，此时，他想如果自己能够开发一套自动生成社区的软件，让那些不懂得管理的人也能够拥有自己的社区，并且认识更多的朋友，这将是多么有趣的事情。更为重要的是戴志康认为如果自己能够将这个软件做成，对以后找工作肯定也是有帮助的。与此同时，还可以让千千万万的用户使用这个软件，将来还能够通过这个软件让更多的人找到工作，自己以后也可以跟朋友说：这个东西是我做的！

当一个人拥有梦想的时候，就会像着魔一样。戴志康在大二那年，为了能够专心做软件，便搬出了学校。

戴志康在校外找了一间房子，然后付了租金，每个月300块钱，这样一来，他就有足够的时间去研究软件和做软件了。

戴志康每天都会花费差不多15个小时在电脑面前，在这段时间里，他每天的睡眠时间有限。一个人一旦拥有了理想，或许就会变得充满精神。软件终于设计好了，他为它取了一个名字叫"Discuz"，然后就挂在了网上，免费给人用。

个人免费+企业收费

起初，戴志康的这个软件是免费让其他人使用的，因此，在网络上就迅速积累了相当数量的用户。在跟其他的同类软件产品进行对比之后，戴志康决定要对这个软件进行收费。

戴志康经过观察发现自己设计的产品，无论是在速度还是在安全方面，都要比同类产品更好，再加上自己的产品更加人性化，他心想，既然别人的产品都能够收费，为什么我的不能收费？

由免费到收费，自然会引来用户们的不满意，很多用户都开始在网络上"吐槽"，将戴志康骂得狗血喷头，甚至有一段时间，他都不敢上网。看到如此的形势，戴志康决定先对个人免费，对企业进行收费。

对于戴志康来讲，这样做的目的是为了能够得到更多的客户支持，同时又能够得到相应的收入，这是经营的战略。

作为年轻人要想实现创业，在创业的初期阶段，就应该先学会运用相对的战略和战术，只有这样才能够让自己的产品得到客户认可之后，又能够获得自己想要的利润。

当然，年轻人做事情可能都会有些鲁莽，戴志康在决定收费的时候，没有想到会引来用户们的不满，从而让他在那一段时间里流失了一些用户，庆幸的是他很快意识到了收费带来的问题。

作为年轻的创业者，在最开始的时候，要想让自己的产品实现盈利，最应该做的是提高知名度，让产品获得用户的支持，只有这样才有用户愿意为你的产品买单。与此同时，要保证自己产品的质量和性能，如果产品的性能不好，自然也不会得到客户的认可。

戴志康在决定对产品收费之后，发现没人购买自己的产品，这让他感到很苦恼，更为苦恼的是，很多原本使用自己软件的用户也对自己的这一行为产生了误解，认为自己是在想要利用软件赚钱。

戴志康为了研发这个软件，不仅从学校里搬了出来，还过着十分艰辛的日子。对于其他的年轻人可能会就此放弃，因为努力了这么久还没有看到收益。那么接下来，戴志康究竟会怎么做呢？

提价的逻辑

在开始的时候，戴志康决定对软件收费，当时，一个软件卖500块钱，卖了将近有半年的时间，竟然一个也没卖出去。戴志康想，既然横竖都是卖不出去，那么干脆就涨到2000块钱吧。

涨价？这究竟是什么逻辑呢？

戴志康心想，既然没人买自己的软件，如果卖500块，那么要找四个人买，才能赚到2000块钱。反正是没人买，自己不妨提价，这样只要有一个人买，自己不就能够赚到钱了吗？

戴志康的提价逻辑很难让人捉摸，当然，很多年轻人也不可能会做出像戴志康这样的决定。对于他来讲，提价的原因是产品没有卖出去，而自己通过提价，可能会招来一些高端用户的注意，从而通过走高端路线，实现盈利的目的。对于有的创业者来讲，在产品卖不出去的时候，可能会选择降价，目的是为了让产品顺利的销售出去。其实，在很多时候，提价要比降价要更见效果。

或许，你会问戴志康为什么会这么自信地进行涨价呢？其实，他在对产品进行研发的过程中，就投入了自己足够的心血。在产品研发了两年之后，就有一家公司以10万年薪来邀请戴志康去这家公司上班。戴志康心想，自己还没有将软件卖出去就有人以这么高的薪金邀请自己，如果自己将软件卖出去了，那自身价值肯定也会提高。

涨价的逻辑是有一定学问的。在当今社会，创业者往往在创业初期，都会将自己的产品价格设定为低于同类产品，而戴志康却认为产品的价格提高能够表现出产品的质量和性能。当然，戴志康提高价格其实也就是在选择消费群体。

作为年轻的创业者来讲，要想创业成功，实现盈利的目的，就要给自己的产品有一个好的市场定位，比如给产品进行市场定位和消费者定位，如果走的是高端路线，自然可能提价。而走高端路线之前，必然要保证自己的产品的质量够格。

戴志康对软件的提价行为，在用户眼中反映为其对产品性能的信赖。当一件商品进行降价的时候，消费者很可能有多种猜测，比如产品性能降低、销量减缓、性价比不高等等。而当某一件商品提价的时候，消费者反而会觉得这件商品的性能值得信赖，产品销量在增加等等。在当时戴志康也有这方面的考虑。

对于一个年轻的创业者来讲，产品在还没有盈利之前，应该找到一条正确的盈利模式，而戴志康的这种提价的方式就可以说是一种盈利模式。当然，戴志康的提价并非是随意而为之的，他所设计出来的产品也是有一定提价空间的。年轻的创业者，在对自我产品进行审视和评估之后，进行提价也是一条实现盈利的创业之路。

戴志康提价的思维对很多人来讲都是无法想象的，也有很多年轻人不敢做出这样的决定。有的年轻人在创业初期发现自己的产品不能很好地进行销售，如果此时再让他们对产品进行价格提升，他们自然是不敢做出这样的决定。戴志康之所以敢做出这样的决定，是因为他在创业初期，就已经为自己的产品选择好了消费人群，对产品有了很好的市场定位。所以，作为年轻的创业者，在对产品进行定价或者是提价之前，先分析好市场定位和消费群体，这样能够更好地实现盈利。

戴志康的产品由原来的500元提升到了2000元，那么谁将会是第一个购买的"冤大头"呢？

大学时代的第一个50万

大胆提价之后，戴志康的软件一样没人买。过了不久，戴志康碰到了一个香港人，对方想要做BBS社区，因此需要一个程序。

香港然在网上找到了戴志康，并发E-mail给戴志康，说他的软件很好，但是还需要具体定制，问他需要多长时间可以设计出来，戴志康告诉他只需要一个星期就行，香港人不相信，因为之前咨询过香港的有关公司，那些公司告诉他需要两个月的时间。此时，戴志康告诉他只需要一周时间，香港人便对戴志康说，这个软件卖2000块钱，如果戴志康能在一个星期之内做完他需要的那个软件，他就多给戴志康1000块钱。这对戴志康来讲自然不是一件难事，他在周五就将软件制作出来了，最终，戴志康挣到了3000块钱。

经过这件事情之后，戴志康心想，既然自己的软件在中国大陆卖不出去，而却得到了香港同胞的认可。香港以及国外在互联网社区方面发展比较成熟，也许自己的软件在国外会卖得很不错。

带着这种想法，戴志康开始将自己的软件都翻译成英文，制作出了英文版的软件。真如其所料，他的软件受到了澳洲、欧洲等国家的企业的认可，他的收费计划也开始奏效了。很多大的论坛开始购买他的软件，因为戴志康的软件安全性和稳定性都很高，所以这就为他的盈利带来了机会。

到了10月份，戴志康便推出了新的版本，并对软件进行完善，加入了新的功能和技术，这样一来，自己的软件在容纳能力方面更是优于同类其他产品。

打这以后，Discuz！就进入了高速发展的正规轨道，销售平均每个月增加30%左右。这也让戴志康淘到了自己的第一桶金——到毕业时，他有了50万元。

对于戴志康来讲，自己虽然淘到了人生的第一桶金，但是还未真正走上创业的正途，他只是在对自己的软件进行设计和简单的销售。作为年轻的创业者，他之所以能够提前拥有创业资金，是因为他有着创业者应该有的吃苦精神和坚定的信念。我相信，如果戴志康无法忍受租来的小屋的破旧，无法忍受一个人的孤独，那么他是无法设计出属于自己的软件的。

没有人希望自己创业失败，而创业成功需要付出很多很多。年轻人需要付出自己的汗水，谁能知道戴志康有多少个夜晚在那个小屋中还在工作？年轻人需要付出信念，没有信念的人是不具备继续奋斗下去的勇气的。创业者，应该凭借年轻的内心，做自己想做的事情，戴志康就是如此。

年轻，没有什么不可以

时间过得很快，戴志康在大学中，用了三年的时间来设计软件。当然，花在学习考试内容上的时间就相当少了，因此，他有15门功课不及格，为了能够从大学毕业，他参加过很多次补考，但是这并不影响他为理想奋斗的信心。

眼看大学就要毕业了，戴志康没有按照之前他给自己设定的计划，找一家软件公司就职。此时的戴志康只有一个想法，那就是成立属于自己的公司。

2004年的时候，他一个人带着50万资金来到了北京，开始了真正的创业之路。

戴志康为什么会选择来北京创办公司？他认为北京是一个大都市，并且当地的政策很鼓励年轻人创业，同样也很适合年轻人的发展。在大学的时候他也曾试图找到创业伙伴，但是在那个氛围中，创业对学生似乎并没有那么重要。于是，他希望来到北京，能够找到自己的团队，并且北京的IT业发展比较先进，有很多大的互联网公司都在北京，这里更适合他的发展。

来到北京之后，戴志康开始寻找场地，他在中关村租了一个办公区。即便他在来北京之前，自己的软件就开始盈利，但是来到北京之后，花销还是比较大的，比如他要租房、交通出行等，都是需要金钱支出的。面对如此巨大的支出，戴志康也从来没有惧怕过。虽然他感到了压力，但是他很清楚，从来到北京开始，他要更加认真和努力地工作。

2004年的时候，戴志康成立了康盛创想（北京）科技有限公司，自己任公司的CEO。

要想成立公司并非是一件容易的事情，对于戴志康来讲，北京是一个陌生的地方，而创办公司所有的手续都是他一个人跑下来的。

公司终于成立了，到这个时候，"Discuz！"的所有事情，包括开发、销售、支持、运营等工作，都是戴志康一个人完成的。他自己有两部电话，经常是一边接电话给对方讲解产品，一边要给客户推销产品，而眼前的电脑上还有正在编的程序。

戴志康没有花过一分钱的所谓推广费用，产品都是通过客户之间的口口相传进行销售的。戴志康认为对于一个互联网产品来讲，潜在客户应该是在网上，这就是所谓的"零成本"营销。

公司成立了后，事情也逐渐多了起来，就在2004年，软件的销售额就达到了几十万。此时的戴志康意识到即便自己会分身术，很多事情也忙不过来了，公司要想扩大发展，就必须要组建团队，此时，戴志康要招人了。

百里挑一，寻找合适的员工

对于很多年轻的创业者来讲，招聘员工似乎并非一件难事，而对于戴志康来讲，要想找到自己需要的那种员工并不容易。

在招聘员工的那段日子里，他每天都会面试十几个人，多的时候甚至好几十人，但是留下的人却不多。戴志康认为要选择适合的员工才能提高工作效率，如果随意的选择员工，不仅会对企业的发展不利，也是对员工本人的不负责任。

经过选拔，他聘用了20余人，而其中非技术人员只有两个人。对于戴志康来讲，他看重的是员工的技术开发能力，他希望自己的员工能够在某一方面有特长，而不是懂所有的方面，却没有一方面专长。

戴志康认为有多少钱就要办多少钱的事儿，在招聘方面也能体现出来。他没有盲目地扩大公司规模、广泛招人，因为他知道自己有多少资金，在人员方面要支出多少。可见，他是一个有计划的人。

对于年轻的创业者来讲，在选择招聘员工时，一定要选择适合的员工，这个员工可能在某一方面表现得很出色，而其他方面表现一般，公司如果需要他的这一方面的才能，也是可以招聘进来，为公司所用的。

同样的，在与员工相处方面，戴志康并不鼓励员工加班。他认为员工应该有自己的业余生活，而正是他的这种态度，让很多员工自己甘愿花费更多的时间去工作。

对于年轻的创业者来讲，自己可能会每天花费超过8个小时的工作时间，而无论怎样，也不要求员工付出过多的时间。

年轻的创业者在用人方面，要注意很多问题。例如在选择聘用某个员工之后，就要相信这个员工的工作能力，做到用人不疑，疑人不用。如果在聘用了对方之后，总是怀疑对方的能力，那么上下级之间就很难形成相互之间的信任。同时，要做到人员的合理配置，每个人有各自的特长和优点，作为企业的管理者和建立者，有义务去发现各自的优点，将员工安排在他们擅长的职位上，这样能够达到人力资源最大化利用，同样也能够提高工作效率。当然，作为企业的管理者，在用人方面要学会放权，有些事情需要员工去做，有些事情管理者是没有必要参与的，这样一来下属会感受到你对他的信任，从而在工作中变得更加积极和自信。

招聘员工是一门学问，戴志康对自己的员工也有一些要求。他希望能够招聘到最适合企业发展的员工，同时，也希望员工在工作中找到乐趣。

戴志康建立了自己的公司，拥有了自己的团队，在2005年，他的企业销售额就达到了几百万。接下来，戴志康又有什么想法和举措呢？

改变盈利模式的勇气

公司发展的十分顺利，客户量也在不断增加。就在这个时候，戴志康又做了一个让人意想不到的决定。

和他前几年将免费软件变成付费软件相反，他决定将已经收费多年的产品全部免费。

到了2005年，"Discuz！"成为社区软件领域的老大。戴志康认为"老大"就应该有"老大"的样子。于是，到了12月份的时候，戴志康决定将已经收费多年的软件全部免费开放，这个决定和前几年将免费软件变为付费软件一样让人感到惊讶。

戴志康决定将公司主打的BBS软件Discuz！进行了全面免费，只是在品牌定制和技术支持等服务方面收取相应的费用，从而来维持公司基本的运营成本和人员开支。

很多同事和朋友都不明白为什么戴志康要这样做，因为在下属看来，既然是收费软件，很多人也会用，根本没有必要将收费改为免费，而戴志康却不这样认为。在一次接受采访时，他说出了自己的想法："这是我好几年来的一个理想，我本来想做一个大众化的、很普及的一个东西，现在产品免费后，原先想用但没钱买的这些人，就可以使用这个软件，我的用户群就可以急速上涨，这些人里面比如说有1%的人做大了，那我的收入也会水涨船高，我们未来的盈利模式都建立在这个庞大的用户基数上。"

也是在这一年，美国的微软公司也做了一次大方位的调整，开始执行"NET"战略，即由过去从产品销售中获取利润逐步过渡到从提供服务上获取收入。与此同时，以Google为代表的网络新贵也取得了新形势下的成功。雷军作为金山企业的CEO，对企业的成功总结为：以产品为核心，依靠互联网的口碑进行营销，对所研发的软件进行免费，而服务进行收费，靠广告盈利的新模式。

在这种形式下，戴志康的软件免费更是顺应了发展潮流。在软件免费之后，几乎每天都有超过1000个的网站安装了Discuz!，很快，有效用户超过了30万，在中国70万个网站中Discuz!占有率就已达到了40%左右。

在2005年的时候，戴志康很清楚地算了一笔账，中国当时1000个网站中就有600个网站是BBS的，也就是说BBS占了整个中国网站的60%、70%。戴志康相信，公司提供的免费软件，会让中国七八万社区成为自己的用户，他认为这个市场前景还是不错的。

从收费到免费的经营模式的变化，就意味着公司盈利模式也要发生相应的改变，从原来的单纯依靠产品来盈利转向靠提供产品的服务支持获得利润。戴志康说："我们不是要先赚你的钱，然后再为你提供服务，而是先为你提供服务，等你做大了我们再来赚你的钱。"

对于一个80后年轻人来讲，有这样的勇气来改变经营模式，绝不是一般人能够做到的。对于戴志康来讲，这样做自然也存在着一定的风险，但是他相信，这种盈利模式将会成为以后互联网发展的潮流，自己的企业要想有所发展和不断创新，就应该适应社会发展潮流。当然，从如今来看，戴志康的决定是正确的。

忘记终点，走好每一步

作为年轻的创业者，最珍贵的品质恐怕就是能够脚踏实地地走好每一步了，对于戴志康来讲，这正是他的优点。

戴志康是一个善于学习之人，他随便看打开网页，只要眼角扫到了一个陌生的应用，他就会想尽办法将这个应用弄清楚。

戴志康去朋友的公司，对方在跟下属谈话，戴志康也会认真地聆听，甚至还会隔几天打电话问对方谈话效果如何。有的员工工作态度不好，戴志康总是会针对员工的性格和价值观，进行有目的的谈话。从这些小事上，都能够看出戴志康是一个善学之人，同时也是一个做事踏实之人。

从2001年起，戴志康开始独立设计开发社区论坛系统Discuz!，至2006年，公司的软件已成为全球用户数最多的PHP社区论坛软件之一。

随着戴志康公司的发展，其在国内外市场上也有了一定的影响力。在2006年上半年的时候，戴志康的公司获得了国际著名风险投资商红杉资本的注资。紧接着同年6月份，康盛创想的Discuz!社区论坛软件就获得了"中国软件十大自主创新产品奖"的称号；同年8月，戴志康的公司被美国著名风险投资杂志RedHerring评选为未上市的"2006年亚洲百强科技创新企业"。

2010年8月腾讯公司最终确认收购了戴志康的公司，收购金额超过6000万美元(约4.68亿人民币)。

从戴志康设计软件，到公司成立，再到接受风投，最后到企业的不断发展壮大，戴志康都是实打实干，一步一个脚印。

戴志康是一个有自己思想的人，他无论做什么事情，做出怎样的决定，都是经过深思熟虑的，就连对软件实行免费开放的决定，也是他在想了好几个月之后，将这个决定告诉了助理，然后通知下属执行的。或许很多人会说戴志康是一个专断的人，但是他有自己的思想，他会按照自己的思想做事情。

对于年轻的创业者来讲，具有独立的思维才是实现创业成功的关键因素之一。如果一个人失去了独立思考和独立做决定的勇气，那么最终也不会成功。

在下属看来，戴志康是一个做事果断的人，而做事果断并不意味着做事情鲁莽，他懂得在做事情之前进行周密的思考。就以戴志康决定将软件由收费变为免费的时候，他也是在对国内外市场发展形势进行分析之后，才做出的决定。可见，他是一个做事认真踏实之人。

作为年轻的创业者，应该能够坚定地走好每一步，在每一步的行进中，都能够看清自己的路在何方。与此同时，在做出每一个决定的同时，都能够进行周密的思考，从而避免犯错。

戴志康从设计软件开始，或许从来没有想过自己的道路在哪儿，他也不知道终点在何方，但是他很清楚一点，那就是在走每一步的同时，都能够做到脚踏实地。

启示录　借助资本的力量创业

年轻人要想创业，就应该具备创业的资本，而这里所说的资本并不单单指的是金钱。创业的资本包含很多方面，比如人脉、资金、技术、人力等等。作为一名年轻人，又是处在创业的基础阶段，要想具备所有创业最佳条件，似乎是一件不可能的事情。

戴志康在大学的时候，就开始了自己创业，这个时候的他没有想过自己是在用技术创业，而是想要凭借自己的技术获得一份满意的工作。无意中，戴志康就是借助了自己的技术资本进行了创业，从而获得了创业的成功。

每一位年轻人在创业初期阶段，都不可能拥有各种创业的有利条件，或许只拥有一条，或许又只满足其中的两三点，这些都不要紧。只要能够具备一种条件，就能够成为实现创业成功的前提。

戴志康进入北京，打算开公司的时候，就他一个人，如果说此时有助于其创业的条件，恐怕就是手中积攒下来的那些钱。虽然这些钱并不多，但是却能够对其创业提供基本的资金条件。

作为年轻的创业者，不妨利用自身具备的有利条件，进行创业。创业者千万不要贪多贪大，否则就会害得自己一败涂地。

在现实生活中，我们经常会看到有的年轻人，希望创办一家大型公司，因此在创业初期就会招聘很多员工，不管这些员工的人员素质是高是低，只是单纯地希望能够在规模上领先。最终，人员开支过高，造成公司资金紧张，运营困难。戴志康为了避免出现类似的情况，在公司刚刚成立之初，他在选择员工时，是经过详细考虑和审视的，绝对不会轻易录用某一位员工，录用的人肯定是在业务和人品上都合格的，他不注重人员的数量，而是在乎人员的质量。

年轻的创业者想要凭借资本的力量，来促使自己创业成功，那么首先就是要了解自我，看看自己具备哪些资本，比如自己具备人脉资源还是资金等等。了解自己的情况之后，才能够找到真正适合自己的创业方式和行业。

了解自我是一方面，另一方面则是了解资本的优势。比如具备技术优势能够让一个年轻创业者具有最为核心的创业价值，如果具有资本优势则无须害怕公司成立后的资金运转问题。所以，年轻人创业可以依靠自己具备的资本优势来选择创业行当和创业时间。

在社会竞争如此激烈的今天，作为年轻创业者，更应该注重自我优势，从而促使优势最大化，实现以优补劣。

★ 创业板 | 融资是为了让钱生钱

企业融资是很正常不过的发展过程。很多年轻的创业者不明白为什么企业会在发展顺利的时候选择融资？

融资，就是为了让钱生钱。

对于喜欢安于现状的人来讲，他们在企业走向顺境的时候，心中会想只要企业能够这么平稳地发展下去就好，没有必要让企业有多么大的发展。而对于一个真正有"野心"的企业家来讲，他们会选择融资，目的是能够在企业发展顺利的时候获得更多的现金价值，从而为企业提供更大的发展空间，让企业获得更多的利润。

一个懂得融资的企业创始人，往往能够给企业带来前所未有的发展契机，而一个只懂得用企业自己的钱来生钱的人，企业发展的可能就要相对慢一些。戴志康在企业发展顺利时期，也是选择了融资，而融资的原因无非是希望企业发展得更大。

　　当然，企业选择融资，要把握好时机。很多创业者认为企业融资很可能会让企业的很多权利被别人占有，从而拒绝融资。其实这一点完全没有必要担心，作为企业的管理者，就是希望能够让企业得到更好的发挥机会，如果企业能够壮大，那么自身利益也会实现最大化。

　　对于年轻的创业者来讲，融资就意味着给企业创造更大的发展空间。与此同时，创业者的责任也就变大了，作为年轻人，要有一定的担当，不要害怕自己会无法领导这么大的企业。

　　对于创业者来讲，创业是实现理想的第一次挑战，而融资则属于实现理想道路上的第二次挑战。年轻人，要想创业成功，自然就需要具备面临挑战的信心和勇气，只有这样才能够在困境中重生，在顺境中更加稳重。

　　融资的过程也是企业发展的过程，因为融资就是让钱生钱。面对企业资金更加雄厚的现实，年轻的创业者要如何正确摆正自己的金钱观和价值观呢？

　　很多年轻的创业者不曾想过这个问题。在现实生活中，很多年轻的创业者，在创业的过程中，会因为企业暂时的顺利发展，而忘乎所以。在企业融资成功之后，便走入了"享乐时代"。创业者没有了起初的创业激情，只懂得吃喝玩乐，那么企业就会陷入危机之中。

　　对于年轻创业者来讲，走上融资之路，往往能够让企业获得更好的发展契机，此时的创业者更应该摆正自己的心态，努力让钱生钱，而非安于现状。

11
任鑫：价值上亿的创意"今夜酒店特价"

　　一次平常的头脑风暴，让他萌发了一个充满想象力的idea；一种新奇的营销模式，让他创造了一个特殊的软件；一个晚上的线上营销，让他成为一鸣惊人的APP新宠；一轮格外顺利的融资，让他拥有了一个价值上亿的公司，他就是一直被模仿、从未被超越的任鑫——"今夜酒店特价"软件的创始人之一。

创业
没那么难

引 言

他毕业于上海交通大学，进入美国新蛋网工作。

他先是就业，而又不甘于为别人打工，故而选择创业。

他的APP一夜成名，但业绩却不尽如人意。

他是典型的80后，却有着价值上亿的公司。

他不喜欢生活发生改变，却走了不断改变生活之路。他不喜欢冒险，但在创业路上又不得不注重创新。对于他来讲，从放弃现有稳定的工作，到开始创业，是一次没有悬念的抉择。

他究竟是谁？他就是"今夜酒店特价"软件的创始人之一任鑫。同样是80后，同样是电销创业，不妨来了解一下任鑫的创业之路有多么辉煌！

不分享看法，只分享做法

任鑫也曾迷茫过，在2005年的时候，他要从上海交大计算机专业毕业了。在这所大学中，他度过了四年的时光，可是，毕业之后，他却不希望做技术，同时也不想浪费掉技术。想必很多年轻人都有过这样的想法，在大学毕业后想要找一份既能用得上所学知识的工作，同时也能够得到新的发展空间。于是，任鑫便试图去寻找一份能够将技术与商业相结合的工作。

当然，对于当时的任鑫来讲，他根本不清楚结合点在哪儿，也不知道怎么找。虽然电子商务听起来在技术和商业方面都挂边，但是他也不清楚自己究竟能够做什么。

很多时候机会的到来就是一种巧合。就在任鑫迷茫之际，中国新蛋网公开招聘管理培训生，这对于任鑫来说是个不错的机会。因为这个职位不看重技术背景，同时，任鑫还可以直接转做管理，加之此前任鑫对电商的某些憧憬，所以他很快就决定加入新蛋网，负责市场营销工作。

在新蛋工作的时候，任鑫就表现出了自己胆大心细的特点，他对自己认为正确的决定能够做到"当场拍板"。就这样"瞎胡闹"了两年，在2007年的时候，任鑫去了美国新蛋网。在美国新蛋网工作了有两年的时间，在这段时间里，他对电商有了很多新的认识。

在美国的时候，任鑫时常会通过自己的博客分享属于"Mars的观点"，他会将自己对电商知识的了解做总结，并且在自己的博客中进行整理发表，并且会告诉别人要做什么。此时的任鑫成了一名优秀的博客主。

任鑫在博客中从不分享看法，只是分享自己的做法，因此，受到了从业人员的欢迎。在美国的两年时间里，他对电商的战略和营销层面都有了很深的了解，可是，他却从来没有忘记过要回国。原因很简单，任鑫认为国内电商的发展将要迎来春天，在国内，自己或许才能够找到属于自己的小宇宙。

带着自己的电商之梦，任鑫终于回国了。

任鑫是一个不喜欢冒险，不喜欢变化的人，用现在的话说，他是比较宅的一个人，而他选择的生活则与自己的特质相差甚远。

他回国后，生活充满了变化，无论是从时间还是从空间上来讲，这个喜欢宅在家里的男生却没有了宅在家里的机会。

在中国，任鑫的生活内容丰富到惊人，他回国后没有立刻创业，而是在一边读书，一边兼职做资讯项目，甚至还兼职做了大学教授。一边在读商学院，一边在教商学院，任鑫的生活是那么的"离谱"，但他却看起来很开心。

看似矛盾的生活其实并没有想象中的矛盾发生，任鑫虽然宅，但是他不希望自己的生活永远处在舒适的环境中。因此，任鑫会时不时地逼迫自己做一些自己不想做的事情。作为年轻人，任鑫知道自己将要做出怎样的决定。

三个同事的头脑风暴

喜欢看美剧的年轻人肯定都看过《生活大爆炸》，在这部电视剧中，主人公谢耳朵和他的宅男朋友们都很活跃，只要是想出了一个点子，大家就会毫不犹豫地开始行动，而过程中充满了巨多搞笑戏份。任鑫的团队亦如此，甚至更不"靠谱"。

回国后，任鑫仍在独自闯荡，过着看似"不靠谱"的生活。

在2011年初的时候，Groupon进入中国，它是一家纯粹性的电子商务网站，任鑫被邀请成为Groupon中国市场副总裁，他在就职不久就觉得这是一个不靠谱的事情，虽然他接手Groupon的marketing，在短短的20多天时间里，marketing的架子搭好了，但是对于这个热衷于营销的年轻人来讲，尽情地支配一大笔钱，让他觉得"不靠谱"。随后，他完成了自己的工作，很随性地离开了。

为什么任鑫会离开？虽然在他的微博中，他表示是因为一些个人原因，决定考虑其他的机会，可是他自己清楚，是因为"感觉不对"。他接手离开Groupon之后，任鑫终于有了点宅男的样子，在很长的一段时间内，他都会将自己泡在图书馆里，同时在筹备一个鞋类电商的项目。

一天，任鑫接到了曾经和自己一起在新蛋网工作的邓天卓的电话，电话那头的邓天卓显然很开心："我终于找到方向了，我们开始创业吧！"

邓天卓之前也在新蛋网工作过两年，当时就与任鑫相识，回国后，两个人时常会联系。邓天卓回国后去了中国移动工作，当任鑫听到他要创业的想法，认为他疯了。

之后，邓天卓飞往了美国，一个月之后，又飞回了中国。他打电话给任鑫说："投资人后天要来，你明天过来帮我看下商业计划书好不好?"，任鑫放下电话，便背着自己的书包，满心欢喜地飞到了北京，可是到了北京，他才发现，根本没有什么商业计划书，连点子都还没有成形。

任鑫觉得自己被忽悠了，可是既然已经来了，就只好住下了。他花了两周时间与邓天卓讨论观点，完善计划，在这个过程中，鞋类电商的项目不战而败，当时的任鑫只是觉得好玩儿，真正吸引任鑫的项目是一个很宏大的计划。当时，他们想的是可以要做集合支付、SNS、通信、线上线下的O2O全解决方案，希望通过这个项目来改变人类的进程。

两个人就这个项目，不断地进行讨论，两个月过去了，这个方案却戛然而止了，任鑫在后来接受采访时说道："凡是宏大的项目，过几周去看就发现特别不靠谱。"当时，产品都已经做好了，可是项目却被丢掉了。这个最理想的项目被丢掉之后，任鑫有些失望。即便当时，他觉得创业过程好玩儿，可是却失去了创业的具体方向。

虽然没有了创业的具体方向，但是移动互联网的大体方向还是没有改变的。在这个基础上，任鑫和邓天卓开始对下一个点子进行讨论和深入研究。此时，曾经在美国新蛋网工作过的郑海平也加入到了他们的行列中，三个人开始了一起琢磨创业方向和具体实施方法。

在那段时间里，任鑫抱着玩儿的心态，但是在事情的商讨中，他都很认真。他很清楚，三个人都对电商比较了解，商业模式算是很清楚的，关键是如何将商业模式进行商业化。

经过三个人的不断尝试，并坚持电商基因与移动互联网的结合，终于在2011年5月份的时候，"今夜酒店特价"的项目诞生了，这个点子成功活过了两个月。经过三个人的认真研究，发现这个项目有发展的空间，任鑫和他的搭档们便决定大干一场。

随后任鑫开始找投资方，在投资方确定投资之后，他们终于开始了自己的创业之路。

新奇的模式

无论是从事哪个行业，要想赚钱，收入来源其实只有两个：第一个就是从每个顾客身上多赚一些，另一个则是多拉点顾客进来。这两方面听起来似乎是相互矛盾的，要想多赚钱就要提高价格，要想多销就要薄利。所以，一般的商家都会尽量吸引那些不差钱的顾客，从而从他们的身上赚取利润。然后，再将剩余库存低价销售给注重性价比的顾客，卖一件是一件。

要实现这个销售模式，最重要的就是做到区隔顾客和商品。任鑫就是看到了这种模式，从而想到了"今夜酒店特价"的经营方法。

任鑫心想究竟要如何来识别出"不差钱"的顾客和"注重性价比"的顾客，怎么对不同的商品进行设计，从而让它们对后者产生吸引力，这就是"今夜酒店特价"商业模式的核心。

举例来讲，比如一家四星级酒店，平时的标间房价为599元，可是不能保证每天都住客爆满，如果今天晚上空房很多，就以250元的低价提供给"今夜酒店特价"，任鑫就可以在网站上标出每间269元的价格，差价19元则是自己的利润所在。想要住酒店的人只要打开手机上的今夜酒店特价APP，就能用仅仅269元的价格住上平日要599才能住上的房间了。

这种方法不仅为酒店清空本来就要浪费掉的库存，让酒店多赚了钱，同时，"今夜酒店特价"也得到了相应的利润，顾客也得到了实惠，可谓是实现了三方得利。这种赚取差价的盈利模式，可以说就是"今夜酒店特价"能够成功的关键所在。

"今夜酒店特价"的这种盈利模式，一方面，酒店可以通过超低的折扣价格吸引更多顾客的注意，从而销售掉过剩的库存；而另一方面，要想预订特价房间，只能通过手机在APP上进行操作预订，在预订时间上只能在晚上六点之后预订，并且预订多是只能预订一晚，这样的渠道、时间、商品三方面的限制又能够保证酒店正常销售不受到影响。自然，很多酒店都愿意和今夜酒店特价合作了。

现实互联网发展过程中，在任鑫和邓天卓推出"今夜特价酒店"之前，携程、去哪儿等传统的旅游服务商就已经在手机上推出了类似的服务。不同之处在于，任鑫的"今夜酒店特价"是"专卖酒店尾货"，在其他的网站上客户可以提前一周预订房间，还可以预订多天的居住，而"今夜特价酒店"只为当天晚上六点之后预订的顾客提供，并且很多大的酒店只能预订一天。

在任鑫看来，这种销售尾货的经营模式本质上也是酒店的实时团购，不过是限时开团。时间定在当天晚上六点，只是为了不影响当天的酒店客房销售。

在任鑫接受采访时说道："普通团购是酒店预售将来的正常销售机会，而我们的模式则是销售掉当天剩余的，不伤害正常的酒店销售。"

刚开始，任鑫为了得到酒店的支持，需要亲自一家家酒店挨个上门去谈合作，因为自己是免费为他们提供销售渠道，对酒店有益，在1个月内，北上广深四大城市的几百家酒店就已经进驻"今夜酒店特价"。

有了酒店加盟，再加上实惠的价格，任鑫认为这个项目是具有发展空间的，只要进行合理的推广，他相信一定能够吸引消费者的注意。

时间就是金钱

对于很多年轻人来讲，他们在找准项目之后，都会花费很长的时间进行研究或者是做市场调查，生怕在创业初期会出现任何的纰漏或者是失误。而对于任鑫来讲，他和合作伙伴们认为，时间就是金钱，既然确定这个项目有发展空间，他们决定尽快进行项目开发。

任鑫和同伴们是在8月5号正式决定做这个项目的，两日之后，这个项目就进入了正式开发阶段。到了8月27日，项目开发完成，就开始测试第三方支付工具。到了9月3号，APP就上传成功，9月21号正式上线。9月22号冲到苹果旅游榜第一名，总榜第二名。

任鑫从项目确定，到产品研发，再到上线销售，仅仅用了一个多月的时间。可见，他们是一个很注重效率的团队。

当"今夜酒店特价"取得第一个傲人成绩之后，任鑫和合作伙伴们高兴不已，因为这是他们根本没想到的。在产品上线之时，任鑫预想可能要花费一个多月的时间，下载量才能突破10万人，可是没想到仅仅用了三天时间就实现了10万的下载量。这也让他看到了，"今夜酒店特价"的巨大发展空间。

对于任鑫来讲，时间就是金钱，他在想如果自己能够以最快的速度研发出合格的产品，并且上线，那么就会早一天占领商机，拥有更多的客户群。在这个互联网如此发达的社会中，如果不能够尽快进行研发，万一被其他的有心人发现了商机，则自己就白费了精力。

为了节省时间，他没有过多地对可能存在的问题——研究，而是马不停蹄地寻找合作酒店和进行软件开发。对于他来讲，时间就是金钱，拖延时间就等于在浪费金钱。

对于年轻的创业者来讲，很多人希望在各方面准备妥当之后，再进行创业。其实，在很多时候，要想各方面都准备好再将商品推上线，这似乎是一件不太可能的事情。如果真要这么做，也会浪费很多的时间，产品上线也需要更漫长的过程。

任鑫的经验就是要尽快将产品研发出来，然后上线销售，只有这样才能够通过行动验证这个项目是否有发展的空间，如果只是停留在假设阶段，恐怕只能是浪费时间。

对于创业者来讲，应该尽量缩短产品研发和对市场调研的时间，因为在这些方面投入的时间越长，投入的精力也就越多，投入的资金也会越多，所以节约时间，就是在节省资金，减少资本的投入。

任鑫是一个敢想敢做之人。在他看到了"今夜酒店特价"的发展空间之后，他更是不会放慢自己的脚步。任鑫认为加快脚步，就是在抢夺市场，更是在创造财富。

一夜成名后的传奇融资

对于一个软件来讲，要想让更多的用户知晓，恐怕就需要在移动互联网领域，进行有效的产品推广，随后，让自己的应用能够在数以万计的APP中脱颖而出。任鑫经过奔走，得到了很多酒店的支持和进驻，可是要想让自己的应用得到广大用户们的支持，却并不是一件容易的事情，这个问题一度让任鑫感到头疼。

在任鑫建立"今夜酒店特价"一年之前，只要你的产品足够的好，就能够在移动互联网领域占有一席之地，甚至能够顺利挤进前几名。但是如今，各种应用泛滥，一个应用要想得到用户们的迅速关注，单纯地依靠产品已经不足以占领市场了。

任鑫意识到产品推广至关重要。当时，移动互联网产品推广方式主要分为三类，分别为：友情推荐、资源交换和付费广告、推广渠道，而一些大的第三方商店或者是ROM制造者还会应用内嵌广告和社区、论坛等在线渠道进行推广。

这些方面的推广是在所难免的，除了这些常规的方式之外，任鑫还想到了一些特别的方式：通过微博、博客等外力，对产品进行推广，从而化解推广瓶颈。

或许你会质疑，通过个人的微博、博客推广，会起到什么效果呢？虽然在业内任鑫这个名字并不出名，但是他的英文名Mars，却被很多人都熟知。这要从任鑫在美国新蛋网工作时说起，当时他经常在自己的博客中，以Mars的口吻总结一些电销经验和知识，这受到了很多圈内外人士的关注。这样一来，在自己的微博和博客中进行产品推广，可谓是一条不错的途径。

就这样，"今夜酒店特价"从多个途径进行宣传，将自己的产品定位在辅助性的尾货销售渠道上，自然就吸引了消费者的注意，同时，"今夜酒店特价"的定位就是酒店业的奥特莱斯折扣商店，折扣对每一位消费者来讲都是有吸引力的。

虽然仓促上马，但是产品体验却一点也不逊色。据任鑫透露，在上线3天内，"今夜特价酒店"的用户下载量就突破了10万。任鑫在后来接受采访时说道："在移动互联网领域，马太效应明显，只要产品有需求，越靠前的应用增长得越快，苹果等应用商店也会对新应用加权，鼓励新品。"

10月末，"今夜酒店特价"决定接受融资战略，并且成功获得首轮融资超过400万美金。三个月便实现了融资计划，这是多少企业不敢相信的事情。

上线经营3个多月，就实现了将近3000万人民币的融资规模，这简直就是一个传奇，更为让人震惊的是，在当时有十几位投资人都有意向给任鑫注资，其中一家投资公司在和任鑫聊了半个小时后，四天的时间里就将投资资金打到了任鑫公司的账户上，这种融资速度在商界也是很少见的。

在2012年，谈到公司今后的发展时，任鑫说道："未来公司将介入非常多的供应商，推出多种特价产品，等到更健康的模式出现之后，希望融到500万(美元)支持下一步发展。"可见，任鑫的融资步伐还没有结束，他还有更为长远的打算。

行业巨头的封杀

一个新的企业的建立和发展，很容易引来同行们甚至是"前辈们"的打压，这是在所难免的事情。对于任鑫来讲，他早就做好了这方面的思想准备，可是，他却没有想到行业巨头携程的打压会来得这么快，来得这么猛烈。

携程即携程旅行网，携程旅行网在国内外拥有5000余家会员酒店可供预订，是中国领先的酒店预订服务中心，在中国酒店预订行业有着很大的影响力。占据中国在线旅游50%以上市场份额，是绝对的市场领导者。

产品上线仅仅一周的时间，携程就开始了打压，并且打压措施也是极其惨烈的：

凡是在"今夜酒店特价"上展示过的酒店，就会在携程网站上消失。当酒店发现从携程那里拿不到订单了，便打过去电话问，此时，就会被告知说是酒店在其他网站上提供了更低的价格，所以就会被携程删除。即便酒店解释说这个价格只是用来清理那些每天剩下的尾房，而且要求顾客预付，根本没有违反和携程的协议，携程也不会听，照样删除相关的酒店。

携程的打压方法倒是很简单，也直接，这样做就是逼迫这些酒店进行二选一，似乎在告诉所有和任鑫合作的酒店"有我没他，有他没我"。要知道当时携程的影响力还是很大的，很多酒店依赖与携程的订单，被迫无奈，只好放弃了和任鑫的合作。

任鑫在后来的回忆中清晰地记得，在10月第二周的时候是最惨的，在网站上，北京就只有四五家酒店，每天都被顾客骂说你们网站就这么几家酒店，还好意思开门做生意。

任鑫从来不是一个怕事的人，只是在携程开始打压的时候根本不想针锋相对地反击，直到被打压的每个城市就只剩下寥寥无几的酒店，任鑫还心存幻想，他给携程CEO范敏写了一封私信，问其是不是携程业务部擅自做的举动，希望这位CEO能够帮忙制止一下，但是任鑫的私信石沉大海，根本没有得到回应。

面对久久得不到携程回应，网站上合作酒店越来越少，眼看老顾客出现了流失现象，任鑫决定反击。

任鑫找到了媒体朋友帮忙，很快几家媒体官方微博就开始跟进这件打压事件，同时曝光了携程打压"今夜酒店特价"的情况，此时，携程才通过非正式的途径和任鑫进行沟通，并称希望任鑫"不要把事情复杂化"。

任鑫心想如果携程上来不这么重地打压自己，自己也不会允许媒体到处宣扬的。任鑫在后来接受媒体采访时说道："后来我仔细了解了一下，才发现封杀我们的命令应该是酒店业务部这条线在操作，市场和PR的人有可能真不知情。"

接下来的事情就戏剧化了，各个平面媒体都开始跟进这件事情，其中包括中央人民广播电台都在报道，任鑫认为携程可能会因为舆论的压力放弃或者是暂时停止打压自己，没想到出乎意料的事情又出现了。随着任鑫开拓的酒店数量越来越多，携程对自己的打压力度更强了。

任鑫在博客上无奈地写道："无线互联网是无线，不是没有底线。"

为了应对携程的打压，任鑫开始和各家经济连锁酒店进行商谈，为什么要和经济连锁酒店进行商谈？任鑫考虑了以下两方面的原因：一方面是希望能够快速增加自己线上的酒店数量，和一个品牌谈判成功，则就能够得到几百家合作酒店。另一方面是因为经济连锁酒店相对强势一些，携程未必敢威胁他们。

此时，携程又给了任鑫当头一棒。在"锦江之星"刚上线，第二天在"今夜酒店特价"上的几家锦江之星就全部从携程网站上消失了。面对这种情形，任鑫的心情变得很低落，也很气愤，于是，他便在自己的微博上开始讽刺携程，瞬间就得到四五百个转发。

面对行业巨头的封杀，任鑫的团队被迫开始了打游击战，即先将一些酒店进行下架处理，等两三天后再上线。此外，他们还采取了合纵连横的战术：任鑫联合起了携程的对手或者是曾经与携程有过节的企业。

就在11月份，携程的老对手汇通天下与锦江酒店等著名的酒店业集团高管一起在公开场合宣布，支持"今夜特价酒店"。此外，很多酒店也不愿意放弃"今夜酒店特价"这个销售渠道，逐渐地困局被打破了。

虽然携程不承认自己是在"打压"任鑫的企业，说这只是新进者借话题进行炒作，但是在任鑫微博给出证据要求对方进行解释后，又再辩解说他们的行为只是为了"要求最惠国待遇"，这一系列的事端，都不难看出，携程对这个新入局者不敢小觑，从侧面也反映了任鑫企业的发展潜质，与此同时，媒体对这一连串事情的曝光和跟进，无意间也加大了"今夜酒店特价"的市场影响力。

一直被模仿，从未被超越

随着"今夜特价酒店"的迅速发展，其用户量也得到了迅速增加，可是任鑫发现收入却并不多。作为创业者，第一步的成功任鑫已经实现，但是创业拼的是长跑。在盈利方面，任鑫又开始进行思考了。

一方面，"今夜特价酒店"对客户定位是商旅人士，这部分人群大部分都有很强的计划性，喜欢提前预约准备，因此，这点是任鑫比较重视的。除此之外，商旅人士比较看重是否能够报销，因此，价格并没有起到决定作用。另一方面，移动互联网领域的创业门槛也是比较低的，同类可取代的产品众多，要想抢先得到商机，就要产品新鲜，实现创新。

在行业中，任鑫实行手机预付功能是其他网站很少实行的，可是，在国内手机网速和流量费的制约下，怎样才能够保证客户群的持续增长和不流失呢？值得一提的是任鑫选择的这种酒店尾房销售模式，对时效性要求比较高，需要预约模式的成熟作为支撑，而目前，国内酒店预订仍多是以前台当场交现金预付模式为主，用户使用习惯的培养和改变也是一大难题。

这些方面的问题都是任鑫需要去解决的，他意识到如果这些问题得不到解决，终究会影响到企业的发展，甚至会影响到用户量增加。任鑫和绝大部分创业者一样，创业过程中面临很多困境，但是他很痴迷这种创业的感觉，认为创业能够给自己带来兴奋感，自然克服这些困难也就不在话下。

为了解决上述问题，任鑫带领团队快速做出调整，更换了支付服务供应商，并且和尽可能多的酒店商定前台现付的方式，此后很大一部分浏览量转化为了客户量。

如今，"今夜特价酒店"已经有了很强大的客户群，其发展也越来越顺利。当然，在发展的过程中，任鑫从未停止过创新，无论是从产品完善和选择合作者方面，他都尽量找到新的方式。他成为名副其实的创新者，从未被别人超越。

对于一个年轻的创业者来讲，要想找到新的创业点，就需要有一个独特的思想，即点子。这个点子如果太过一般或者宏大，可能已经被很多行业巨头们抢占了商机，挖走了市场。

任鑫觉得要想在某个行业站稳脚跟，就要想到一个独特的点子，那些行业巨头们没有想到、没有发现的方面。只有当一个创新是破坏性的，看起来不能够满足原有的市场，这样的机会才会被巨头们忽略掉，也才是小公司在这个市场中存活下来的方向。

任鑫成就了"今夜酒店特价"，同样的"今夜酒店特价"也成就了任鑫，他是一个开拓者，相对于其他创业者来讲，他又是创业者的模仿者。

APP领域的折扣财富

任鑫与合伙人邓天卓共同开发的一款APP应用 "今夜酒店特价" 凭借着对市场的把握，一举受到了消费者的追捧。他们的商业模式很清晰：就是与酒店洽谈协议，将每晚6点后卖不掉的剩房便宜转卖给消费者。在这次创业中，任鑫是成功了。

任鑫创业成功，很大程度上是因为他看到了折扣所带来的财富。通过对卖不掉的剩房间以打折的方式，卖给消费者，自己在中间收取差价，从而创造出了利润。

在APP领域，要想创业，就要找到新的创业点。任鑫很清楚，在互联网发展如此迅速的今天，很多行业大佬对市场具有很强的把控和开拓能力，自己作为一个小公司，要想打出一片属于自己的天地，就需要找到新的财富点。

创造财富就是一个利用未被占用的资源，将这些资源进行合理转化，从而让资源变成价值的过程。任鑫具有敏锐的观察力，他发现在互联网时代，商旅人士经常会需要住旅店，而很多旅馆并不能保证每天都能个个房间都有客人，因此，这就有了空闲的资源——房间。这些房间如果闲置，则不会为酒店带来任何的利润和价值，如果能够以折扣价对外进行出租，那么对酒店来讲就是一种资源利用，也是赚取利润的一大手段。

任鑫正是看到了这一点，他看到了折扣能够带来的财富，因此，他与各地的酒店进行合作，对各地的酒店剩余房间进行折扣出租，从而赚取低额的差价，这样一方面增加了酒店的入住率，另一方面，商旅人士还能够享受到优惠。对于任鑫来讲，他们也就能够获得更多客户的支持，得到与更多酒店合作的机会。

任鑫的这种APP销售之路，让任鑫实现了创业成功，即便在创业之初他遇到了各种发展瓶颈，但是这对于信心坚定的任鑫来讲，无疑都是小插曲。

作为年轻的创业者，我们应该看到任鑫身上所具有的一种精神，这种敢于尝试的精神，让他比别人多了一次成功的机会，他也正是抓住了这次机会，才获得了如今的成功。

任鑫作为一名80后，他拥有80后所具备的敏锐的观察力，通过自己的观察和体验，找到新的创业之路。

作为年轻的创业者，我们需要了解更多的信息，从中筛选出对自己的创业有帮助的那一部分来，从而为实现创业奠定基础。任鑫和他的伙伴们通过APP领域，捕获了折扣财富，正是其对最新信息进行把握的体现。

启示录　　不吃亏就是占便宜

"吃亏"这个词似乎在创业的过程中，很少会体现出来。因此，人们很少会将"吃亏"与创业联系在一起。然而，在市场竞争如此激烈的今天，同行与同行之间的竞争，总会涉及是否会吃亏。

任鑫在自己的"今夜酒店特价"刚刚推出一个星期之后，就遭到了行业巨头的封杀。在与对方竞争和辩驳的过程中，任鑫在其他同行眼里看似是吃了大亏，但是他却有自己的想法和感触。

在与携程"打仗"之后，任鑫接受过一次采访，在主持人问到是否因为这个事件，对"今夜酒店特价"起到了一定的宣传效果时，任鑫回答道："确实是这样。"

任鑫的性格比较随和，他并不喜欢与人发生冲突。那么任鑫为什么会愿意与携程展开这场"较量"呢？任鑫发现与携程较量，吸引来了很多媒体的关注，这就能够起到对企业进行宣传的作用，同时，读者喜欢看，携程封杀"今夜酒店特价"任鑫愿意通过媒体来展现出事件发展的进度，他认为自己并不吃亏。

任鑫认为不吃亏就是占便宜，在这个市场竞争如此激烈的社会中，一场较量，既然能够让自己不吃亏，那么就是占到了便宜。正如任鑫所想，通过这次较量，"今夜酒店特价"在行业中的影响力增大了，同时，有更多的消费者注意到了这个APP，更为重要的是在之后进行的"反封杀"战略中，有很多酒店愿意加入到自己的合作者队伍中，这也就间接地为企业的发展拓宽了道路。

通过这个事件，我们不得不说，任鑫是一个乐观的人，他能够在挫折中看到事物的对立面，从而找到对企业发展有利的条件和因素，放大有利面的作用，缩小挫折带来的负面影响。或许正是他的这种乐观心态，让他在一次次的挫折中，依然能够露出乐观的笑容，走出成功的创业之路。

作为年轻的创业者，应该能够具备这种乐观的心态。一个合格的创业者，在创业之前就应该意识到创业过程中充满了坎坷，要做好面对坎坷的准备，而不是在坎坷面前惊慌失措。当然，一个成功者之所以能够成功，多半是因为他们在挫折来临时，能够以正确的心态对待挫折，所谓正确的心态无疑是乐观自信。

乐观之人，能够看到力量和美好的存在。任鑫就是一个乐观之人，他不认为在与携程的"战役"中，自己是受伤者，或者说是吃亏者。因为他通过这个事件，让企业瞬间被更多的消费者和合作商知晓，这种宣传力度是很多宣传途径都无法实现的。

任鑫很清楚，在当今社会中，竞争无处不在，即便没有携程的封杀，企业在发展到一定阶段的时候，也会遇到其他同行或者是行业大佬的阻挠，只不过携程的封杀来得早了一些。而作为年轻的创业者，在打算步入某个行业时，就应该意识到自己的存在很可能会激发行业大佬的不满，或者是竞争者的抵制，这个时候就应该做好充足的心理准备。

任鑫是一个心灵强大之人，在携程如此残酷的封杀之下，他还能够坦然以对，实属难得。因此，年轻的创业者们要清楚地看到创业之路，就是一条充满坎坷之路，而坎坷的经历未必会让自己失去什么，很可能会让自己得到更多。

★ 创业板 | 冒险需要勇气，更需要理性

对于年轻人来讲，创业并不是一件平常的事情，而是一件充满冒险性质的事情。任鑫不是一个喜欢冒险的人，但是他选择了创业。

任鑫在与伙伴邓天卓决定创业的时候，就很清楚自己的创业方向。在选择做"今夜酒店特价"这个项目的时候，他就已经和邓天卓进行了理性的分析和商讨。对于任鑫的成功，可以说理性多于勇气。

如果说任鑫的成功来源于他的勇敢，不如说他的成功基于他的理性。对于一个年轻人来讲，创业总是很容易让内心变得冲动起来，这股冲动的外在表现，往往是勇敢。所谓勇敢就是在创业中敢于放弃原来自己拥有的一切，选择新的开始，即便知道自己所选择的道路充满了刺激和挑战，也会有勇气接受挑战与困境。

如果一个创业者，只具备创业的勇气，不具备创业的理性，那么他的创业很可能是昙花一现。任鑫的创业能取得成功，正是因为他具备了创业者应该具备的理性心态。

无论是创业初期的交易量很低，还是手机支付遇到困难，或者又是携程的大力封杀，在面临这些挫折的时候，任鑫都是以理性的态度去告诉自己要怎么去做，他也在用理性的思维思考每一个困境的应对方法。

年轻的创业者，如果你只具备了创业的勇气，那还远远不够。因为勇气只能够让你敢于去创业，敢于走上创业的道路，而创业是一场长跑运动，在这个过程中需要理性要比勇气多一些。

那么，作为年轻人，究竟要如何培养自己遇事理性的态度呢？

首先，理智的大脑离不开对行业的了解。当一个人对某个行业有了一定了解之后，自然在遇到困境时，变得心中有数，不慌不忙。因此，年轻人在选择创业的同时，应该尽可能地去了解这个行业，当对行业有了一定了解之后，就不会惧怕坎坷的出现。

其次，理性的培养需要不断开阔自我的眼界。任鑫的理性恐怕和他在国外的工作经历分不开，他在国外的工作中，已经有了两年同行业的磨炼和经历，这对他之后的创业有很大的帮助。在遇到困境的时候，他的大脑也会从以往的经验中提取可用途径，这也许是其能够保持理性的一大因素。

最后，理性的思维来源于知识的积累。一个无知的人总是很容易冲动行事。因此，要想让自己变得理智起来，不妨多学习知识，对知识有一个基本的储藏和积累。

对于年轻的创业者来讲，拥有创业的勇气是其走向创业之路的第一步，而这仅仅是第一步，也只是其中的一步，创业如同长跑，要想跑到终点，靠的是坚持和理智。尤其是在遇到挫折，遭遇竞争的时候，更是需要理性地去思考问题，只有这样才能够找到解决问题的途径，也只有这样才能够找到最适合的解决办法。在现实生活中，很多年轻人之所以创业失败，并非是缺少创业的勇气，而是缺少处理事情的理性。当一个人不能够理智地对待某件事情或者是某个人的时候，就很容易做出错误的判断，而错误的判断多半会让创业告终。

12

李想："理想"的汽车之家

他是80后的典型代表，更被誉为80后创业新锐的精英代表；他没有高学历，也没有好文凭，他靠自己的努力和能力，一步一步走上财富的巅峰；他就是李想，一个用理想实现价值、用能力创造财富的80后！

创业
没那么难

引 言

他高二退学，之后创办了泡泡网。

他进军北京，四年之后身价上亿。

他由撰稿人，变成了著名的企业家。

他不是"海龟"，没有学历，在风险投资家眼里，他的创业显得有些另类。作为一个身家过亿的"80后"CEO，李想最初创业的目标就是想赚钱，然而钱越来越多，他却认为财富不重要，重要的是目标。

他就是年轻的创业者李想，汽车之家网站的创始人。他也是一名创业家，从高中就开始投身到网络创业中。他的事迹至少被400家媒体报道过，那么，究竟李想有着怎样的创业经历，又有着怎样的惊人事迹呢？

高二退学的勇气

1981年出生在河北石家庄的李想，有着和其他小朋友不一样的生活经历。

这一年是国家恢复高考的第三年，李想的父母同时考上了中国戏曲学院，父母要去外地就学，只能将李想托付给老家的外婆照顾。外婆生活在沧州市孟村回族自治县，李想也就去了农村生活。在此后七年的时间里，李想的记忆中也多是赤脚在田野里奔跑，以及经常跟随曾经是军人的外公去田间打麻雀的经历。

在农村生活的那几年，让李想的童年感到很快乐。到了小学二年级的时候，李想被父母接回了石家庄。不过父母也给予李想一定的空间，至少从事文艺工作的父母，没有逼迫李想走和自己一样的路子。

李想小时候学习成绩还是不错的，在中考的时候考上了当地重点高中。不过，在上了高中，他开始接触到了电脑，也就是在1997年的时候，李想拥有了一台属于自己的电脑，这是变化的开始。

这是李想第一次拥有自己的电脑，当时，电脑花费了8000多块钱，配置也是按照李想要求攒的，CPU是奔腾133。那个时候，虽然李想才上高中，但是他和其他拥有电脑人的注意力一样，都放在了电脑升级上面，李想为了买到高级的硬件，便开始在电脑城帮别人装机器，用赚到的钱来买硬件。此时的李想对待电脑有了一定的了解，对电脑硬件也熟悉起来了，随之便有了一些心得。

随后，李想发现杂志上有很多人发表关于硬件评论的文章，李想心想自己为什么不发表一些呢？于是，他写了一篇新年电脑硬件选购指南方面的文章，并将文章投给了《电脑商情报》，结果出乎他的意料，这篇5000字的文章竟然被刊登出来了，他还通过这篇文章得到了500元的稿费，这是他第一次凭借自己的文章赚到稿费，从那之后，无论是《电脑报》《计算机世界》还是《中国计算机报》都开始频繁出现李想的名字。

当然，很多杂志社的编辑并不知道这个对电脑硬件如此了解的李想，其实仅仅是一个高中生。

到了1998年的时候，拨号上网的成本很高，每小时需要八块钱的上网费外加四块钱的电话费，不过到了暑假期间，就会有一项优惠举措，那就是上网费会降到一元钱。看到这么大的优惠在眼前，李想怎会放过。在那个暑假，李想开始了网上冲浪，那个月的电话账单竟然有七八百块钱。

在1998年的时候，有影响力的硬件网站是"飞翔鸟"，李想在了解这个网站之后，便有了自己的看法，他发现这个网站上的内容有的两三天才更新一次，李想认为自己可以做得更好，就在当年的年末，李想的个人网站在"显卡之家"上线了。

李想父母在石家庄当地担任艺术学校的老师，对李想并没有过多的要求。对电脑如此痴迷的李想，逐渐开始不喜欢课堂了，他喜欢学习有实践价值的东西，需要什么才学什么，学了就希望能够马上利用。

接下来的李想和其他众多站长一样，每天早上五点就起来翻阅资料，放学后他会到电脑城借硬件，晚上做好测评，紧接着更新内容，然后投稿，第二天再将借来的硬件还回去，周而复始。

就这样慢慢地，访问量由最初的每天200人，增长到三个月后的7000人。此时一心希望未来能够做一位IT媒体编辑的李想发现，其实自己已经有了自主的话语权，更为让他感到兴奋的是有一些厂商主动发来样品让其测评。

有一次，厂家发来的一款显卡的BIOS有问题，李想监测出来后，并写出了文章。厂家看到文章后，直接把这批显卡召回了。

李想的个人网站访问量越来越大，从而也引来了一些广告商的注意，Media999是当时的一家网络广告联盟，他们找到李想，希望放置广告显示一万次可以支付给他10元钱。当时正处于网络股泡沫时期，众多的网站希望通过广告得到宣传，然后做大流量，于是李想就答应给对方投放广告，这样在第一个月李想就获得了6000多元广告收入，对应此时他父母的月薪也不过一千多。

此时，李想已经将注意力都转移到了电脑上，学习成绩自然大不如以前，随后他做出了放弃高考的决定，当其将这一决定告诉父母时，父母虽然感到有些突然，但是限于他的成绩，机会成本并不高。父母只是确定是他认真考虑后的打算，便也没有说什么。

高二的李想有了自己的网站，一年之后李想选择退学，没有参加高考。

属于李想的个人网站

对于李想来讲，他在高中就有了自己的个人网站，后来他决定放弃高考，进行创业。

实际上，此时，李想的创业前景并没有他想象的那么乐观，架设网站需要很强大的技术作为支持，同时更为重要的是，李想并没有销售背景，根本不懂销售。再说，对于一个创业者来讲，需要具备一定的管理经验，而这些都是李想所不具备的。

李想既然想要创业，自然也想到了这方面的问题，他心想自己不懂怎么写代码和管理服务器，那么，不妨找一个懂这些技术问题的人。

于是，他想到了自己在网上认识的一个人，他叫樊铮，出生于1977年，也是石家庄人。樊铮毕业于河北科技大学计算机系，后来去了深圳的一家杂志社工作。李想将自己创业的思想告诉了樊铮，并邀请他和自己一起创业，樊铮毫不犹豫地答应了。

两个人虽然在网上认识，但是却相互信任，在创业初期两个人就做了股份划分，李想占60%的股份，樊铮占40%的股份。在业务方面，两个人也做了相应的分工，此后，樊铮从ASP、net、net2.0一路钻研，这样就保证了网站的技术实现。李想相当于拥有了技术顾问，那么创业资金来自何方呢？李想在高中的稿费收入，以及毕业后的广告收入，让他有了将近10万元的积蓄，这就是他的创业资本。

创业资金有了，合作伙伴也有了，此时李想开始筹划自己的网站，"显卡之家"是过于局限了，于是，他便注册了域名pcpop.com。后来，随着用户量的增多，很多用户喜欢称其为"泡泡"，于是就叫"泡泡网"了。

泡泡网，成为李想创业的第一站，他拥有了自己的网站。对于一个年轻人来讲，此时，他并不知道自己在创业道路上究竟会遇到什么，可是无论如何，李想都打算在互联网创业的道路上走下去。

作为年轻的创业者，要敢于闯，敢于拼。李想在创业初期，根本没有意识到会遇到怎样的风险，那么，李想的网站究竟能不能顺利发展呢？

遭遇互联网泡沫

就在2000年7月份的时候，媒体注意到了李想的创业公司，并对他们进行了报道，报道中说道两个年轻人在一间办公室里经营着他们的希望。的确，李想经营的就是自己的理想和希望。

更为重要的是，这次报道提到了网络股泡沫的问题，记者提出"有观点认为今年的下半年将进入网站的大淘汰阶段，70%以上的网站会被淘汰掉，你觉得你的网站能够生存下来吗？"

当时的李想没有意识到所谓的网络股泡沫，可是，没过多久，他就切身感受到了。李想发现之前通过广告联盟获得的收入一下子从接近两万归于零。此时，为了维持经营，李想只能依赖自己的稿费，可以说那个阶段是艰难的，同时，也磨砺了李想。

李想明白要想公司能够经营下去，唯有转型。在开始转型的时候，他希望可以通过承接网站的一些制作，然后打开一条新的出路，不过李想很快就发现，其实在这方面他们并不擅长。

李想很清楚如果做自己不喜欢做的事情，公司在经营过程中，肯定还会遇到一些困境，可是不这样做的话，公司当下的难题也无法解决。年轻的李想开始陷入沉思。

虽然遭遇挫折，但是李想并没有气馁，因为做网站让他找到了人生的方向，同时让他找到了一个能够让自己全力以赴的事情。这件事情让他做起来感到了激情和兴奋，或许这就是为什么他放弃高考，选择创业的原因。

李想认为虽然遇到了网络泡沫，但是这是创业最好的机会，如果早两年，是没有通过网络创业的机会的，如果晚两年，那么这个机会可能就会过去。

年轻的李想在第一次创业中就遇到了艰难和挫折，他究竟要如何做才能够度过这次危机呢？

李想虽然年轻，但是他清楚，创业就是一个经历挫折和克服挫折的过程，在创业的道路上，社会大背景的变化是自己无法掌控的，自己唯一能做的就是想办法让自己的公司更加适应社会的变化，从而在社会中找到立足点。

正是李想有了面对挫折的信心，他才能够坚持下去。对于很多年轻人来讲，或许在创业初期遇到挫折是一件很受打击的事情，甚至会打击得没有了继续创业的信心和勇气，而李想却不是这样，或许正是因为他的坚强和勇敢，让他的今天变得如此成功。

没有人会简简单单的成功，李想在亲身体会了互联网泡沫的时候，他意识到自己遇到了创业以来最大的困难，这次困难是社会变化造成的，他没有力量去阻止社会的变化和发展，但是李想知道只有自己找到了适应社会变化发展的空间才能够顺利地实现自己的理想。

李想是一个倔强的人，他没有停止自己奋斗的步伐，也没有放弃任何一次机会。接下来，他又发现了什么样的发展机会呢？

进军北京继续创业

接下来的故事更有传奇色彩，李想遇到了他的第三个合作伙伴邵震。邵震的出现，让李想意识到机会的来临。

邵震在北京工作，他从北京找到石家庄，他找到李想之后表示愿意替泡泡网在北京拉广告。因为邵震在北京工作，所以他获得的机会要比在石家庄的李想多一些。李想只需要每个月给邵震2000块钱的月薪，并且还是从广告收入中提取出来的，此外就只需要一套名片即可。李想心想这个主意不错，这样一来自己就能够在北京这座城市中找到企业的发展机会了，因此，他毫不犹豫地同意了。

邵震回到北京后，他先是从联想集团的QDI主板部，拉回来了14000元的广告费，紧接着又到华旗资讯换回三台电脑，这样一来在北京所需要的房租、工资和办公设备都具备了，泡泡网就有了北京分公司。

李想发现自己在石家庄已经找不到新的盈利点了，而在北京的邵震却为泡泡网找到了盈利突破口，于是，在2001年年底的时候，李想也来到了北京。李想认为北京的机会多，自己为什么不迁移到北京继续创业呢？

李想来到北京之后，便在北京林业大学附近找了一套60平方米的民居，这里既是上班工作的地方，也是睡觉休息的地方。

虽然李想从小是在农村长大，但是也很少出过远门。之前，在石家庄的时候，都是妈妈照顾自己的生活起居。对于一个年轻的从未独立做过家务的李想来讲，生活上的琐事让他再次感受到了苦恼。据说，李想的母亲还专门来到北京，教李想如何使用洗衣机。当然，李想来到北京后，最担心他的还是父母，父母是天底下最了解自己孩子的人，他们知道李想选择去北京一定有他的想法，而李想既然决定去北京，那么他的想法也是没人能改变的。

之后，网站的IP访问量有了新突破，每天的访问量增加到四五万。随后在2002年年初的时候，李想和自己的伙伴们就搬进了中关村硅谷电脑城写字楼，开始了正式的商业化企业运作。

初来北京的那段时间，李想和伙伴们都很辛苦，每天会将所有的时间都用到网站经营上，在搬入中关村硅谷电脑城写字楼之后，企业在北京开始了正式运转。公司发展很快，在2002年就开始了盈利，当时的李想体会到了创业成功的滋味。

在2002—2003年的时候，李想就把车和房子都买了，那个时候公司虽然就三五个人，但是很赚钱。可是，李想意识到这样发展不行，需要组建团队，扩大经营，只有这样，自己才能够将企业尽快推向市场，让企业取得更大的发展空间。

在随后的日子里，李想开始招人，扩大企业的团队。对于李想来讲，他是一个善于自我管理的人，可是对团队的管理可能还有些欠缺。那么，在团队不断壮大，人员不断增多的过程中，他又经历了什么呢？

对于企业来讲，要想扩大经营，就需要扩大团队，增强人力资源对企业发展的影响，李想作为一名创业者，自然也意识到了工作人员增多的重要性。可是，对于一个年轻人来讲，人员的增多，自然就出现了团队管理的相关问题，如果不能够很好的处理管理过程中的问题与人员之间的关系，就很难发挥团队的最大价值，也很难达到工作效率的最大化。作为李想来讲，他不仅是一个创业者，更应该成为一个合格的管理者，不然，企业只能拥有自己的立足点，而无法扩大立足点，发展也会受到局限。

聪明的李想，意识到了团队拓展的重要，那么在团队管理中，他又遇到了什么问题呢？

管理企业没那么简单

对于一个企业来讲，盈利和团队扩大是两码事情，虽然在2003年的时候，李想的企业已经盈利，但是他感觉团队管理没那么简单。

随着公司业务的不断增多和扩展，公司员工也开始增多，当公司发展到20多人的时候，李想的创业公司暴露出了问题。

李想是一个急脾气的人，他遇到事情会着急，甚至会冲着伙伴们大喊大嚷，而作为合作伙伴的樊铮则是一个性格比较温顺之人，他会迁就李想，可是，其他很多人都受不了这种急脾气的上司。

终于，2003年的一天下午，公司将近一半多的人集体提出了辞职。更让李想无法接受的是辞职的员工都去了竞争对手那里工作，李想想要挽留每一个人，他开始一个人一个人地打电话，但是结果无法挽回。

年轻的李想在多年后回忆说道，当时的自己很在意自己的观点，所以，处理人与人之间的关系方面考虑得很少。

人员的集体辞职让年轻的李想倍感压力，即便如此，公司还是需要继续经营下去。第二天，李想只好让公司剩下的员工集体到大学里去招人，招聘的新员工要进行培训，然后再上岗工作。

通过这次事件，李想意识到作为创业者，不仅需要拥有创业头脑，更需要具备一定的管理思维和管理才能，随后，他开始静下心来阅读一些管理方面的书籍。

在阅读管理书籍的时候，李想才意识到管理原来是一门很深奥的艺术，对人员的管理并没有自己想象的那么简单。李想回想起自己的管理方式，在开始的时候只知道管事儿，后来只知道管人，再到后来管人管事分开。李想发现，在不同的领域人们都扮演着不同的角色，对于公司的管理来讲，是没有止境的，是一直在发生变化的。

当李想对企业管理有了新的认知之后，他开始注重人员之间、上下级之间的关系处理。当然，此时的泡泡网也开始了飞速发展和成长。最初，李想是在电脑城写字楼租用的面积不过120平方米的地方办公。到了2004年的时候，李想换了一个地方，租用的写字楼面积达到了400平方米，即便这样大的面积，很快就不够用了。李想只好将周围的空间都租了下来，扩大到了700平方米的办公区域。

对于李想来讲，企业的发展肯定是让他感到兴奋的事情，到了2005年年底，公司业务不断扩大，他便在新东方对面的中国电子大厦租下了1400平方米的办公楼，员工人数也达到了100多人。

面对着人员不断增加，办公区域不断扩大，李想意识到对企业的管理和团队管理变得更加重要。当然，企业的成长中，管理问题也一直成为困扰李想的事情。

当企业发展到100多人的时候，突然有一天，公司一天内走了20多人，李想意识到企业管理和团队管理的问题如果不解决，会成为企业发展的绊脚石。

随后，李想开始引入职业经理人，在人员待遇方面开始实行三险一金、商业保险双重待遇的标准，甚至于生日会都完善了。

除了人员管理问题，在财务方面，也让李想发现了问题。虽然当时财务方面并没有什么状况出现，可是当有企业提出收购的时候，涉及的财务问题才暴露出来。李想最后从普华永道请来了有五年工作经验的审计经理。

对于企业来讲，人员管理和财务审计都关乎企业能否顺利发展的核心问题，李想在创业的过程中就意识到了这些问题，虽然在处理这些问题的过程中遇到了挫折，但是他很清楚，这两个问题如果得不到解决，那么企业要想得到长远发展，那将是很难的事情。

作为一名创业者，在创业初期可能很少考虑到团队管理的问题，可是这一问题得不到解决往往成为很多新生公司走向失败的关键因素。李想是一个幸运的创业者，因为他能够发现问题，同时自我完善，最终解决问题。

泡泡网的成功

从2000年，李想创办了PCPOP(电脑泡泡)网站，初始投资就是他做网站淘到的第一桶金、将近10万元。到后来公司搬到北京，不断扩大，再到后来企业人员达到200多人，年盈利超过千万。可以说，李想的泡泡网是成功的。

到了2006年的时候，李想发现，竟然在短短几个月的时间内，他的事迹出现在了超过200家媒体上，仔细观察发现，几乎每一天都有媒体对李想的事迹进行报道。李想意识到这种曝光对企业的发展是有好处的，比如在企业知名度不高的时候，向惠普、索尼等国际名企是不会在自己的网站上做广告的。而随着企业知名度的提高，曝光率的增多，自己企业品牌也上升了一个台阶，自己的企业和其他的IT网站成了一个不相上下的网站。此时的李想发现，很多厂家愿意在泡泡网上面投广告，愿意付广告费用，这就证明企业的融资价值又最少提高了一倍。

虽然此前，李想一直是通过自身积累滚动得到发展，但是到了2006年的时候，李想开始计划进行融资，他希望让投资方的介入能够促使公司在内控、财务、管理等方面得到更好的发展，最初李想计划出让20%—25%的股份给投资方。

这个消息一出，分众以1.2亿人民币收购泡泡网。可是，李想要的是融资，而不是被收购。

2008年6月27日，澳洲电讯宣布，收购了泡泡网55%的股份，收购的新业务将会在未来上市，这对于李想来讲无疑又是一次成功。

对于李想公司的盈利模式来讲，其实很简单，无非是靠内容和服务来吸引更多的用户眼球，等到访问量大了以后，自然就有了厂商登门，要求投入广告，但要真正做好这两点却得靠真功夫。

李想为了能够让自己的PCPOP网站更吸引人，在创办之初就要求在内容上进行原创，而不是别人的"拼盘"。进军北京中关村后，他更希望自己的网站能够服务于中关村的企业，让他们每天都能关注到市场的最新动态，另外厂商也会将最新的产品拿到李想公司，让他们进行测评。因此，李想的网站就更显得专业，内容更新速度也是非常快的。

另一方面，李想发现这些年市场消费行为也发生了变化。以前顾客可能为了买一件商品，会到电脑市场上转好几天，而如今更多的用户可以先在网上找到想要的东西，进行产品信息的了解，然后再寻到一个相对便宜的价格。此时，谁的网站专业性比较强，更新速度快，自然就能够吸引消费者的眼球了。

为了扩大业务渠道，除传统的广告收入外，李想又开拓了出新的渠道服务，换句话说，就是经销商可以在PCPOP网站上租摊位然后进行产品的销售，经销商只要给网站交少量的摊位费就可以了。

渠道的收入和广告收入成为李想网站的主要收入来源，他坚信，在未来渠道的收入会得到大幅度提高，最终，影响到企业的收入比例分配。

李想的泡泡网已经成功，他的这次创业让他不仅赢得了财富，更让他学到了企业运营的知识。作为有头脑的人，李想会就此安逸生活吗？

你的汽车之家

早在2002年年底的时候，李想和他的几个创业伙伴就想要创办一个汽车网站，可是，当时的这个想法，仅仅只能作为一个设想，毕竟当时的泡泡网还不足以支持这样一个设想。

到了2003年的时候，李想用赚到的钱买了一辆蓝色的POLO，这辆车是他的第一部"坐骑"。在当时，李想还不会开车，车是让别人开回来的，后来他将POLO下放给了还在上学的女友，自己换了一辆宝马3系。就在这个过程中，李想喜欢上了汽车，正是这种喜欢，让他开汽车网站的思想又一次被点燃了。

2005年的时候，遵循他对IT类网站的认识，他发现目前市场上的汽车网站做得非常糟糕。这种认识在他第一次打算买车的时候就发现了，当时，他希望买一辆车，便在网上查询相关的汽车信息，最终却发现所有的资讯都是从报纸和杂志上转载的，包括产品库都做得一塌糊涂。

当然，到了2005年的时候，泡泡网已经可以支撑起李想创办汽车网站的构想了，更为重要的是李想发现时机已经相对成熟。

在6月份的时候，PCPOP推出了一个独立的汽车类网站，在最初的时候，团队只有10个人，10名成员中还有4名成员没有驾照。于是，李想安排团队成员去学习，之后这一团队的成员又开始拿场地赛驾照、拉力赛驾照。

第一个网站名字叫泡泡，李想在后来进行反思，想到名字虽然好记，但是给人一种不专业的感觉。因此，在创办汽车网站的时候，他为第二家网站命名思虑颇多，最终用了"汽车之家"的名字。

2005年6月1日，汽车之家(autohome.com.cn)正式开通。

和其他网站不同的是，汽车之家不是信息的大杂烩，他们会将每一款型的车做成一个网站。在汽车之家上面，既有新闻又有测评，既有数据也有图片，还有用户交流的论坛，这种全新的网站结构在当时是很少见的。

李想创办汽车之家的目的就是希望能够做到真正从用户的角度去考虑问题。传统的网站是综合性的，用户访问网站可是说是被动的行为，网站更新什么信息，用户就只能看什么。很多用户想要了解的信息，网站上没有。而在汽车之家上面，用户可以发布自己了解到的信息，从而提供一些网站上没有的信息，这样一来，汽车的信息就更加完善和齐全了。

尽管李想没有花费多少钱在网站推广方面，但很快网站每天已经有10万的流量，一年后，其在汽车类网站中就排名第四。

在2008年7月份的时候，李想在艾瑞新营销年会上说，汽车之家在成立两年后，便成了汽车网站浏览量第一的网站。

对于经营汽车之家，李想认为要想获得非常优质的客户群，就需要有足够的信息满足用户的需求。当获得优质的用户群的时候，如果网站的口碑很好，那么就能够通过口碑影响来获得网站的进一步推广，而互联网和其他的媒体最大的不同就是能够通过口碑产生影响。

李想在年会上说道："作为一家互联网公司，最重要就是了解用户，一定要把用户的利益放在第一位，做用户喜欢看的东西。"

李想认为很多汽车网站，在做一项测试的时候，根本不能够考虑到用户的需求，不清楚用户想要通过网站了解到哪方面的信息，这样一来，用户自然不会喜欢上这个网站。

为了能够更大限度的吸引用户眼球，李想将汽车之家进行实时更新，周末也能够看到最新的信息，这是其他汽车网站所做不到的。当然，这恰好是家庭为决策购车重要的访问时段，更为重要的是连续的信息更新能够提升媒体的可信赖度。

李想对汽车之家的经营，无疑也借鉴了IT网站的经验。如果用户想要了解某款车的相关信息，只要将这款车放到百度或者是Google搜一下，汽车之家所提供的信息就会出现在前两位。

李想在接受采访时说过，汽车之家是唯一的没有美女图片的网站。李想认为，只要自己的产品好，是不需要用美女图片来吸引用户眼球的。可见，李想已经明白了用户的心理诉求，明白自己怎么样做就能够满足用户的心理诉求。通过对汽车之家的垂直运营，也让李想对产品库有了更为"系统"的理解。

除了互联网，车就是李想的最爱。李想开车很猛，但是却很稳。在做汽车之家的时候，李想的价值取向也得到了逆转，可以说是完全的逆转。李想从关注技术，转变为将绝大多数消费者所关心的体验和结果当作重点问题，用体验和结果来说话，而不是用过程和技术说话。

如今，汽车之家已经成为全球访问量最大的汽车网站，根据iUserTracker数据统计，汽车之家月度覆盖人数接近是8000万。中国互联网汽车用户花费在汽车之家上的时间超过60%。到了2013年12月11日，汽车之家成功登陆纽约证券交易所上市。

总而言之，李想的第二个网站的创立又一次让他感受到了成功的喜悦，这个年轻人凭借着自己对互联网的执着，获得了事业上的成功。

财富已经不重要，重要的是目标

如今，李想有自己超过200人的团队，并且自己的身价过亿。他从最初几千元的进账到一亿以上的身价，花费了仅仅四年的时间。泡泡网已经发展为第三大中文IT专业网站。2005年营收近2000万，利润就1000万。而如今的汽车之家，也成为国内外汽车著名网站。面对这一切，李想觉得财富已经不再是自己奋斗的目标，钱财的多少对自己来讲已经不重要，重要的是自己还有新的奋斗目标。

李想在一次接受采访时说道："当时觉得能赚上二三百万就不得了，很满足了，但当钱越来越多的时候，钱反而变成次要的东西，最重要的是带领团队去实现新的目标。"

作为一名80后，李想具备了拼搏精神，更为重要的是在他取得成功之后，并没有停止自己奋斗的脚步。对于一个年轻的创业者来讲，很容易在实现成功之后，满足于现状，或者是被眼前的金钱所迷倒，从而停滞不前。

李想并非如此，此时，他反而将金钱看淡，将自己的理想和目标变得更加长远。对于一个年轻人来讲，应该具备这种不断进取的精神。

一个人无论在什么时候，都应该有自己的奋斗目标，如果没有了奋斗目标，那么眼前的成功就会成为让自己走向失败的导火线。李想是一个有目标的人，他既然能够带领团队走到今天，那么也就会有自己更加长远的打算。

如果你打算走上创业的道路，或者是已经走在了创业道路之上，就不妨给自己设定一个长远的目标，即便如今已经实现了创业成功，但是要想取得长盛不衰的发展，恐怕就离不开长期目标的设定。

一个成功者的目标是没有终点的，他们的目标可能已经不单单定位在物质方面，而是更加看重自我突破能力。当然，对于一个有想法的人来讲，他们希望自我能力得到最大限度的挖掘和发挥，不希望停滞在当下，即便当下的自己已经很成功。

作为创业者，应该有继续拼搏的勇气，不要在暂时成功的面前停止前进的脚步。李想的汽车之家已经成为全球访问量最大的网站，到2012年底，汽车之家实现了月度覆盖用户8000万，日均网站流量也超过了1亿。面对这一系列傲人的成绩，李想心中很清楚，自己的目标还未实现，自己还有下一步打算。

作为年轻的创业者，无论现阶段你是成功还是失败，都不要停止自己前进的脚步，只有这样才能够在创业的道路上走得更远。

启示录　好的商业模式是成功的一半

在创业的道路上，年轻的创业者可能会遇到各种各样的困难，而其中最大的困难就是确定适合发展的商业模式。

有很多年轻的创业者可能会说，创业就是需要创意，可是不要忘了，创意再好创造不出利润也是无用的。因此，建立企业并盈利才是最重要的，而这个模式便是商业模式。

当然，对于初期创业者来讲，找到盈利的方式并非是一件简单的事情。即便是找到了适合的商业模式，随着企业的发展，也很难确保商业模式不会发生改变。因为，很多创业者在开始的时候把握的是到底什么商业模式能够盈利，到了企业发展过程中，可能盈利模式会发生改变，就好像Intel公司转向做CPU一样。

对于李想来讲，他在做"显卡之家"时，是凭借广告收入，拥有了第一桶金。在当时，广告收入就是他的盈利模式。紧接着的"汽车之家"主要收入来源是汽车品牌商的广告收入。而这种看似单一的盈利模式，却能够让这个网站发展成为全球访问量最大的汽车网站，可见，好的商业模式就能让企业成功一半。

对于一个创业者来讲，想到好的点子仅仅是创业的第一步，要确保这个点子能够顺利地转化成现实，那么就需要一定的运营技巧，与此同时，创业者多半是希望能够通过创业的过程获得财富，而财富的获得就需要正确的商业模式。

对于有些创业者来讲，可能脑海中有很多稀奇古怪的想法，而这些想法可能会影响到他们对商业模式的把控。对于初期创业者来讲，最需要考虑的就是以何种方式去保本，在保本的基础上获得利润，这是创业第一个阶段的目标，因此，对于年轻人来讲，就需要选择自己比较熟悉的行业进行创业，对自己没有把握的项目尽量不要过多的投入精力。

在创业初期，要想实现盈利，就需要创业者找到适合自己发展的商业模式，而这个商业模式不一定对自己设定的长远目标的实现有多大的促进作用，只要保证这个商业模式和其他企业相比具有优势即可。即便是你希望VC介入到你的生意中，他们也会问你：你的商业项目的优势在哪儿？如果突然发生紧急情况，你该如何规避风险？

对于年轻人来讲，为什么要在创业之前确定一个商业模式呢？简单来讲，商业模式就如同是一本书的提纲，其是用来展示我们进行商业行为的一个大纲，通过这个大纲，我们能够更加清楚地为企业进行定位，在不同的发展阶段把握不同的重点问题。

对于一个创业者来讲，只有清楚自己的商业模式是什么，或者说找到了适合自己发展的商业模式，才能实现盈利，同时，在面临市场竞争的时候，也才能够提高自己的竞争能力。

★ 创业板 ┃ 欲思进，先思退

对于创业者来讲，在创业的过程中，势必会遇到苦难，这是在所难免的事情。既然如此，在创业之初就应该能够意识到这一点，对挫折进行预见和评估，当然，对困难怎么预估都不保守。

古人曾云"未思进，先思退"。可见创业的过程也是如此，因此，真正的创业者在创业之前都会对失败做好思想准备，即便谁也不希望失败。

李想有一个定律：只要多做5%，就可以变成突出的和领先的。突出的和领先的所获得的结果和回报可能就是200%。同样，李想也是按照这个定律来做事情的。透过李想的这个定律不难发现：创业者要付出比别人更多的努力，才能够得到更多的回报。

对于一个创业者来讲，好的心态是其实现创业成功的关键因素之一。如果一个人没有良好的心态，在创业过程中，只想到了成功，没有考虑到可能失败，自然也就看不到自身或者是创业中的缺点和不足，就更不容易实现创业成功了。

对于一个人来讲，要想取得进步和发展，就要先想到自己的不足。对人如此，对事也是如此，要想实现创业成功，自然就要先想到可能导致自己创业失败的因素，只有这样才能够避免失败的出现。

李想是一个有思想的人，所谓有思想，是他在创业之前就想好了自己可能会犯的错误，因此，他在创业的过程中，就避免了很多错误的发生，恐怕这也是其实现成功创业的关键因素所在。

很多年轻人做事情比较坚定，为了表示对自己创业的强大信心，在开始创业的时候，就不会再给自己留有任何退路。其实，对于一个思想成熟的人来讲，在想要求得前进的时候，会先想自己如果失败的退路在哪儿，也只有这样才能够做到万无一失。

从战略上来讲，做企业不仅是一件伟大的事情，更是一件烦琐的事情，在这个过程中，充斥着问题和困难。对于创业者来讲，他们需要日复一日、年复一年地去解决各种问题，面临各种困难，只有在一个个问题被解决、一个个困难被克服之后，才可能实现进步，企业才可能有所发展。作为一个创业者，如果没有做好时刻面对困境和难题的勇气，那么就不要去想自己要赚多少多少钱，自己要做成多么大的企业。

对于一个创业者来讲，要想拥有自己的事业，那么就要为自己的决定做好失败的准备，只有这样才能避免失败，即便是真的失败了，也不至于没有翻身的机会。所以，创业不是一个简单的点子的实现，是需要付出努力和艰辛的。

13
曹青：第一代淘宝女皇的财富传奇

一个普通的女孩，是怎样在短短几年的时间内跻身千万财富的行列？一家普通的淘宝网店，是怎么样在竞争激烈的电商之中突围而出，一跃成为发迹最快的"皇冠"网店？淘宝这样一个平台，究竟缔造了多少财富传奇？

创业
没那么难

引 言

她是最早的网购爱好者，同时也成了最早的淘宝店主。

她用4000元启动资金，创造了属于自己的品牌。

她毕业后开了自己的网店，不久便升上皇冠。

她从小小的淘宝店主，成为两个服装品牌拥有者。开店三个年头，销售额就猛超三千万，四个年头销售额便突破亿元。她外表普通，却有着男儿般的壮志心胸。她今天已经创业成功，可当初也有过迷茫，面对挫折，她又是怎样处理的呢？

她是淘客们口中的"格格"，也是七格格Top潮店创始人兼CEO。她从开网店到拥有自己的服装品牌仅用了不到六年的时间，在这段创业的道路上，她遇到过危机，感受过成功的喜悦。同样作为80后的"格格"，她又有着怎样的魅力呢？

预见淘宝的"钱"途

曹青出生在一个比较富裕的家庭中，她有一位极具前瞻力的父亲。因为曹青的父亲所在的工厂是外销沙发面料的，所以在初中的时候，父亲就为她选择了外语作为自己中学时代的主攻科目。

曹青是一个比较听话的女孩儿，高中毕业后，她考上大学，选择了经济系，同时辅修会计。

曹青的父母没有对这个女儿娇惯，曹青从初中开始，每一个假期都会选择实习，从没有间断过。这对于曹青来讲，是练就自我的最有利的方法。

大学毕业后，曹青跟着一位职业干练、号令千人工厂的女师傅学习，她成为这位女师傅的学徒，这段经历，让曹青练就了一身的创业本领。在这段时间的学习中，她不仅加强了自己的专业能力，更提升了自己的实际操作能力。

在实习过后，曹青没有选择立刻创业，而是按照父亲的安排，进入了父亲的工厂。因为曹青学的是经济学，又学过会计，因此，她便开始组建外贸团队。对于年轻的曹青来讲，这无疑又是一次实战的演练，这次演练让她具备了管理能力和开拓能力，这是为其之后创建自己的帝国奠定基础。

在2004年的时候，曹青还在上大学，这个时候的她就成了淘宝服装论坛的达人，并且很喜欢牛仔裤。当时，曹青已经开始在网上购物，虽然当时还没有支付宝，但是通过网银汇款等方式，她就开始了自己的网购。

在2006年之前，曹青还纯属是买家，在网上看到喜欢的店主搭配的衣服就会十分开心。逐渐的，曹青萌发了一个念头"我也可以搭配啊"。正是这个想法让她有了卖衣服的冲动。

作为最早的网购成员，她懂得什么样的衣服会得到消费者的喜爱。后来，曹青决定转变角色，成为一名卖家，开始在淘宝上开店。

因为曹青是1982年7月7日出生的，所以她为自己的网店起名为"七格格吉祥"身边也有很多人叫她"格格"。

2003年淘宝成立，在2004年的时候，曹青就开始了网购，因此，她属于最早一批淘宝网购者。2006年8月，曹青在淘宝网上注册了自己的"七格格吉祥"店铺。

为什么要开淘宝店？

曹青说自己开始开淘宝店的时候，纯属是出于个人爱好，她喜欢女装，喜欢折腾衣服，喜欢搭配衣服，在开店的初期，父母完全不知道。

曹青是一个性情中人。因为出于对服装的热爱，她开始了自己的创业之路。虽然在开淘宝店初期，她并没有将自己全部的精力放在这件事情上，可是，只要看到有消费者购买自己搭配的衣服，她都会感到无比的兴奋。

对于曹青来讲，她出于爱好开始经营自己的网店，可是，正是因为爱好，才让她在开网店的事情上充满了热情。此时的曹青，也成为一名80后创业者。

4000元起家

要想创业，那么首先考虑的问题便是资金。曹青意识到，开网店并不需要过多的资金，起码不需要租金，这让她心中少了很多压力。

曹青要开网店了，自然就要去备货。于是，她拿着4000元，到了批发市场，然后淘了很多衣服。回到家中，她将衣服进行搭配，然后再在网店上销售。

在开始的时候，她就是凭借着这4000元的服装，将店面支撑了下来。

在开店初期，曹青只是将网店经营当作是兼职，她正式的职业是在父亲的布业公司做外贸工作。在四年的外贸工作中，让她对于企业的管理和经营有了一定的了解。因此，对于开网店这件事情，她虽然是兼职来做，但是却做的有计划和认真。曹青在开网店初期，就是按照成熟的商业逻辑来规划自己的创业之路的，这就为其后来的创业发展奠定了基础。

在2009年之前，曹青都是兼职来做网店的，同时，她的父母根本不知道曹青有着自己的店铺，更不知道女儿在进行网店经营。曹青一直是以"地下工作者"的身份来做服装销售的，因为家人不支持。

在做淘宝网店之初，曹青有意将自己要开网店的事情告诉父母，并希望专心从事网店经营工作，然而却得到了父母的反对。在父母看来，女孩子就应该找一份比较稳定的工作，不应该冒险。更为重要的是，父母根本不认可网上买卖，正是这些因素才促使曹青没有正式公开。

直到2009年7月10日，曹青用几年来淘宝上卖服装赚来的钱，投资了淘宝首页的焦点图，服装大卖之后，父亲才正式知道了自己女儿究竟在做什么事情，此时，曹青用自己的行动告诉了父亲，网络真的可以实现自己的梦想，从而得到了来自家人的支持。

淘宝网上有很多品牌多半是由大卖家转型而来的，也就是在最初的时候开店做分销，店铺做大了才注册自己的公司和品牌。但曹青不同，从一开始她就想好了要做品牌。正因为如此，曹青很清楚，要想做自己的品牌就应该对服装进行了解，尤其是对国际流行进行了解。因此，在2006年到2009年期间，曹青会利用在父亲公司做外贸的出国机会，去了解服装的国际潮流。

虽然曹青的父亲有自己的企业，但是作为女儿的曹青的创业之路并没有依靠父亲。尤其是在资金方面，她没有向父亲张口要钱。

对于曹青来讲，开网店进行服装销售是一件令自己感到开心的事情，让更多的人喜欢自己搭配的服饰，让更多人穿上自己搭配的服饰成为她的理想。正因为这个梦想的存在，才让曹青创立了"七格格"，成为顾客口中的格格。

曹青用4000元钱开创了"七格格吉祥"淘宝店，这4000元正是她创业初期的运作资金。她有着自己的创业打算，也对"七格格"的发展有着自己的考虑和计划，那么，曹青究竟是怎样来经营自己的淘宝店铺的呢？

第一件热销的产品

对于每一位创业者来讲，在创业初期都不可能是一帆风顺的，大大小小的挫折都在等着他们。

虽然曹青的创业之路相对来讲压力不算大，但是也难免会经历坎坷。曹青和其他人开淘宝店一样，也是通过自己的努力一步一步成长起来的。

在最初刚开"七格格"的时候，曹青每天都是起早贪黑，午饭和晚饭时间她都是拿盒饭草草对付，只要有顾客"敲门"，她都会立刻做出回复。当时，她每天都会将大部分的时间用在电脑上。

创业的路并不好走，可是坚持和努力，让曹青迎来了一次机会。

在2008年8月份的时候，曹青的网店中销售的一款"海蓝风情"的T恤衫热卖了500件，这让"七格格"的店信誉飙升，迅速突破了5个钻的级别，团队也从曹青一个人发展成了三个人。

经历了这款产品的热销，让曹青意识到网店经营是需要专注的，并非自己想得那么简单，更不是自己想的那么轻松。当然，这次经历也让她对以后的店铺经营有了新的构想和计划。

对于一个有思想的年轻人来讲，她既然决定了从事某件事情，又在创业的道路上看到了希望，那么自然会选择投入更多的精力。

"七格格TOP潮店"在信誉度不断提升的状态下，曹青每个月都至少推出100多个新款，从而保证店铺内货物满足消费者的需求，使得"潮"字号的小店在网购竞争中获得一席之地。

曹青是一个做事认真的人，她在开网店初期可能只是小打小闹，后来，发现通过网店经营，完全可以实现自己的理想。

作为一名创业者来讲，认真和努力程度往往是决定创业能否成功的关键。很多年轻人，拥有创业的激情和动力，却没有创业的毅力和坚持，最终，创业也终究只能走向失败。曹青作为一名80后，她有着自己的思想，尤其是在一款商品热销之后，她意识到自己应该更加专注于创业，更加专注于网店的经营。

一个创业者的专注力也是决定创业是否能够成功的关键。如果曹青和有些网店经营者一样，三天打鱼两天晒网，那么她是不可能让自己店铺的信誉度不断提升，也不可能在后来创建自己的品牌的。

不断飙升的等级

2008年8月，因为一款女装T恤热卖500件，使得"七格格TOP潮店"的信用快速飙升，很快做到5钻，曹青也组建了三人的团队。可是，这对其店铺销售额的提高并没有太大的影响。

这种状态一直维持到2009年1月，"七格格TOP潮店"升上了皇冠。三年的时间，让这个店铺升上了皇冠，对于淘宝店主来讲，很清楚皇冠的级别对店铺会产生什么样的影响。到这个时候，"七格格TOP潮店"的全职员工才仅仅三个人，随后，曹青意识到业务不断扩大，团队人员也需要不断增多。到了2009年7月份，"七格格TOP潮店"升级到2个皇冠，很多店主要花费几年的时间才能达到的成果，曹青仅仅花费了几个月的时间。到2009年年底，"七格格"店铺的全职员工的数量就超过了100人，并拥有了2个服装品牌，年销售额竟然达到了3000万。

这样快的发展速度，这样好的销售业绩，"七格格"店铺究竟是如何做到的呢？即便已经是2个皇冠的级别，"七格格"严格上来说，依然是小打小闹，与大多数卖家一样，无非是从批发市场进货，然后拍照上架，再出货。

虽然在网站上面，还是没有多大的变化，可是到了年底，曹青就已经注册了两个服装品牌，并且将前两个月挣的20多万一分不留地投进了淘宝首页和时尚频道，她开始为自己的新品牌做广告宣传。

对于"七格格"超高的信誉度，再加上这次大胆的尝试，结果还是比较令人满意的。到了8月份，单月销售量就突破了180万元，这是"七格格TOP潮店"有史以来的最好业绩。

有了这次尝试，曹青意识到应该加快发展步子了。而加快发展步伐的第一步，则是让店铺更加专业。于是，曹青请来了专业的服装模特Dodo。虽然请专业的模特的花费很高，但是曹青认为这是值得的，更为重要的是在时装照的拍摄和造型方面也是相当专业的，甚至可以与专业的时尚杂志媲美。一时间，"七格格"店铺的时装照成为淘宝的顶尖水平，自然，店铺也获得了更多消费者的光临和关注。

在"七格格"店铺登记不断攀升的过程中，体现的是其店铺信誉度的提高。当越来越多的消费者关注"七格格TOP潮店"时，其销售额自然也得到了迅猛的提升。与此同时，淘宝网相关部门更是给予了"七格格TOP潮店"相当高的评价，称它是淘宝网有史以来发展最快、最成功的一个典范。

曹青的网店经营是成功的，经过对其成功经营案例的了解，不难归结出以下几个方面的原因：

首先，曹青意识到了创立自主品牌的重要性。其先走的是店铺经营的路子，在店铺规模不断扩大的时候，开始走企业化经营之路，这种由下而上的发展道路成为其成功的关键所在。而企业经营最重要的是要有自己的品牌，曹青创立了原创潮人品牌OTHERMIX和IAIZO，品牌的创立就让其从小打小闹，代销别人商品，转变为了自主品牌经营，为其后来的发展奠定基础。

其次，曹青的店铺中款式多样，上新款的速度也很快。曹青的男朋友何森杰本身就是一名优秀服装设计师，在"七格格"自主品牌创立后，他构建了15位年轻设计师加上一位专职搭配师的团队，这支服装设计团队每个月最少要为七格格推出100—150个新款，从而来保证店铺内货品不少于500款的硬性指标。款式多了，消费者选择的余地就多了，自然销量也就提升上去了。

最后，曹青意识到一个品牌要想得到消费者的认可，就要有其鲜明的风格。当消费者打开"七格格TOP潮店"的淘宝页面时，能够感受到其强烈的视觉冲击力。曹青一贯要求店铺坚持视觉至上，因为她认为酷炫页面能够让人过目难忘，而且在同一风格的基础上不断进行改版设计，有极强烈的创新意识。这种对店铺形象打造的过程，也就是打造品牌形象的过程，在这个过程中，自然吸引了更多的消费者。

曹青的"七格格TOP潮店"不断地扩大，信誉度也在不断提高，可以说曹青的创业是成功的。然而在这个创业过程中，曹青会遇到过什么样的挫折呢？

创业之路并不好走

创业并不是一件随心所欲的简单事，所以，创业之路也并不会太好走。随着七格格的网店越做越大，危机和困难也接踵而至。

"七格格TOP潮店"的运作模式是自己掌控设计和销售，而产品的制造环节交给代理工厂来完成。

在销售业绩不断增长和销售量不断增加的情况下，由于制造工厂与品牌之间磨合不到位，在2009年7月至9月，产品质量出现了很大的问题，最终导致两个月内，店铺遭受了将近400个中差评。

紧接着到了2009年12月的时候，在一次100款7折销售活动中，"七格格TOP潮店"的单日销售量竟然突破了1万件。在当时，曹青的店铺发货完全是凭借人力来完成的，店内80人的团队日夜奋战，花了整整7天的时间才把产品发完。但也正是因为全部是人工操作，再加上时间上的仓促，导致错误率很高，发货速度也减慢了很多，这就招来了300个中差评。

紧连着的两次危机并没有将曹青击倒，这反而让她更清楚地看到了自身在经营中存在的问题，找到了自身的缺憾，曹青做出了进一步的改进活动。改进活动就为日后的上规模，以及对自主品牌的开发与发展打下了基础。

为了能够让制作工厂了解自己的品牌，避免出现质量问题，曹青决定将合作工厂固定化，这样做有助于工厂和产品品牌之间的磨合。除此之外，为了保证质量过关，曹青成立了专门的质检部门，对服装实行100%的全检。

与此同时，为了能够满足销售高峰期对客服人员的需求，曹青开始不断扩充客服团队；同时，她还请人量身定制了一整套IT电子管理系统，以智能系统代替了人工分货发货，这样就能够达到发货快速无误。

这些都是两次冲击事故给"七格格"带来的新思路和发展新方向。除此之外，曹青还公开写了一封言辞恳切的检讨信，这封信让更多的消费者认识了"七格格TOP潮店"，也让更多的人理解了曹青。

后来曹青在接受采访时说道："这封检讨书，我整整写到凌晨3点才停笔，文字都是发自内心。"

在创业过程中，创业者在很多时候是很难自己发现存在的问题的，而只有遇到了一些事情和磨难之后，才会意识到自身存在的问题。曹青是一个幸运的创业者，她能够及时地改善自身存在的缺点，将企业形象的塑造做到最好，这就为其渡过危机奠定了基础。

经过了这两次差评事件，"七格格"的店铺不但没有减少客户群，反而增加了不少粉丝团，在曹青接受采访时说道："如何让这20万的'格女郎'，提高对于我们的品牌OTHERMIX和IAIZO的满意度，是我最重视的事情。"

对于每个创业者来讲，选择了创业的道路就应该意识到这条道路并不那么平坦。成功的创业者会在遇到挫折的时候，从自身寻找原因，完善自我，从而克服困境。而失败的创业者往往是视而不见，自欺欺人，从而挫折越来越大，遇到的困难也就越来越大。

当然，曹青在创业的过程中，所遇到的困境还有很多，这些困境只有她自己清楚究竟有多么的严重。可是，如今的"七格格"还依旧拥有几十万的粉丝团，这就证明曹青用自己的智慧和努力造就了属于自己的事业。

专注于小众市场

在曹青的构想里，"七格格"需要立足于小众市场，并且一直专注于小众市场，做小众品牌，从而通过多个小众品牌进行叠加累积，从而成为一个时尚品牌池。当然，在一个个小众市场叠加后，会成为一个外延不断扩大的市场池，这样一来小众也就变成了大众。当多个品牌同时产生市场影响力的时候，也就会影响到消费者大众。

那么，曹青为什么一定要强调小众市场呢？因为曹青经过考察发现在中国服装品牌一直被大众市场所累，很多服装企业都不能成为完全意义上的服装品牌。

在曹青眼里，中国服装行业中，很多企业只有渠道的品牌，却没有品牌的品牌，仅仅拥有渠道品牌，却没有真正意义上的品牌。曹青希望自己的服装店铺不仅仅是店铺，而是形成一个独立的品牌，从设计到销售都由自己来安排，而对于品牌的定位是小众范围的，而不是像唐狮、美特斯邦威等品牌一样，将品牌定位在一个大众消费群体上，曹青认为这些品牌的定位是盲目的，没有针对性，缺乏自己的特点。

在曹青看来，依附于线上零售的淘品牌虽然实力不够强大，但是已经在很大程度上形成了一种规模，占据了一定的市场，随着时代的发展，无边界扩张的品牌时代已经过去了。这一点在杭派女装上也表现得很明显。很多杭派女装品牌会因为一味地追随市场、跟风市场，导致其破产倒闭，而此时会有新的一波女装品牌站立起来，在新的女装品牌中，依然是缺乏鲜明的品牌形象和市场定位，从而导致出现服装业的羊群效应。

曹青很清楚，自己的淘品牌要想在市场上站稳脚跟，必然需要舍弃点东西，于是，她舍弃了大众市场，而是选择了小众市场。当其选择小众市场的时候，便对自己的品牌有了很好的市场定位，也有了属于自己品牌的特色。当其将"潮"字定位为自己的品牌特点时，也就满足了年轻消费者的内心需求。而在网购中，多半是年轻人，这样一来曹青也即抓住了网购的主流人群。

如今，对于曹青来讲，她希望自己的店铺能够像一个服装企业一样经营，同时，也能够成为一个完整的服装品牌。"七格格"一直专注于小众市场的经营，这不仅是根据网店特质的选择，也是根据自我品牌创立的最好选择。

开辟线下发展路线

一个企业要想得到长远的发展，就应该拥有长远的发展目标和战略。尤其是在社会不断发展，网络技术不断改进的今天，选择多条经营和销售渠道成为很多企业的必走之路。

随着人们网购意识的增强，越来越多的消费者愿意在网上进行商品的购买，与此同时，越来越多的店铺开始走线上发展道路。在互联网发达的今天，越来越多的购物网站开始出现，消费者选择购物的店铺和网站也越来越多，这无疑是对那些"老店主"的打击。

作为最早的一批淘品牌，"七格格"发现线上生意越来越不好做了，消费者对产品的质量和时间也越来越重视，尤其是进入2010年之后，除了少数几家大卖家之外，很多网商线上经营都变得惨不忍睹，这也就不得不迫使"七格格"想办法选择多条销售途径。

对于很多网商来讲，他们进入了一个瓶颈期，在销售量达到一定程度之后，要想再提高销售额和扩大销售范围已经不太容易了。如果没有自己核心的设计和生产加工能力，肯定会制约其发展步伐。

到了2012年11月份的时候，淘宝网"双11"大促销活动开始了，"七格格"认为这是一次很好的销售机会，没想到其销售业绩却不如预先的那么好。这也就迫使"七格格"走线下发展之路，即便知道实体店经营不好做，但是到线下尝试集合店铺也是势在必行。

"七格格"由线上发展到线下，可谓是一种网商的新思维和新模式，很多企业往往是先选择线下发展，然后再进行线上销售，"七格格"却预期相反，走线上带动线下的发展路线。

与此同时，"七格格"在网络原创品牌发展受限的情况下，根据自身创立品牌的特点和已积累的资源去做一些线下的销售，这种尝试也未尝不可。

在网上进行销售过程中，对大多数网络品牌来讲，进行线下体验店是具有一定的可行性的，潮品集合店并非一个可复制的样本。对于线上的品牌来讲，进行线下渠道销售，通过O2O模式开体验店的方式来扩大消费群体，这是一种开拓市场的途径，当然，网商没有必要大规模地进行线下渠道拓展，有一家体验店足够了。因此，"七格格"在上海开出一家叫作inxx的潮牌集合店。

当然，进军线下的网店，并不代表其线上发展放慢了脚步，"七格格"的年销售额早几年前就已经上亿元，在未来几年，其销售额也肯定不会下降。

曹青发现，当一个店铺做大之后，消费者对这个品牌的期望值会随之上升，这个时候进行体验店的销售，能够提升品牌的美誉度，自然也就能够促使线上的销售和经营。

对于网商来讲，进行线下产品销售，必然会加大其运营的投入资金，毕竟实体店经营过程中，需要在租金、人员方面投入更多。如果不处理好成本和商品定价的关系，就会困扰企业线下的发展，甚至会影响到品牌形象和信誉。

电子商务专家鲁振旺曾经说过："如果不采取差异化经营的策略，就必然会带来线上和线下商品的价格冲突。如果统一定价，传统零售模式带来的销售成本暴增必然会侵占线上品牌的利润，如果定价不同，则显然会刺激消费者转向线上购买，从而让加盟商蒙受损失。"

可见，网商进行线下销售，还是需要想办法摆脱成本和定价带来的困扰。因此，找准市场定位是线上品牌开设实体店的关键。"七格格"作为网商，进行实体店经营的思维不会停留在单纯地进行线下铺开渠道卖货，而是希望通过线下产品的体验来促使线上商品销售，这是一种销售策略，也是一种促使企业发展的战略。

找到合适的职业经理人

作为"史上发迹最快最成功的网店——七格格"的掌门人，曹青有着与众不同的事业观，她认为工作就是为了开心地去生活。

对于很多创业者，可能都会做出这样的选择，在这个电子商务快速发展，创造财富的时代，创业成功后，选择适合的职业经理人去打理企业，创业主便开业退居幕后，安心地享受生活了，曹青也走了这条道路。

曹青，这个80后女孩，用了不到6年的时间，就拥有了自己梦想的服装品牌，对于这个女孩来讲，她实现了自己的创业目标。与此同时，她希望自己能够在工作之余，有更多的时间享受生活。

在曹青接受采访时，她表示："以后我每天只会上半天班，一半家庭，一半工作。"在接受这次采访的时候，曹青刚刚做完孕检，她还有60天就要成为妈妈了。

曹青认为自己努力工作是为了让生活变得更加开心，而如今，企业也走上了正轨，并且以飞速的态势发展，她认为这个时候自己应该是对生活多做考虑的时候了。

在曹青为公司各个部门选择了负责人之后，她认为如今的团队搭建的已经很成熟，所以，她决定将更多的时间放在家庭生活中。

曹青，这个创业成功的女人决定"退隐幕后"，选择将企业嘱托给职业经理人，安心地享受自己的生活。

所谓职业经理人，就是在一个所有权、法人财产权和经营权分离的企业中承担法人财产的保值增值责任，对企业经营管理负全责，对企业的经营权和管理权负有全部责任的人员。这一部分人主要是通过在职业经理人市场上得到聘任，专门负责对企业进行管理、经营的人群。

当曹青选择职业经理人打理企业的时候，也就意味着她可以拥有更多的时间来享受自己的生活，也就拥有了更多的时间去打理自己的家庭。这是很多创业者都会选择的一条企业管理之路。

当然，对职业经理人的选择也是要有一定的标准的。首先，作为职业的经理人，以后要负责的是企业的经营和管理，自然就要有一定的责任心，对待企业要有热情，否则，创业者是不会放心将自己的企业交由他们打理的。

其次，作为职业经理人本人要有职业道德，遵循一定的职业操守。只有这样，才能够带领企业走得更远，才能够让企业得到更大的发展空间。如果职业经理人的人品有问题，必然会影响到企业形象，从而也就会影响到消费者对产品的信赖程度。

再者，"不想当将军的士兵不是好士兵"，选择职业经理人是希望他们能够将企业做得更大更好。因此，所选用的职业经理人一定要有远大的目标，同时具备一定的能力。比如职业经理人要能够对领导班子成员提出的不同观点进行判断，最终做出最有利于企业发展的决策，能够带领企业找到最适合企业发展的机会和道路等等。

最后，职业经理人要清楚品牌文化，对自己创办的企业文化有一定认同感，只有这样才能够在不改变原本企业文化的前提下，帮助企业走向更辉煌的明天。

对于格格曹青来讲，她选择职业经理人自然也会进行多方面的考虑，而考虑的每一方面都是希望能够促使企业得到更好的发展。当然，在创业过程中，创业者需要付出自己的勇气，而在企业走上正轨之后，选择职业经理人对企业进行经营管理，也是一种管理企业的方式。

作为年轻的创业者，如果深知自己对企业的管理不够熟悉，在企业走上正轨之后，选择合适的职业经理人来经营企业，对企业进行长足的管理，也是一个比较靠谱的决定。这样做不仅对企业的发展有好处，也能够让创业者腾出时间来享受生活。

启示录　借助平台的力量

对于年轻人来讲，要想实现创业成功，恐怕就需要选准自己的平台了，如果选择不对创业平台，那么只能是事倍功半。如果能够选择正确的平台，那么创业过程就是事半功倍了。

对于曹青来讲，她选择了淘宝这个电子商务的平台。在淘宝网上线初期，人们对网上购物还不太信任和了解，而对于很多年轻人来讲，他们喜欢网上购物，更希望能够通过网上购物来得到便利和实惠。曹青作为最早的网购者，自然也体会到了网购的便利和实惠。此时，网购已经发展了几年，很多年轻人开始喜欢这种购物方式，与此同时，卖家却还不多，这正是很好的创业机会和平台。曹青就是抓住了这个平台，为创业赢得了一次成功的机会。

在淘宝网上开网店，2006年的时候似乎很多人还没有意识到这个构想能够带来多大的商机和利润。对于曹青来讲，她对自己选择的平台很放心，也很信任。

对于年轻人来讲，要想创业成功，选择好的创业平台是很关键的事情。曹青的创业成功，恐怕很大一部分原因则是选择正确了创业平台，从而借助平台的力量。曹青是如何借助平台的力量的呢？

在曹青经营了三年之后，她把自己赚到的钱全部投到了淘宝首页的热点图片宣传上，这是一次很好的店铺宣传机会，因为消费者在打开淘宝网的时候，第一眼就会看到夺目的大图。正是这次机会，让曹青产品热销，也促使其信誉度得到大幅度的提升。或许，这就是淘宝这个平台提供给她的机遇。那么，作为年轻的创业者，要如何来选择适合自己创业的平台呢？

首先，应该按照自己所选择的创业项目来选择合适的平台。当然，对于年轻人来讲，选择行业内最大的平台是毋庸置疑的，可是很多时候最大的平台往往需要投入很多财力和人力。曹青选择在淘宝上开店，由于网购有着一定的特殊性，所以其选择的平台并不需要多少财力和人力的支持。

其次，选择的平台要和自身创业缺憾有一定的互补性。年轻人在创业的时候，想到最多的可能是自身存在怎样的创业劣势，因此，在创业选择平台的过程中，不妨就自我的创业劣势来选择互补的平台。比如对于曹青来讲，她创业初期没有太多的创业资本，也没有创业合作者，她选择的网店经营，在创业之初只需要少量的费用，并且只需要一个人即可，在设备上，也只需要有一台能够上网的电脑就可以操作了。所以，年轻的创业者完全可以选择一个能够弥补自我创业缺憾的平台。

最后，选择的平台要有一定的发展空间。所谓平台，也就是能够促使自我创业进行发展的台阶或者场所。每个创业者都应该意识到创业是一个长期的过程，因此，在选择平台时，一定要眼光长远。只有适合长期发展的平台，才能够作为创业的起步点。对于曹青来讲，她看重淘宝网这个平台，因为其具有长远发展的能力和潜力。

作为一名年轻的创业者，单单具有创业的激情还是远远不够的，还需要有长远的眼光和对创业平台的正确选择。

对于一个成功的创业者来讲，他们往往具有一个共同点，那就是具有敏锐的眼光，能够抓住创业的机会和找到适合创业的平台，这对于创业者来讲是十分关键的。曹青的创业成功，正是其抓住了创业时机，并且找对了创业平台，这成为她站稳淘宝网的秘诀所在。

⭐ 创业板 | 失败是教训，更是经验

不管是创业还是做任何其他的事情，其过程都不可能是一帆风顺的。尤其是在创业的过程中，挫折在所难免，失败也属正常。年轻人多半心高气傲，希望创业能够瞬间看到成功的火苗，其实，成功往往是在背后出现，就如同彩虹的出现往往需要经历暴风雨的来袭一样。

对于年轻人来讲，他们不希望自己经历艰难困苦和失败，认为失败只有害处，没有益处。其实，失败不仅仅是教训，也是获得经验的途径。无论是伟人还是成功人士，多半经历了无数次失败，从失败中获得了一些经验之后，继续上路，继续努力，从而获得了成功。

曹青在经历了两次差评事件之后，虽然对其网店经营产生了负面影响，但是也让她意识到了自身存在的不足。正是遇到了这两次的打击，让曹青才有了改善经营的动力。可见，失败能够促使一个人实现成功，也能够为一个人的成长打好基础。

万通集团董事局主席冯仑曾经说过：伟大都是熬出来的。可见，一个"熬"字道出了创业的路上必然充满了艰辛与挫折，而只有从挫折中总结出经验的人，最终才能够"熬"出属于自己的一片天，获得属于自己的事业和成功。

从事实上来讲，失败往往是创业者经历的很常见的一个事情，甚至会成为成功创业者的一个"荣誉勋章"。很多成功的企业家在成名后接受采访时，往往会提及自己曾经遇到的磨难与失败，似乎没有这些失败，他们就不可能获得成功。从曹青经受挫折的经历可以看出，年轻的创业者往往会犯以下几种错误：

第一，对于挫折没有提前预料。对于很多年轻人来讲，不具备对挫折预测的能力，他们在挫折出现之前，根本没有起码的预测能力，从而导致挫折来临，手足无措。作为创业者，在创业开始就应该看到自身存在的缺点和不足，尽量避免失败的发生。当具备了基本的预测能力，就能够很好地进行挫折处理了。

第二，没有建立一个明确的目标。在创业的初期，只有想法却不知道自己的目标是什么，那么自然会导致失败出现。对于曹青来讲，她在创业初期，可谓是小打小闹，等到遇到挫折后，意识到自己进行创业的目标，才进行了管理和制造厂商的固定化，转变了经营模式。

对于很多年轻的创业者来讲，经历失败未必不是一件好事。所谓"塞翁失马焉知非福"，当曹青经历暂时的失败之后，她拥有了思考的时间，让自己静下心来认真思考企业出现问题的原因。最终，找到了解决问题的办法和途径，实现了新的突破。

年轻的创业者完全可以将自己经历的失败转化成一种正能量。在进行创业的过程中，年轻人自身多多少少都会存在一定的缺陷，比如没有正确的控制现金流、进入市场过早等等，这些问题往往会成为阻碍他们实现创业成功的关键所在。而一般情况下，初期创业者是很难意识到自身存在的这些隐形缺憾的，失败的来临往往能够让创业者认识到问题的存在，要知道创业初期的失败来临要比创业中期经历失败好上百倍。

对于曹青来讲，她的创业不需要依托资金，多半需要依托的是市场和自我坚持。曹青在开网店初期，也和其他店主们一样，销售额有限，信誉度不高，此时，她只能通过自身的坚持，来不断提升店铺的人气。在这个过程中，如果她轻易放弃了，那么今天或许就没有了"七格格"的品牌。可见，创业者需要坚持，坚持往往是克服失败的有效途径。

年轻人想要通过创业来实现自己的事业梦，这是情理之中的。可是对于一个成功的创业者来讲，他们之所以能够成功，是因为他们能够经历失败，在失败中找到通往成功的道路。失败并不可怕，可怕的是无法在失败中找到重新站起来的方法。

14
刘鹏飞：放飞梦想的孔明灯

一个人，5块钱，不远万里，异乡谋生；400元起家，两年半时间，创造7000万财富神话。他就是孔明灯大王，一个想要飞得更高的普通大学生！

创业
没那么难

引 言

他只有5块钱，却敢只身来到义乌闯荡；

他只有400元，却敢开店正式创业；

他没有公司没有工厂，却能用真诚和坚持赚取人生第一个10万；

他凭借小小的孔明灯，却能用执着和努力完成年销售额3000万；

他的故事，简单而又真实、感人而又励志，没有离奇跌宕的情节，也没有匪夷所思的内容，更没有胡编乱造的天方夜谭，它有的，只是真实到甚至能直接用"阿拉伯数字"和"加减乘除法"来进行表述的财富值：1个竹圈儿+1块蜡烛+1张纸片儿=3000万/年。

他不是富二代，也不是高才生，更不是金融天才，他没有家族支持，没有华丽文凭，更没有天使投资。但是，他却靠自己的双手，只用了两年半就积累了7000万的财富值，又再用了两年半，就拥有了8家公司，他就是"孔明灯大王"刘鹏飞，一个荣登福布斯的80后大学生。

5块钱去义乌闯天下

2007年6月，又是一个毕业季！

大学校园里，纷飞的学士帽，斑斓的毕业照，以及惜别的歌谣，依旧掩饰不了即将踏足社会的毕业生眼中的渴望和迷茫。

渴望什么？渴望成功，渴望财富，渴望出人头地！

又迷茫什么？迷茫于如何取得成功，如何创造财富，如何才能出人头地！

就业，创业，还是考研继续学业？

对所有大学生来说，毕业就意味着他们的人生走到了一个三岔路口，每一个人都要参加最后一场考试。这场考试，只有上面那一道没有标准答案、也无须老师批阅的单选题。

面对这样一道决定命运的单选题，即便是名校高才生，恐怕也曾辗转反侧、犹豫不定。

而刘鹏飞，虽然也曾辗转难眠。不过，他难以成眠，却并不是因为焦虑，而是因为对毕业的渴望，以及对毕业后"创业征程"的期待。

事实上，对于"就业、创业还是继续学业"这道人生选择题，刘鹏飞早在大学二年级的时候，就已经做出了选择。

那是一次偶然的机会，刘鹏飞看到了这样一条新闻：全球90%的圣诞礼品，来自中国；而其中的98%，又来自义乌！

乍一听到这条新闻，刘鹏飞既觉得不可思议，又对义乌无比好奇。于是，他多方查找义乌的资料，想好好了解一下这个"神奇"的地方。

一查之下，刘鹏飞更加诧异，因为他发现义乌只不过是一个小小的县级市，面积甚至不如自己的家乡宁都县，但是，它的小商品经济却非常发达，甚至号称全球最大的商品批发市场。

据说，义乌拥有1.8万个商铺，如果一个人在义乌每天逛8个小时，每个店铺停留3分钟，那么，如果想要逛遍义乌，他需要1年的时间。

如此发达的商品经济，着实让刘鹏飞惊诧不已。刘鹏飞一边惊叹于义乌这个小县城的神奇，一边想："这样一个小地方，居然可以生产这么多商品，不就是像我这样的创业者的天堂吗？"

从此，刘鹏飞便萌生了前往义乌创业的想法，当然，这并不是他头脑发热、一时冲动，而是经过深思熟虑、深入分析。

这就又回到了上面那道毕业生必做的人生选择题：就业、创业还是继续学业？

首先，刘鹏飞觉得，自己的家境并不富裕，为了供自己完成大学学业，家里已经负债累累。如果自己选择考研，继续学业，那么，这无异于给自己家人增加沉重的负担。这样的选择，太自私，而且也不见得就一定好。所以，这个选项被他首先排除。

其次，就业虽然是绝大多数毕业生的最佳选择，但是，这却不是通往成功与财富的最佳捷径！从家庭情况来考虑，找工作就业，只能解决自己一个人的吃饭问题，对于家人生活条件的改善，几乎没有帮助。过惯了穷苦日子的他，迫切想要为家人创造更好的明天。

更何况，自己的毕业院校只是普通二本，单论文凭和学历，自己如何能跟重点高校的毕业生和研究生竞争？如果找工作，那也只能先从基层开始做起，如此一来，自己何时才能收获成功？所以，就业这条路，最终也被刘鹏飞排除。

那么，接下来就只能选择创业了！这是刘鹏飞的理想，也是他觉得最适合自己的选择。

当然，刘鹏飞心里也清楚，创业虽然是出人头地的最佳捷径，但是，想创业的人，犹如过江之鲫，但是敢付诸行动的却少之又少，最后能创业成功的，更是寥寥无几。

自己想从创业者的浪潮中脱颖而出，成功实现创业致富的理想，这谈何容易？

这是所有想创业的人都会面临的一个问题，也是让很多人最终打消创业念头的问题。

这个问题，刘鹏飞也曾面临过，只不过，他将其选择性地忽略掉了。因为在他的创业信念中，他信奉这样一句话："天下事有难易乎？为之，则难者亦易矣；不为，则易者亦难矣。"

就这样，刘鹏飞怀揣着创业的理想，以及仅有的5块钱现金，踏上了那趟驶向他心中的创业天堂的火车！

虽然他在那趟火车上没有豪华的包厢，甚至连一顿晚饭，他都只能吃8点后乘客们不要而打折的快餐，但是，他却始终怀念那趟载着他驶向美好明天的列车！

1400元的创业

来到义乌的刘鹏飞身无分文、无亲无故，所有事情都必须从零开始，莫说创业致富，就是连最基本的吃饭问题，都还没有着落。

刘鹏飞知道，无论对个人还是企业，生存永远是摆在第一位的问题。无法生存下去，任何理想、任何计划都只是浮云。

因此，刘鹏飞决定找一份工作，先度过这段困难期再另谋出路。

于是，就在抵达义乌的第一天，他就拖着略显疲惫的身体，先后面试了多达15家当地公司。当然，他之所以接连面试都无法确定工作，并不是因为他的能力无法让那些公司满意，更不是因为那些公司无法满足他的薪资要求。

相反，他的要求不高，只要能够包吃包住，工资多少没关系，因为他找工作的目的，就是想在养活自己的同时，一边熟悉义乌的小商品市场情况，一边了解公司运行的各种需要。

最终，刘鹏飞找到了一份外贸销售员的工作。然而，仅仅一个月之后，他却毅然决然地辞职。

这样的举动让他的同事们无法理解，大家都纷纷规劝他，说他这份工作做得好好的，辞职太可惜，而且外面的工作不好找，希望他不要因为头脑发热而犯错误。

这些善意的劝诫让刘鹏飞心里一暖，但是感动之余，他却依旧坚持辞职，因为他心里非常清楚，他来到这里的目的只有一个，那就是创业。

现在，他对义乌小商品市场有了初步了解，对公司的运行管理有了基本的体验，这一个月的工作，也让他收获了自己的创业启动金——1400元。

可以说，刘鹏飞当初找工作的三个目的都已经达成了，而他自己也觉得已经做好了离职创业的准备，无论是心理准备，还是资金准备。

可是，1400元的创业启动金，能做什么呢？

或许，对很多人来说，1400元只不过是一部手机，一桌饭局，但是，对于刘鹏飞而言，这笔钱却意味着一个月的房租、一个月的伙食外加一笔小额的本钱！

于是，刘鹏飞首先用其中的600元钱租了一个小房间，为自己提供了一个安身之所。也就是在这样一个简陋的房间内，刘鹏飞第一次无比谨慎地思考这样一个问题：我应该参与什么样的创业项目呢？

这是决定创业成功与否的关键问题，也是困扰绝大多数创业者的"疑难"问题。

这一次，刘鹏飞被这个问题困扰了许久。因为义乌虽然号称全球最大的小商品批发市场，里面汇聚了数十万种商品，可谓琳琅满目，应有尽有。可是，也正是因为义乌商品太过繁杂，反倒让他不知该选择什么行业、什么商品。

经过多日的思考和筛选，刘鹏飞依旧茫然无绪，无奈之下，他只能约了几个朋友出外散心，以免自己创业未成身先病。

也就是这一次散心，让一直神经紧绷的刘鹏飞，意外看到了自己创业致富的曙光！

靠孔明灯赢得第一桶金

2007年的一个夏夜，刘鹏飞带着暂时的迷茫和朋友们一起来到了义乌梅湖公园散步，那时的刘鹏飞才24岁。

刘鹏飞和其他的年轻人一样，将义乌当作寻找梦想的第一站。可是来到义乌的这段时间，让刘鹏飞觉得有些迷茫。他和朋友诉说着内心的迷茫和无奈，此时，看到头顶上飘过一盏盏亮亮的东西。刘鹏飞被这些亮亮的东西所吸引，开始的时候他还以为是UFO。因为他从来没有见过孔明灯，朋友也从来没见过，顿时几个年轻人兴奋不已，此时的刘鹏飞也似乎被那些光亮点燃了灵感。后来，从一个朋友口中得知，这就是孔明灯。

第二天，刘鹏飞开始进行市场考察，他走进号称有10万多家商铺的义乌国际商贸城，在商贸城中转了一天，最后仅仅发现三四家卖孔明灯的店铺。这个发现让他颇感意外，心想偌大的义乌国际商城，卖孔明灯的竟然如此之少。回到家后，他上网查了孔明灯的用途，发现，如今很多人都会选用孔明灯用来祈福，过年过节更是很多人都常用的，其象征着成功的收获和对幸福每一天的祈祷。随后，刘鹏飞又打开了阿里巴巴、百度等网站进行了搜索，发现网上竟然没有人在卖孔明灯。

此时，刘鹏飞确定，机会真的来了！

刘鹏飞在拿到第一个月打工挣到的1400元工资后，便跟老板说了"拜拜"。他除了租房子花的钱之外，用其中的400元买了100多只孔明灯，开始进行销售，此时的刘鹏飞开始做电子商务，这或许是刘鹏飞进行创业的第一步。

网上进行销售让刘鹏飞尝到了甜头，因为第一个月的销售就让他赚到了几千块钱，所以刘鹏飞更加坚定自己的选择。

"第一个月就赚了几千块钱。"初尝甜头的刘鹏飞，更加坚信自己的选择。

渐渐地，刘鹏飞发现业务量开始增大，而第一桶金就是来自温州的一家外贸公司。这家外贸公司联系到刘鹏飞，说打算订购50万只孔明灯，当刘鹏飞听到这个消息后，高兴得不知所措。然而，对方开出的条件就是要先上门考察。

上门考察？听到这四个字的时候，刘鹏飞内心有点发怵了，因为当时的刘鹏飞做的完全是倒卖的生意，他是从别人那里提货，然后到公园进行销售，根本没有员工、没有工厂，办公的地方就是自己的床，办公用具就是一台电脑。

刘鹏飞心想要"现将帽子扔过墙"。他向朋友借了一个小作坊和一间看起来还可以的办公室，决定让对方来这里进行考察。

虽然一切都准备齐全了，但是刘鹏飞心中开始忐忑不安，他心想这不就等于欺骗么？刘鹏飞是一个真诚的人，他不希望自己成为骗子，即便通过欺骗的手段得到了这笔订单，日后自己心中也会不安。

刘鹏飞心一横，将自己的实际情况告诉了合作方，结果并没有刘鹏飞想象的那么糟糕。因为刘鹏飞的真诚，客户依然决定让他做20万的订单，听到这一消息，让刘鹏飞出乎意料。

订单虽然拿下了，但是近5万只孔明灯要怎么凑齐呢？市场上很难买到这么多，因此，刘鹏飞决定自己建厂进行孔明灯的生产。

庆幸的是哥哥懂孔明灯制作流程，在哥哥的帮助下，从建厂到生产仅仅用了短短一个月的时间，最终，刘鹏飞保质保量地完成了订单。

通过自己的真诚，刘鹏飞赢得了第一次机会，通过这次合作，他从中赚取了10万元，这笔资金成为他继续创业的垫脚石。

全球孔明灯大王

一个勇敢的创业者是不会停在原地的，刘鹏飞在赚到了第一桶金之后，他决定建立自己的公司——飞天灯具厂。

在工厂成立初期，他完全是凭借全家老小进行生产，每天最多生产500只。可是，刘鹏飞怎么可能满足于眼下的销售量呢？

所谓"人有多大胆，地有多大产"。刘鹏飞经营的孔明灯实现了几万只为单位的外贸销售。突然有一天，他心想义乌这个"小商品批发"起家的城市能够造就"吸管大王"和"饰品大王"，如今既然自己的孔明灯生意发展前景良好，那么自己为什么不努力发展成"孔明灯大王"？

既然有这么大的野心，那么就要有相应的准备。刘鹏飞意识到只有将生产、销售、研发都掌握在自己手里，才可能将工厂做大。此时，他想到了产业布局。

在开始生产的时候，他将工厂安排在了江西老家，之后，他每次回老家都会租下一块地，然后进行场地的扩充。

到了2008年，刘鹏飞的工厂就已经在金华、义乌、东阳、江西等地拥有了6个工厂，最终进行规模合并到了江西总厂，以此来满足更多的订单需求。在他进行扩充的过程中，有人担心还没有准备好，就进行大规模的工厂扩建，是否会对经营造成不利影响。而刘鹏飞却认为率先发力，毫不松懈地持续扩张，这样做能够将优势发挥得淋漓尽致，这是他的经验也是他创业的基本路线。

到了2008年12月，飞天灯具厂的孔明灯销售量从400万只飙升到2000万，成为名副其实的孔明灯龙头企业。

刘鹏飞用了仅仅一年的时间，就实现了"孔明灯大王"的构想。对于他来讲，"有了项目就赶紧做"是他进行创业的一贯作风。

每一个年轻人都有自己的梦想，而很少有人能够坚持去实现自己的梦想。刘鹏飞不仅在坚持自己的梦想，更为重要的是在用行动去完成梦想。

刘鹏飞实现了从一无所有到响彻义乌的梦想，对于这个勇敢的年轻人来讲，这才仅仅是开始，他进行创业的步伐并未结束。

全民十字绣

刘鹏飞已经如愿以偿地成为"全国孔明灯大王"，然而，在经营孔明灯的过程中，他发现了一个问题。

孔明灯的销售受到季节的影响很大，每年的销售旺季仅仅是6—11月份，销售淡季的时间比较长。再加上产品市场不大，要想扩大经营不容易。受到季节性的影响，要想在销量上有爆发性的增长实属难事。刘鹏飞发现孔明灯的制作技术没有壁垒，在未来也会遭受到很大的竞争。

看到孔明灯的经营存在如此多的弱点，刘鹏飞开始和朋友们寻找新的项目。

十字绣是刘鹏飞涉足的第二个领域。在2008年6月的时候，此前投奔外地的学弟发现了十字绣行业，学弟告诉刘鹏飞在这个行业里投资少、门槛低，国内规模性的企业还很少。刘鹏飞便开始在网络上进行查找，发现在网络上还查找不到大的十字绣厂家。

经过考察，刘鹏飞发现十字绣的经营除了品质多、储备原料复杂之外，与孔明灯有异曲同工之妙，于是，他决定投资十字绣行业。

两个月后，由刘鹏飞投资的香港灵泉十字绣有限公司正式成立了，学弟则任总经理，他自己担任了大股东，并且决定以内销为主。

到了2009年的时候，灵泉十字绣旗下推出了多个品牌：雅典、锦绣阁、伊人绣坊等。据了解发现，刘鹏飞旗下的十字绣品牌占据了国内十字绣市场前五的位置，并且年销售额超过3000万。

刘鹏飞是一个不安于现状的人，在十字绣市场上站稳脚跟之后，他开公司的念头又一次萌发。

到了2009年3月，刘鹏飞又投资了路德图文设计印刷有限公司；两个月之后，鹏道工艺品厂也宣布成立；一年后，飞天光电科技有限公司成立……

如今，刘鹏飞已经投资了8家公司，并且涉及多个领域，如孔明灯、十字绣、数字油画、荧光板……

刘鹏飞认为自己所投资的行业是有共同点的，都属于新兴实业，因此，入行门槛较低。因为行业发展还不够成熟，所以有一定的发展空间和前景。

当然，在刘鹏飞不断扩展投资领域的过程中，也遭到过别人的质疑，但是他却认为，无论是什么项目，只要确定是好项目，不管三七二十一，先干了再说。

这种投资模式必然会存在一定的风险。反过来说，做任何一个行业的投资都是存在风险的，在刘鹏飞看来，不能因为存在风险就不去做，而是应该尽量避免发生风险，大胆地迈出创业的步伐。

对于年轻人来讲，创业往往是一件冒险的事情，可是一个真正有勇气冒险的人，往往是经过了深思熟虑。刘鹏飞是一个敢于冒险的人，同时，他认为在某个行业获得了金钱，完全可以通过扩展行业进行重新创业的过程，来实现金钱的最大价值。

或许正是因为刘鹏飞具备了冒险精神，才让他拥有了今天的成功。对于这个"全国孔明灯大王"来讲，很多有发展前景的项目都可以成为创业的立足点。因此，作为年轻的创业者，更应该多个行业涉猎，选择有发展前景的行业，用自己具有发展性的眼光去观察问题。

从400元到7000万元

刘鹏飞的创业传奇故事，引起人们的关注。他大学毕业，一个人来到义乌，在那里人生地不熟，缺少资金和技术，他却能够用400元钱，在短短两年半的时间里，创造出年产值7000万元的财富。这究竟是一个怎样的创业过程呢？

当刘鹏飞看到孔明灯的那一瞬间，他心头萌发了创业的冲动。当他经营孔明灯两年多之后，他已经将中国传统的孔明灯，销售到了全球70多个国家。

在他刚来到义乌的时候，他可谓是一无所有，没钱、没人脉，更没有机会。可是，当他看到义乌大街上来来往往的豪华轿车时，他告诉自己既然这么多人都能创业成功，为何自己就不能抓住机会呢？从那个时候，他就告诉自己一定要时刻准备着，为机会到来做准备。

当他意识到孔明灯是一个很好的投资项目时，他毫不犹豫地辞掉了工作，开始专心创业。

在开始的时候，他除了租房子，只剩下400元钱，他将400元钱全部都买成了孔明灯，然后晚上到公园去卖，一个月之内就赚到了3000元。紧接着，中秋节到来了，刘鹏飞意识到这是一个很好的机会。

刘鹏飞将自己赚到的3000元当作定金，从市场上买到了3000只孔明灯，就在中秋节的三四天时间里，他赚到了自己几个月都不可能赚到的钱。

就这样，刘鹏飞开始一步步的经营起了自己的孔明灯事业。到两年后，他的孔明灯销售年产值达到了7000万元。

从刘鹏飞的创业经历中，我们不难看到这个年轻人具有他人所没有的商业头脑。在其仅仅只有3000元的时候，他本来只够购买1000个孔明灯，可是，他意识到中秋节孔明灯总的需求量会增大，到时候1000个孔明灯肯定不够卖，于是，他将3000元当作订金付给了店主，等到将产品都销售完了，再付剩下的2000个孔明灯的钱。

果不其然，在中秋节到来之际，很多人开始购买孔明灯，刘鹏飞的孔明灯在三四天的时间内就一销而空。这次经历，不难看出他是一个具有商业头脑的人。

除此之外，可以发现刘鹏飞是一个敢想敢做的人，在他的创业过程中，看不到犹豫的时刻，他认为只要发现机会，就要赶快做出行动，兵贵神速，越快越能够占领市场。

对于一个年轻人来讲，能够在最短的时间内找到机会，然后抓住机会，并不是一件容易的事情，而对于这个"孔明灯大王"来讲，他却能够发现机会，在机会的面前，他没有丝毫犹豫，果断地辞掉了原本的工作，开始进行创业。

无论是谁，只要看到了机会，都应该尽量去抓住机会。如果说刘鹏飞的成功是因为他发现了机会，不如说是因为他能够及时地抓住机会。

在刘鹏飞开始建工厂，生产孔明灯的过程中，他发现孔明灯市场的竞争越来越激烈，在国内孔明灯的销量增长空间并不大。懂得英语和电子商务的他，又开始将销售市场投向了国外，正是他的这一举动，充分地展现了他独到的眼光。

对于一个创业者来讲，要想实现成功，就应该有自己独到的眼光。如果刘鹏飞没有意识到国外市场，而是在国内市场上进行竞争和维持，那么他的孔明灯事业也不可能实现长久发展。作为年轻的创业者，不妨从刘鹏飞400元发展到7000万元的过程中，寻找到有利于自己创业的经验。

一个想当"英雄"的商人

刘鹏飞在孔明灯市场打开之后，竟然决定扩展经营领域，最后竟然成立了8家公司。为什么他要这么做？

其实，刘鹏飞从小就迷恋名人传记，他的内心集聚着浓厚的英雄主义情结。虽然是80后，可是刘鹏飞却视毛泽东为偶像，在他的口中，经常能够听到"打江山"和"闹革命"这样的字眼。在刘鹏飞创业有了一定成绩的时候，很多学弟学妹都来投奔他，都被他视为志同道合的革命兄弟。

刘鹏飞认为"没有成功的个人，只有成功的团队。"因此，他为了能够帮助更多学弟学妹实现创业的梦想，也为了能够留住这些兄弟，让学弟学妹们有更大发展，刘鹏飞决定多开几家公司，这样一来，就能够让学弟学妹们担任公司的总经理。

可是，开公司并不是那么容易的事情，刘鹏飞也丝毫没有马虎。他在选择其他领域的项目时，都会进行严格的市场考察，或许这也就成为他每次都能够成功创业的原因。

一个刚从学校毕业不久的新人，究竟怎样才能够当好一家公司的老总呢？刘鹏飞似乎对此并不担心，他认为没有人天生就会当老板，自己只能逼着自己去做好。

在刘鹏飞的眼里，一个人的忠诚和品德是最重要的，他在员工的选择上也是很注重这两点，至于个人能力，他认为完全可以后期培养。

当然，总经理和高级主管的位置是有限的，为了能够吸纳更多的人才，刘鹏飞又想到了股份制经营。

刘鹏飞决定拿出公司的一部分股份，然后分给公司的20多名管理骨干人员，在这些人员中，多半是他的校友，也有和他曾经一起打拼的人们。

在刘鹏飞的心中，有一个理想，那就是实现共有、共富、共荣，能够建立全民股份制。刘鹏飞看似是年轻的创业者，却有着正确的事业观，他希望在以后的发展中，能够让公司的每名员工都有股份，这是刘鹏飞心目中理想的企业。刘鹏飞将这一理想当作是自己奋斗的目标，而这个事业要想实现，最先要解决的问题便是员工的住房问题。

为了能够解决房子的问题，让员工不必为高房价发愁，他决定在义乌盖一栋高楼，除了支持一同创业的兄弟，刘鹏飞也没有忘记自己的校友们。

刘鹏飞将孔明灯的厂子开在了家乡，这样一来就带动了家乡人们的收入，让他们可以不出门就能够赚到钱，这也是他的理想和愿望。

在刘鹏飞的心目中，一家优秀公司要想做大做强，必须要赢得社会的尊重。在刘鹏飞的思想理念中，"时势"能够造就"英雄"。而对于刘鹏飞来讲，所谓"时势"，就是义乌这个全国最大的小商品市场，也是近几年发展飞速的电子商务平台，而"英雄"，正是他自己。

少年的刘鹏飞就想成为一个抓坏人的警察，到成年后，他想要成为一个带动家乡发展的商人，一路走来，刘鹏飞的英雄主义情结，似乎从未改变。或许正是因为他的英雄主义，让他的事业发展得如日中天。

我要飞得更高

对于刘鹏飞来讲，虽然自己的创业已经取得了些许的成绩，但是这不足以让他选择安逸的生活。他认为继续发展下去，自己就要能够面临更多更大的挑战。当他经历了这些挑战之后，自己的事业必然也能够得到长足发展。

在2012年5月份的时候，刘鹏飞开始被自己的员工们称为"刘董"了，这不仅仅只是一个称呼的变化，更多的是企业的变化。5月份，刘鹏飞有了更大的梦想，那就是将旗下的8家公司和1个基金会进行合并，从而成立"飞天麦光光集团"。这就意味着刘鹏飞要在做好B2B领域批发、分销、团购的同时，再将B2C做大做强，最终，朝着网络科技方向进行经营转变，打造"麦光光"这个网络品牌。

这个过程听起来简单，可是对于刘鹏飞来讲，这绝对不是一个容易的过程。因为刘鹏飞旗下的8家公司所涉及领域不同，从而在生产链上就很难相互统一关联。再加上，公司在发展过程中，遇到的具体问题不同，解决方法也就不同，此时，这些事情，让刘鹏飞也感到精力有限。

刘鹏飞意识到这些问题并不是自己的"左膀右臂"所能解决的，自己的兄弟们都很年轻，公司的管理人员多半是年轻人，因此，缺乏相应的经验和能力。这些问题让刘鹏飞有些无奈。他选择招聘一些年长的有经验的员工，可是那些有经验的员工最终还是选择了离职。

此时的刘鹏飞开始思考，为什么从外面招聘的人就是留不住呢？公司的行政管理层几乎是自己的老乡和校友，这样的用人模式虽然让刘鹏飞放心，但是也让他感到困惑。

经过思考后，刘鹏飞发现精细化管理是自己面临的一大挑战。

因为8家公司都各自有其负责人，每个负责人之间都是各自为政，从而就导致缺乏全局意识和全局思维。刘鹏飞意识到要想让企业走得更远，就应该对每个公司的制度进行梳理，再将它们统一到一个框架下面。

在一次接受采访时，刘鹏飞说道："以前哪有后勤、行政，总共就两个部门，一个生产，一个销售。"不难发现，在公司订单多，任务量大的时候，销售部门的人员就会过来志愿生产，如果市场不好，订单不多，那么生产职员就会过去销售。而如今，刘鹏飞意识到这样做只能解决燃眉之急，而一家企业要想健康长久地发展下去，就必须要健全制度，做好全方位的保障。

对于刘鹏飞来讲，进行企业部门完善是一个细活，习惯了粗放式管理的刘鹏飞，也是需要克服自身的缺憾，一步步迈向精细化管理。

启示录　　坚持是必须的，维持则没有意义 ────────

　　年轻的创业者在创业初期，往往会犯一个毛病，那就是急功近利，想要瞬间看到效果。对于没有创业经验、缺少管理经验的年轻人来讲，创业的过程并不是一个瞬间见奇效的过程，这个过程中是需要坚持的。

　　对于刘鹏飞来讲，他的创业过程看似传奇，可是其中的艰辛或许只有他自己知道。在孔明灯扩展市场的过程中，他遇到了家乡工人的集体罢工事件。当时，他接到了外国巨额的订单，需要按时间交货。这次危机如果不能够很好地解决，不但会造成经济损失，还会影响到企业以后的发展。此时的刘鹏飞思考，员工为什么不愿意到工厂里来做孔明灯了？

　　为了加快孔明灯的制作，缩短制作时间和占用空间，刘鹏飞决定在厂子里进行改革，因为工人是计件收费的，在改革初期，员工不适应，自然制作过程就慢了许多，赚的钱也就少了。刘鹏飞的哥哥劝说他，希望他能够放弃这次改革，依旧按照原来的工艺进行生产加工，可是刘鹏飞没有听哥哥的，而是坚持自己的决定。

　　为了能够保证按时交货，刘鹏飞和哥哥开始挨家挨户地劝说工人去厂子里制作孔明灯，并且告诉工人们这只是暂时的，如果适应了新的制作流程，赚的钱一定会更多。

　　正是有了刘鹏飞的坚持，工人们开始返厂工作，逐渐的，工人们的收入真的得到了提高。

　　对于一个年轻的创业者来讲，创业过程其实就是一个坚持的过程。可是，坚持并不是简单的维持。

　　当一个企业的经营出现问题时，很多年轻创业者会选择维持下去，不惜花费更多的时间和精力去维持企业的经营。在刘鹏飞看来，这是没有必要的，因为维持的过程，需要消耗人力物力，同时也浪费了寻找新的发展项目的时间。

　　当一个项目的经营要靠创业者维持才能够发展下去的时候，那么这个项目可能已经没有了发展空间。

刘鹏飞是一个比较聪明的人，孔明灯市场不断扩大的同时，他发现孔明灯市场的竞争也是相当激烈的，利润也在不断地缩小，因此，他决定在其他行业选择新的投资项目，这样做的目的是为了能够扩大盈利空间，当然，这样做也能够避免孔明灯销量淡季的时候，出现维持经营的情况。

作为年轻的创业者，需要投入更多的精力在研究投资项目上，而对于一个开始创业的人来讲，如果发现这个项目是值得自己去经营的，那么就应该坚持自己的意见。

在刘鹏飞刚刚涉足孔明灯的销售行业时，他带着自己卖孔明灯赚来的1万元回到了老家。他打电话告诉在外打工的哥哥和嫂子，想要在家乡建立工厂。在哥哥看来，要用1万元建立工厂，这是很不靠谱的事情。

可是，在刘鹏飞眼里，这是值得去做的事情。这一次，刘鹏飞坚持了自己的想法，正是他的这次坚持，才让他拥有了后来年产值7000万的业绩。

通过刘鹏飞的创业事迹，我们不难看到，一个年轻人要想实现创业成功，就应该有坚持自己思想的勇气，而坚持并不是维持经营。

⭐ 创业板 | 不是每个人都适合创业

古人有云："天生我材必有用。"

可见，每个人有每个人的优点和长处，每个人有每个人的用途。当然，在创业的道路上，并不是每个人都能够走好。

一个年轻人要想走上创业的道路，就应该对自己进行剖析，看看自身是否具备了创业的相关能力。从刘鹏飞的创业经历中，我们不难发现，他具备了创业者应该具备的能力，同时，也具备了一个商人应该具备的特点。

首先，创业者应该具有一定的好奇心。还以刘鹏飞为例，他在看到公园上空的孔明灯时，第一时间想到的是这个东西是什么，究竟是怎么做成的。于是，他买了一个孔明灯，然后进行了拆卸。这一拆卸不要紧，让他意识到孔明灯的制作成本低、制作简单，在技术上没有太大的要求。如果自己以制作孔明灯为创业点的话，那么资金和技术问题是不存在的。可见，刘鹏飞的好奇心帮助他找到了创业项目。

其次，创业者应该具备果断的做事风格。当刘鹏飞打算好要创业时，他果断地辞掉了现有的工作。在他开始孔明灯的经营时，他果断地回到了老家开工厂。这种果断性帮助他赢得了发展的时间和空间，如果他犹豫不决，再拖延几个月的时间，那恐怕他会错过之后的大订单，错过这次创业的机会。可见，果断的做事风格，能够帮助一个人在最短的时间内抓住创业机会。

再者，创业者要具备一定的商业头脑。在刘鹏飞意识到中秋节会是孔明灯销售的大好时机时，他拿出自己仅有的3000元钱，去孔明灯店里购买商品。按照一般人的思维，3000块钱也只够买1000个孔明灯的，可是，刘鹏飞却买到了3000个孔明灯。他究竟是怎么做的呢？他告诉店主，这3000元不是购买孔明灯的钱，而是这3000个孔明灯的订金，等到中秋节过后，孔明灯销售完之后，会将其他的钱补上。这样一来，刘鹏飞就用最少的资金得到了最多的资源。可见，他的商业头脑帮助他拥有了这次机会。

最后，创业者要有前瞻性眼光。在刘鹏飞的孔明灯工厂建立后的几个月时间里，他发现国内的孔明灯市场竞争越来越激烈，很多小的生产厂家开始建立，这样就意味着利润降低，竞争者增多。此时，刘鹏飞看到了国外市场，他心想自己懂得电子商务、懂英语，为什么不将自己的孔明灯销售到国外呢？正是这种具有前瞻性的眼光，让他的孔明灯占据了外国市场，在短短的两年时间里，他的孔明灯出口到国外70多个国家，他也成了"全球孔明灯大王"。

对于一个想要创业的人来讲，要做的第一个事情就是看自己是否适合创业，看自己的性格是否适合创业。因为每个人有每个人的优点和劣势，自然创业也不一定适合所有的人。当一个人具备了创业过程中应该具备的能力时，创业的过程才会相对顺利。

如果让一个不适合创业的人去创业，那么这个人在创业的过程中感受到的不是兴奋和热情，多半是痛苦和压力。因此，并不是所有的人都适合创业的，也不是所有的年轻人都可以实现创业成功的。

当一个人想要做某件事情的时候，应该进行详细的思考，对于刘鹏飞来讲，他的创业是经过自己详细思考之后的决定，自然会为其避免很多困境出现。如果你认为自己适合创业，如果你已经打算好要创业，那么不妨先试着找到适合自己的创业项目，然后果断地做出决定，把握好商机，实现自己的创业梦想吧。

15

陶行逸：稳坐黄金台的"金牌守门员"

他是最早一批从事黄金资产管理的专业人员，他用13年的蛰伏和磨砺，练就了一身过硬的本事，然后用一鸣惊人的黄金投资，打造了中国黄金投资领域极具影响力的品牌企业，他就是被誉为"金牌守门员"的陶行逸！

创业
没那么难

引 言

他在大学生涯中，逃课成为家常便饭。

他从大学开始炒股，毕业后却懵懂进入资产管理公司。

他结束三年打工生涯，只因黄金投资进入牛市。

他在黄金市场打拼十多年，从白手起家到如今的身价上亿。

他是温州人，有着温州商人兼有的财商和敏锐眼光。他的投资生涯从股市开始，但收获在黄金市场。在黄金投资路上，他曾经1周内从盈利千万到亏损千万。经过多年的经验积累，他终于明白：眼光要长远，莫要急切，长远盈利才最重要。

他没有让人瞠目的家境背景，却创造了一般人难以企及的成绩和资产。他是国内最早一批从事黄金管理的人，然而却是地地道道的80后。他就是被誉为"黄金守门员"的陶行逸，他就是拥有着上亿身价的金顶集团CEO。

逃课"逃"出"黄金路"

在2000年9月份的时候，年近18岁的陶行逸就进入了北京广播学院传媒系学习，即如今的中国传媒大学。虽然在当时这所大学在国内也有一定的名气，但是陶行逸是被调剂到这所学校去的，他对自己的专业毫无兴趣，因此，逃课就成了很平常的事情，在同学中，他也很不起眼。

陶行逸出生在浙江温州苍南县的一个小镇，从小他的生活和其他同龄孩子的生活并没有什么不同。到了中学时，父母离异了，对他关爱渐行渐远，这让年少的陶行逸感受到"这个世界将我抛弃了"。

陶行逸面对家庭的变故，学习成绩开始急转直下。年少的陶行逸思想开始出现叛逆，尤其是到了高一、高二的时候，比较浪荡，到了高三才开始发奋读书。此时的陶行逸寄住在姑姑家，因为生活的压力，他在高中就开始折腾做小生意。

陶行逸是一个懂事的孩子，为了能够减轻姑姑的家庭负担，他不仅在学校卖小商品，还挨家挨户的收古钱币，一门心思想要赚钱。

即便如此，对于陶行逸来讲，他很向往大学生活，希望能够离家远一些，多见见世面。他相信付出总会有回报，陶行逸考上了北京广播学院，可是他期待学习金融专业，录取的专业并不是自己所喜欢的，无奈之下被调剂进入这所学校。

因为家境一直不好，开学后，陶行逸的学费成了问题，为了能够让他上大学，亲戚们帮他凑了学费。陶行逸很清楚，以后的日子还要靠自己，于是，在进入大学之后，他便开始想办法赚取生活费和学费，对于一个不到20岁的孩子来讲，赚钱的难度可想而知。

因为所学的专业并不是自己喜欢的，所以他经常逃课，利用这些时间去折腾小生意。此时的陶行逸开始骑着一辆破旧的自行车去北京各个地方转悠，陶行逸心想不能只在自己的学校摆地摊，还要去别的学校做小生意，那就要熟悉道路。陶行逸心中很清楚，如果想要在这座繁华的城市中站稳脚跟，他一定要知道这座城市究竟是什么样子的。

凭借着一辆破旧的自行车，陶行逸开始在北京城转悠。此时的他开始做各种小生意，后来开始炒股票。

陶行逸在2001年1月份用东拼西凑的2000块钱进入了A股，在前半年的时间里就亏了很多，但是天资聪敏的陶行逸很快就摸索到了炒股的门道，通过炒股他赚取到了大学四年的所有费用。而且，这个小胜利让他对投资更加感兴趣，他更希望自己能够通过投资获取人生的财富。当然，他很清楚，炒股远非最好的出路。

陶行逸是一位聪敏之人，他知道国内股市被大的机构控制着，在股市中，一名普通的投资者仅仅依靠自身的技术修炼获得利益，并不是很现实的事情。于是，他想到了国际黄金期货的投资，在大学寻找赚钱之路的陶行逸，对黄金期货投资多多少少也有点了解。

因为在大学中逃课次数太多，导致了他很多门功课挂科，最后连学位证书都没有拿到。即便如此，陶行逸却发现了自己感兴趣的事情。

在2004年7月份的时候，陶行逸大学毕业后，他进入了一家黄金公司做起了最底层的客户经理。

最早入行的黄金管理者

在陶行逸看来，黄金期货市场是一个比较开放和透明的市场，在经营规模上也是比较大的，任何单一的力量是不能进行操控的，更为重要的是这个市场可以通过交易技术的不断提升来获得稳定的收益。

在陶行逸刚刚进入这家黄金投资公司的时候，他做的是黄金私募，主要是帮助身边的同学和朋友做一些黄金投资。

面对如此多的投资行业，陶行逸为什么要选择黄金投资呢？

在2004年的时候，陶行逸发现黄金投资这个行业是新生行业，也属于朝阳行业，这就为年轻人创造了很多机会。虽然他在大学四年里，对股票证券有一定的了解，但是证券这个行业的发展时间已经比较长了，陶行逸认为这个行业讲的是资历和学历，不适合年轻人的发展。后来，陶行逸开始对黄金市场进行研究，发现黄金牛市会持续很长的一段时间。

或许是因为陶行逸从小经历了家境的变故，他要比同龄孩子在思考问题时，更加的成熟和长远。

在刚刚进入这家黄金期货投资公司的时候，他开始在学校附近租房，拿着仅仅1300元的月薪。在那段时间里，陶行逸的生活是很艰苦的，他曾经有很长一段时间是靠泡面来生活。

仅仅一个月的时间，他就开始带头培训公司的新进员工了，有了初步的行业经验和自己的团队力量。

为了能够更多地了解关于黄金交易的资料和教材，他开始在网上进行搜索，可是在国内很难找到这方面的资料，他便只好到国外各个网站进行搜索查阅，熬夜也成了家常便饭。在那段时光中，他经常在下班后就开始上网，一直查找资料到凌晨三四点，工作的艰辛程度可想而知。

逐渐，陶行逸对黄金市场有了更深刻的了解，他敏锐地发现，在1980年到2000年的黄金处在熊市阶段，而从2001年开始，黄金市场走俏，陶行逸告诉自己，按照黄金市场的发展规律，在接下来的20年里，黄金投资必然会迎来发展的"黄金阶段"。

就这样，陶行逸开始在黄金投资行业进行打拼，对于他来讲，在这家黄金投资公司的工作经历，让他对黄金市场有了全面的认识，也让他对黄金投资更加感兴趣。在当时，陶行逸成为最早进入黄金市场的管理者。在黄金投资公司打工的三年时间里，也让他积累了这方面的人脉和客户资源。

10年的蛰伏与历练

对于陶行逸来讲，他能够有着同龄人没有的长远眼光和投资思维，而这些思维的具备究竟是从何时开始修炼的呢？

从陶行逸儿时的生活经历可以发现，因为家境并不富裕，所以他在十几岁就开始意识到金钱的重要性，那时的他在很多人眼里是一个并不省心的孩子。

尤其是在高中的时候，陶行逸开始为钱"折腾"，当时的他一心想的是挣钱，什么有可能赚钱，他就做什么。当然，那段时间，他也吃了不少苦，也积累了不少经验教训。

身为水瓶座的陶行逸，是一个思维活跃的人，他想到过各种赚钱的方法，而这些方法都不是常规的套路。比如，他倒腾过中药，挨家挨户收过古钱币，甚至还在自己的院子里花费了一个月的时间挖了个池塘，准备养鱼。

可以说从高中开始，陶行逸就开始接触社会。正是对各种赚钱途径的尝试，让他积累了很多经验和教训。

紧接着进入大学，很多大学生开始浑浑噩噩地度过自己的大学四年时光，而陶行逸则不然，他一心想的还是如何赚钱。此时的他开始寻找赚钱的新方法，比如做生意，研究股票。

在大学四年的时间里，他在赚钱道路上，经历了跌跌撞撞，最终用炒股赚来的钱养活了自己。

这七年的经历，让陶行逸对投资赚钱有了新的认识。

大学毕业，他进入的黄金期货投资公司工作，三年的打工生涯，也让他对黄金投资有了全面的认知，同时，他对黄金投资也产生了很浓厚的兴趣。

在三年的打工时间里，他从黄金交易员成长为一名黄金投资分析员，最后，他甚至能够替客户做资产管理，与客户分成。这三年的时光，让陶行逸拥有了一定的资金，同时，也让他发现了创业的机会。

陶行逸在后来接受采访时，坦言说道，如果没有高中时对各种赚钱方式的大胆尝试以及所经受的各种挫折，自己也不会在刚上大学时就积极地去接触股市；如果不是进入股市后的摸爬滚打，他也不会掌握和学习投资技巧和研判能力，最后，自己也不可能在全新的黄金市场中迅速适应，更不可能对黄金行业有一个全面的认识和了解，自然也就不可能拥有发掘黄金行业的独到眼光；同样的，如果在大学毕业后，陶行逸没有进入黄金投资机构进行三年的工作学习和磨炼，也就不可能让他坚定投身黄金行业的决心，发现创业机会也更加不可能了。

从高中算起，陶行逸的努力的的确确是超过了10年时光，而被他人羡慕不已的赚钱能力和眼光，正是在这10年中打磨、沉淀下来的。

在陶行逸26岁的时候，他就已经确定了自己的事业发展方向，此时的他已经不再需要为钱发愁了。

把握时机开始创业

随着陶行逸三年的打拼，他拥有了一定的资金。

在2007年的时候，陶行逸觉得黄金里面有自己创业的机会，他应该去创业，而不是停留在眼下为别人打工。创业的思想，让他大胆地放弃了现有的工作，他用不到60万元成立了自己的公司——金顶集团。

在创业初期，他已经有了一定的客户基础，并且他相信自己有着更好的投资机会，收益不会比房地产差。

陶行逸也是一个幸运的人，在2004年之后，黄金投资一直都处在快速发展及增长阶段。陶行逸赶上了好时机。在2004年的时候，陶行逸刚刚接触到黄金业务，当时国际金价每盎司只有400美元，到了陶行逸公司成立的2007年，黄金期货价格上涨了31%。在其公司成立不到一年的时间，国际金价就上涨到了每盎司将近860美元。到了2008年3月中旬，国际金价历史性突破1000美元大关，到了2010年6月份，国际金价收于每盎司1528美元。

就这样，陶行逸和他的公司，在国际金价的牛市发展状态下，如同芝麻开花，节节顺利发展，生意也越做越大。

陶行逸的创业得到了初步的成功，那么他为何会选择在打工三年的时候进行创业呢？

首先，经过三年的打工生涯，陶行逸在黄金投资行业已经积累了一定的客户和人脉资源，这对于他的创业起到了关键作用。如果没有这三年的积累，他的创业恐怕不会那么顺利。

其次，在三年打工期间，他对黄金投资有了更为全面的了解，对黄金投资发展趋势有了更为清晰的认识，所以，他了解到黄金在今后十年的走势有助于他进行创业，自然，在这个时候选择创业也属于占领先机。

最后，在其打工期间，他赚取了一定的创业资金。在2006年的时候，他就知道自己不用再为钱发愁了，可见，对于创业资金的拥有，为他的创业奠定了基础，也让他的创业变得更加有信心。

陶行逸是一个做事很有原则的人。他的一贯做事风格是：看明白了再做。在黄金投资行业中摸爬滚打三年后，他已经很清楚这个行业的赚钱套路和做事行径，这对于他的创业自然有很大帮助。

一个人的行事风格往往会影响到这个人的创业过程，而在创业的过程中，陶行逸就严格按照自己的做事风格来行事。他很清楚黄金投资也存在着一定的风险性。因此，他更加需要看清楚事情的发展过程，才做出行动。或许正是他的这种做事风格，才让他在后来的企业经营过程中，做得越来越大，越来越强。

投资重质不重量

对于很多年轻的创业者来讲，可能更重视投资的数量，认为数量多了自然就会有更多赢利的机会，而对于陶行逸来讲，他是一个重质不重量的人。

在陶行逸成立公司初期，他将自己的目标客户群定位在300万投资者的行列内，随着企业的发展，他的公司团队发展到了20多人，客户量也不断增加，为了保证每个客户都能够得到很好的服务，每个业务员要负责四五个客户，业务员的数量自然是不够的。遇到这种问题，陶行逸并没有急于扩大自己的团队，增大业务员的数量，因为他很清楚，人员数量增加，势必会带来管理的问题，这样很可能会影响到对客户的服务质量问题。可见，他在人员的选择上也是重视质量而不重视数量的。

陶行逸创建的金顶集团经过四年的发展，已经成为一家包含金店连锁业务、规模化黄金投资资产管理业务、顶级黄金投资交易平台等综合性投资集团。

陶行逸在黄金投资方面从来不追求暴利，完全是靠技术和能力取胜，他如果选择做10次交易平均会有7次能盈利。

随后，金顶黄金投资集团又在国内成立了最早的、规模最大的黄金私募基金，在基金投资集团创办以后，每年也以百分之百增长率高速发展着。

陶行逸有着自己的企业发展规划，他希望企业的发展能走"常青树"的发展路线。

陶行逸很清楚，从2001年到2010年，黄金投资的收益和风险与国内A股的关联度是比较低的，同时也是所有资产中表现最好的。再加上黄金的供给弹性很小，黄金产品70%都是来源于金矿的开采，而每一次的开采申请的过程就要7年左右的时间，那些品质高的金矿日渐枯竭，每年黄金的开采量不足2500吨，可见，黄金作为不可再生能源，是在日趋减少。

因为黄金兼具了货币与商品双重属性，因此当经济发生强烈通胀时，黄金价格自然会上涨，由此可见，黄金是唯一不用信用支撑的。

陶行逸是一个具备长远发展眼光的人，他在企业发展方面，不追求规模，只追求中高端的客户。在一次接受采访时，陶行逸说道："我要做一棵常青树，而不是一棵长得很快的树。"

在陶行逸看来，如果只重视企业的发展规模，而不注重投资的质量，那么企业的亏损是必然的事情。如果自己希望将企业经营好，自然需要注重投资质量。

对于创业者来讲，投资的质量要比数量重要，尤其是对于黄金投资行业，更是如此。陶行逸说："全球石油大王洛克菲勒曾经说，即使把我扔到沙漠里，只要有骆驼队把我带出来，那么我也会靠着自己走到目前这一步，甚至比现在发展得更好。我想，我也是。"

一个年轻的创业者，往往会注重企业的发展规模，而忽略了企业服务质量和人员的素质，从而导致企业病态发展。而陶行逸选择了一个具有一定风险的行业，却选择了一种稳步经营的发展策略，正是因为他的这种发展策略，才让他的企业得到了长足的发展。

总而言之，无论是投资哪个行业，都应该一步一个脚印，用自己稳妥的步伐来经营企业，只有这样才可能让企业像常青树一样，得到更好的发展。作为年轻的创业者，应该有脚踏实地的勇气，不要急于求成，在考虑清楚事情之后，才做出自己的决定。

组建最合适的团队

陶行逸在打算创业的时候就已经对企业的发展有了长远的规划，而在队伍的组建方面，他有着自己的独特想法。

陶行逸知道要想让自己的企业顺利地发展，要做的第一步就是要组建一个最适合的团队，而这一点也成为金顶后来取得成功的最大原因。

陶行逸在选择管理团队时，对管理人员有着极其严格的要求，每个人都各有所长，只有这样才能够各司其职，从而促使公司的管理效用得到最大化发挥。

那么，陶行逸究竟是如何来决策？首先，陶行逸决定由15个分析师或者研究员组成策略委员会，由策略委员会提供各类交易计划，然后根据交易计划来分析其可行性等因素，分析完毕之后再划分出不同的等级，最后再将这些交易计划分配给各个投资经理，投资经理会根据市场发展的实际情况，决定买入或者卖出的时机，再交给交易员下单进行交易。

在这个过程中，风险控制官主要是担负起控制风险的责任，目的是为了确保风险不超出预期，资金与风险管理都是第一位的。

可见，这个决策过程是需要人员之间相互配合的，也是需要组建一支比较有效率的团队进行操作的。在陶行逸的团队中，他强调专业性，即咨询人员要具备一定的专业性，只有这样才能够满足客户对相关产品的咨询服务，这也成为陶行逸企业的优势之一。

陶行逸以资产管理私募起家，在这个过程中，他会和不同的合作伙伴进行合作，也涉及了黄金产业链的不同环节。然而，任何事物的发展都不可能是一帆风顺的，陶行逸的企业发展也不例外。

在企业发展期间，陶行逸也经历过困境，尤其是在2009年的时候，金顶集团广州公司一个合伙人卷走了1000多万元的现金潜逃，这件事情虽然对公司的正常运营没有多大的影响，可是对陶行逸的打击却很大。因为陶行逸很信任这个合伙人，也是自己给了他全部的权力，然而这个合伙人却"坑"了陶行逸。

陶行逸是一个比较容易相信别人的人，他说如果自己活在古代，肯定是一个豪侠。只要是他看这个人顺眼，聊得来，就可以将对方当作兄弟，不在乎对方是否优秀。正是这次事件，让陶行逸对企业管理有了新的想法。

陶行逸在一次接受采访时介绍，当时公司内有6个高级管理层控股，陶行逸个人所占的股权为85%，处于绝对控股地位。在陶行逸看来，一个公司要想取得成功，就应该拥有一支极具核心竞争力的管理团队，从而促使企业管理效用得到最大化发挥。

无疑，陶行逸已经组建了一支具有竞争力的团队，这对于金顶的发展是十分有帮助的。当然，集团也存在着一些管理问题，而这些问题是因为企业发展太快造成的，陶行逸也希望这些问题能够得到解决。

在2012年的时候，金顶黄金投资集团的总资产已经达到了3个亿，而在2009年的时候，其净利润只有3000万。

金顶集团在短短三四年的时间里，得到了飞速的发展。对于成功，陶行逸有着自己的理解，他注重团队的组建和发展，相信只有拥有了一支过硬的团队，才能够促使企业更好地发展。单纯地凭借一己之力，肯定是不足以支撑企业得到长足发展的。

在一次接受采访时，陶行逸说道："我是一个懂得分享的人，想把事业做大，单纯靠我一个人是不可能的。到一定程度要依靠团队的力量，我已经将股份都稀释出去了。"

陶行逸认为团队能够防止人性中的懒惰和弱点，由此可见，形成一个固定的团队来操控要比单枪匹马好得多。

黄金抢购潮

陶行逸成立了自己的金顶集团，作为总裁兼CEO的他，在2010年的时候，迎来了企业发展的高峰点。

在2010年五六月份的时候，上门找陶行逸咨询黄金投资的人翻了将近5倍。最为夸张的时候，他一天要接待好几个温州的考察团，而每个考察团都拥有上千万闲置资金。陶行逸意识到抢金潮的到来。

陶行逸发现这些考察团少则四五个人，多则十几个人，这些人原来多半是炒房的，现在都投奔到炒金的行列中。在五六月份的时候，一个月拿着上千万到金顶集团来购买实物黄金的就有3批人，其中多半是温州人。

此时，陶行逸无疑成为国内第一批参与海外黄金期货交易的投资者。到了2010年他就管理着一个规模超过了30亿元的海外黄金私募，并且在四年的时间里收益翻倍。对于如此惊人的成绩，很多人都感到惊讶。可是陶行逸却没觉得奇怪，他认为自己是靠技术和能力取胜的，与国内的股市相比，国际黄金期货市场就是一块更公平的沃土。

有人将炒黄金期货比作是与狼共舞，从事这个行业往往会长期处在焦虑的状态，陶行逸认为这其实是与内心的患得患失有关的。

陶行逸说自己也曾经出现过亏损现象，亏了自然会感到难过，也会产生郁闷的心情。天天如此，月月如此，年年如此。陶行逸认为，从事这个行业三五年后，经验就不是决定胜负的最关键要素了，起决定性作用的是人的内心和性格因素。

陶行逸作为一名创业者，他已经开始将交易当成一件美好的事情来做，而不将交易当作是生活的全部，也正是因为他的这种心态，让他拥有了属于自己的快乐。陶行逸是一个比较感性的人，比如妹妹的一句问候，都能够让他开心好久。

身为温州人，他很熟悉温州商人的习性，明白"有钱一起赚"的传统。在黄金实物成为热销产品后，陶行逸发现在温州考察团中，有一位温州老乡一次性花了1400万买了50多公斤的黄金。这让陶行逸发现了实物黄金的魅力，从而也让他更清晰地看到实物黄金的价值。

作为一名最早踏入黄金投资行列的管理人员，他有着自己的企业经营之道，在黄金抢购潮来临之际，陶行逸的企业再次赢得了发展机会。

爱事业，也重生活

陶行逸热爱自己所从事的行业，对于他来讲，自己的事业是生活中重要的一部分，可是绝对不是全部。

陶行逸说现在的自己扮演着两个角色：一个是企业的管理者，另一个是基金经理。

陶行逸说作为企业的管理者，需要每天和各种各样的人打交道，接触各种各样的人，需要出去应酬，更需要比较外向的性格；而作为一名基金经理，他需要做的就是花费时间在电脑前，有耐心去研究很多东西，成为一名"宅男"。两个角色在某种程度上有一定的冲突，而要想化解两者的冲突，就需要更好地分配和利用时间，从而达到两个角色之间的平衡。

陶行逸在26岁的时候就知道，自己没有必要再为金钱发愁了。而在他创办了自己的事业之后，他意识到事业的发展是没有止境的。在陶行逸将自己置身在生活中时，他又发现生活也是无止境的，每个时期都有不同的感悟和新的理解。

对于金顶集团的发展，陶行逸希望能够在三至五年的时间里，将贵金属投资咨询服务做到上市，成为中国最好的对冲基金管理公司。

对于生活，陶行逸希望工作仅仅是其中的一部分，他拥有自己的幸福生活。

在一次接受采访时，陶行逸说自己之前有一种被推着向前走的感觉，在企业步入正轨之后，他更希望能够选择自由的生活，能够拥有更多的时间去思考自己的工作和生活。

跟大多数同龄人一样，陶行逸也喜欢宅在家里，自己一个人看看书、听听音乐。如果时间充裕，他还会跟朋友一起聚一聚。

陶行逸认为在事业的发展中，寄托了他对生活的热情，而对于自己的业余生活，他则更喜欢自由和恬静。

陶行逸的金顶集团现在主要有三大主要的业务板块，一是贵金属的投资，其中包括实物现货和衍生品等；二是黄金台资讯网站，这个网站主要是提供专业的贵金属投资资讯信息服务和软件产品服务；三是对冲基金管理。

陶行逸希望能够将黄金台网站打造成为提供投资咨询服务和了解相关信息的开放性网站和互动优质的平台。

陶行逸认为虽然黄金台网站开发得比较晚，但却在构建前期积蓄方面有着成功的经验。陶行逸在一次接受采访时说道："对于一个新兴行业而言，所有的创新都是建立在模仿的基础上的，先模仿再创新。"

金顶集团从创立之初，就开始抓住行业发展的机遇，不断拓展自己的业务范围，经过几年的发展，陶行逸对于这个行业已经有了更为深刻的认识。

对于年轻的创业者来讲，热爱工作和热爱生活并不冲突。当创业者走到某个创业阶段时，不妨将工作看作是生活的一部分，而生活中还有很多除了工作之外应该付出时间的事情，只有这样才能够让年轻人感受到来自生活的温柔和自在。

启示录　管理是一门专业

对于一个年轻的创业者来讲，管理经验往往成为阻碍其发展的关键。因为很多年轻人缺乏管理经验，他们自己有着很强的业务能力，可是不一定具备管理能力，对待团队的发展没有很好的认知。

对于陶行逸来讲，他亲身体会到了团队的重要性，也体会到了管理的专业性。对于一个成功的创业者来讲，不仅仅需要具备创业的勇气和选择好创业的项目，更需要具备一定的管理能力。如果缺乏一定的管理能力，就会阻碍企业的发展。

　　卓有成效的管理者都在使用一些管理法则，而这些管理法则往往是专业的管理人员所制定出来的。对于一个年轻的创业者来讲，应该通过各种途径来学习管理知识和法则。

　　在当今社会，市场经济下的竞争越来越激烈，而企业管理往往成为企业能否顺利发展的关键所在。对于创业者来讲，如果能够合理有效地管理企业，那将是一个很有效的发展过程。

　　人是企业最宝贵的资源，企业管理主要是管人。一个年轻的创业者，往往在处理人与人关系方面缺乏一定的经验，这往往是阻碍企业发展的关键所在。

　　年轻的创业者应该追求对企业的有效的管理。在企业管理过程中，应该注重成果。管理重在取得成果，如果管理不出成果，那么管理就是失败的。作为管理者应该将精力花费在"行得通"上。

　　管理者之所以称之为管理者，是因为他们眼观全局，着眼于整体，将整体发展视为己任。作为管理者应该理解自己的任务，只有这样才能够从职位出发，从而着眼于创造价值。在创业的道路上，创业者就是管理者，因此，把握企业的整体发展要比单纯地重视某个职位的发展要重要得多。

　　在创业的初期阶段，企业能够进行发展，则肯定是具备了某方面的优势，因此，作为企业管理者就应该注重企业的发展优势，只有这样才能够更好地促使企业得到长久发展。如果创业者没有很好地把握企业优势，只是盲目地寻求发展，那么过程必然是曲折的。

　　管理者应该重视企业的人员关系的处理，怎样才能够让部门与部门、人员与人员、上级与下级之间做到更好地协调，完成工作呢？其实最简单的方法就是做到人与人之间的相互信任，只有做到了相互信任才能够达成人与人之间的配合协调。所谓"用人不疑，疑人不用"，作为管理者，应该相信自己的下属，不要心存怀疑，否则会影响下属对上级的信任，甚至会影响下属对企业的信任。

　　管理是一门学问，更是一门艺术，既然称之为艺术，可见在管理的过程中必然讲究精细化，而非粗放式管理。

　　管理是一门专业，要想企业能够得到更长远的发展，就需要对管理知识进行专业的学习。陶行逸在创办企业的过程中意识到了这一点，为了能够学习到更专业的管理知识，他选择了去商学院进行相关知识的学习。作为年轻的创业者，应该不断地进行管理知识的学习，只有这样才能够通过企业管理，帮助企业做得更大更强。

总而言之，年轻的创业者要学习相关的创业知识，只有这样才能够让企业走向正规，最终实现自己的创业梦。每个人都有自己的理想，在创业的道路上，只有理想是不够的，还需要学会专业的企业管理。

★ 创业板 | 认识你自己，提高你自己

古语有云："知己知彼，百战不殆。"

可见，一个人要想取得成功，要做的第一件事情就是对自己有一个全面的认识。对于创业者也是如此，要想避免创业过程中的失败，就应该先做到对自我有一个全面的认知，了解自己的缺点和优势，从而做到改正缺点，强化优势，为创业提供更好的发展空间。

创业者在创业过程中，遇到的最大困难往往不是来自外界，而是来自自身。很多人的创业失败也是因为不能够对自我有一个清晰的认知，从而选择错误的创业项目，最终走向了失败的路途。

对自我的认知具有很重要的意义，尤其是对于年轻的创业者来讲，认知自我，才能够很好地避免因为自身原因，导致自己进入困境中，而另一个方面，对自我的认知，也能够让一个人发现不易于创业的自身因素，从而进行改正，提高自己的能力。由此可见，认识自己往往成为避免陷入困境的基础点，也成为创业成功的出发点。

人们生活在一个相对复杂的社会中，很多时候，人们会花费很多时间在对社会的认知上，而很少有人会花费时间去认识自我。作为年轻的创业者，如果不能够全面对自己进行分析和认知，那么创业就会成为一个盲目的过程。可是，究竟要如何做到全面地对自我进行分析认识呢？

首先，分析自己的性格。一个人的性格要想进行改变往往是一个比较困难的过程，尤其是对于年轻人来讲，进行自我改变，需要花费很多的精力。既然改变自我的性格不那么容易，那么就需要对自己的性格有一个认知。分析自己性格是否具有冲动、任性、傲慢、自私等缺点，或者是否具备创业者应该具备的理性、宽容、谦和等特质。从性格出发，对自我进行认知，是一个很好的发展过程。

其次，分析自己的创业优势。一个想要进行创业的人，应该具备某个方面的创业优势，比如拥有广泛的人脉关系网，或者是拥有创业启动资金等等。对创业优势的分析是为了能够更好地利用自身所具备的优势进行创业，这样能够避免走一些弯路。陶行逸在创业前，就分析了进行创业自身所具备的优势，他拥有了创业启动资金，拥有了黄金投资的客户基础，这样一来，进行创业也就是水到渠成的事情了。

最后，分析自己的缺点。每个人都不可能是完美的人，因此在创业的过程中，如果对自身缺点认识不清，很可能会因为自身缺点导致创业失败。

创业者在对自身进行认知之后，会发现自身存在一定的劣势，因此，完全可以以优势弥补劣势，从而提升自我，将自身优势进行更大范围的提升。

创业本身就是一个自身优势战胜劣势，不断完善自我的过程。年轻的创业者，不妨先对自我有一个清晰的认识，从而再进行创业的具体安排，这样一来，创业过程才有可能少一些磨难和挫折。陶行逸在创业之初，就对自身所具备的优劣有了清晰的了解，与此同时，他对黄金投资的行业也有了全面的认知和分析，在这种情况下进行创业，可见是明智之举。